高职高专汽车类专业技能型教育规划教材

汽 车 营 销

主编 黄红惠
参编 谢忠辉 杨 鸣 陆 超

机 械 工 业 出 版 社

本书从讲述汽车市场营销学的经典知识入手，逐步深入地介绍了新型的营销技术，并对汽车专业化销售方法和售后服务进行了阐述。主要内容有：我国汽车市场分析、汽车市场细分与目标市场选择、汽车营销市场调查与预测、汽车产品策略、汽车价格策略、汽车分销策略、汽车新型营销技术、汽车用户购买行为分析、汽车整车销售实务、汽车产品的售后服务、汽车促销方法以及汽车营销实训等。

图书在版编目（CIP）数据

汽车营销/黄红惠主编．—北京：机械工业出版社，2008.8（2014.7重印）
高职高专汽车类专业技能型教育规划教材
ISBN 978-7-111-24185-0

Ⅰ.汽…　Ⅱ.黄…　Ⅲ.汽车工业-市场营销学-高等学校：技术学校—教材　Ⅳ.F407.471.5

中国版本图书馆CIP数据核字（2008）第079972号

机械工业出版社（北京市百万庄大街22号　邮政编码100037）
责任编辑：赵海青　版式设计：霍永明　责任校对：王　欣
封面设计：王伟光　责任印制：刘　岚
北京富生印刷厂印刷
2014年7月第1版第6次印刷
184mm×260mm·12.25印张·303千字
12001—13500册
标准书号：ISBN 978-7-111-24185-0
定价：26.00元

凡购本书，如有缺页、倒页、脱页，由本社发行部调换

电话服务
社服务中心：(010)88361066
销售一部：(010)68326294
销售二部：(010)88379649
读者购书热线：(010)88379203

网络服务
教材网：http://www.cmpedu.com
机工官网：http://www.cmpbook.com
机工官博：http://weibo.com/cmp1952
封面无防伪标均为盗版

“高职高专汽车类专业技能型教育规划教材”
编　委　会

序　言

据统计，“十一五”期间中国汽车运用维修人才缺口 80 万。未来 5 年汽车人才全面紧缺，包括汽车研发人才、汽车营销人才、汽车维修人才和汽车管理人才等。2003 年，教育部启动了“国家技能型紧缺人才培养项目”，“汽车运用与维修”是其中的项目之一。2006 年，教育部和财政部又启动了国家示范性高等职业院校建设计划，其中的一个重要内容就是以学生为主体，以就业为导向，建立新的职教课程体系、教育模式与教学内容，而教材建设是最重要的一个环节。

为适应目前高等职业技术教育的形势，机械工业出版社汽车分社召集了全国 20 多所院校的骨干教师于 2007 年 6 月在广东省韶关大学组织召开“高职高专汽车类专业技能型教育规划教材”研讨会，确定了本套教材的编写指导思想和编写计划，并于 2007 年 8 月在湖南长沙召开“高职高专汽车类专业技能型教育规划教材”主编会，讨论并通过了本套教材的编写大纲。

本套教材紧紧围绕职业工作需求，以就业为导向，以技能训练为中心，以“更加实用、更加科学、更加新颖”为编写原则，旨在探索课堂与实训的一体化，具有如下特点：

1. 教材编写理念：融入课程教学设计新理念，以学生为主体，以老师为指导，以提高学生实践职业技能和创新能力为目标，理论紧密联系实践，思想性和学术性相统一。理论知识以够用为度，技能训练面向岗位需求，注重结合汽车后市场服务岗位群和维修岗位群的岗位知识和技能要求，使学生学完每一本教材后，都能获得该教材所对应的岗位知识和技能，反映教学改革和课程建设的新成果。

2. 教材结构体系：根据职业工作需求，采用任务驱动、项目导向的新模式构建新课程体系。理论教学与技能训练有机融合，系统性与模块化有机融合，方便不同学校、不同专业、不同实验条件剪裁选用。

3. 教材内容组织：精选学生终身有用的基础理论和基本知识，突出实用性、新颖性，以我国保有量较大的轿车为典型，注意介绍现代汽车新结构、新技术、新方法和新标准，加强“实训项目”内容的编写，引导学生在“做”中“学”。内容安排采用实例引导的方式，以激发学生的阅读兴趣，符合学生的认知规律。

4. 教材编排形式：图文并茂，通俗易懂，简明实用，由浅入深，深浅适度，符合高职学生的心理特点。每一章均结合人力资源和社会保障部职业资格考试要求，给出复习思考题，使教学与职业资格考试有机结合。

此外，为构建立体化教材，方便教师和学生学习，本套教材配备了实训指导光盘和

多媒体教学课件。实训指导光盘的内容为实训项目的规范性操作录像和相关资料，附在教材中；多媒体教学课件专供任课教师采用，可在机械工业出版社教材服务网（www.cmpedu.com）免费下载。

虽然本套教材的各参编院校在教、学、做一体化教学方面进行了有益的探索，但限于认识水平和工作经历，教材中难免仍有许多不足之处，恳请各位专家、同行给予批评指正。

高职高专汽车类专业技能型教育规划教材编委会

前　言

随着我国国民经济的持续、健康发展，私人汽车保有量快速增加，截至2007年9月底，全国私人机动车保有量为118129662辆，与2006年底相比，增长7.22%。同时由于国内汽车市场与国际市场的迅速接轨，国内汽车企业均面临着更加激烈的市场竞争。汽车企业要想在这场竞争中立于不败之地，必须充分满足广大汽车用户对汽车服务的要求，必须尽快提高我国汽车企业的营销服务水平，并培养大批高素质的营销服务人员。这是我国汽车服务行业的当务之急。

鉴于目前的这种形势，近年来许多高校都开办了汽车运用专业和汽车技术服务与营销专业，为汽车企业培养各种层次的汽车技术服务与营销的专门性、技能型人才。为此，机械工业出版社组织编写了这套“高职高专汽车类专业技能型教育规划教材”，《汽车营销》教材为其中之一。在编写过程中，编者坚持适应现代汽车市场发展，理论联系实际，请教汽车技术服务与营销专家，查阅了大量的书籍和文献，并通过网络了解了很多最新的知识。

本书较系统地介绍了汽车市场营销学的经典知识，逐步深入介绍了新型的营销技术，并对汽车专业化销售方法和售后服务进行阐述。主要内容有：我国汽车市场分析、汽车市场细分与目标市场选择、汽车市场调查与市场预测、汽车产品策略、汽车价格策略、汽车分销策略、汽车新型营销技术、汽车用户购买行为分析、汽车整车销售实务、汽车产品的售后服务、汽车促销方法、汽车营销实训等。这是一本具有鲜明特色的高职高专教材。

本书的主要特点是：

1. 内容中注入了很多最新的理念，并注重内容实用性，介绍了大量一线操作工作实际，如丰田的“七步法”服务流程、顾问式服务等。

2. 收集了大量的案例说明问题，旨在加强学生对知识的理解，培养学生的实际应用能力。

3. 注重介绍汽车营销实务中的常用基本技巧，并逐步深入地阐述了专业化营销方法。

4. 附有复习题和技能实训项目，便于学生课后复习和对实践技能的掌握。

本书由无锡广播电视大学、江苏城市职业学院(无锡)黄红惠副教授主编，长沙交通职业技术学院谢忠辉老师和无锡广播电视大学、江苏城市职业学院(无锡)的杨鸣、陆超老师参加编写。黄红惠老师撰写了前言、编写了第1章、第9章、第10章并对全书进行统稿，谢忠辉老师编写了第6章、第7章、第8章，杨鸣老师编写了第4章、第5章、

第11章，陆超老师编写了第2章、第3章、第12章。

在本书的编写过程中，无锡东方汽车城朱健副总经理、无锡汽车界的许多专家和有识人士给予编者很多帮助和支持，在此表示衷心的感谢！

由于编者水平所限，书中难免有疏漏之处，诚恳期望得到同行专家和广大读者的批评指正。

编　者

目　录

第 1 章 我国汽车市场分析

学习目标：

- 了解我国汽车工业的发展历程和汽车市场现状。
- 掌握我国汽车市场的特点。
- 了解我国轿车市场的特点和轿车行业发展存在问题。
- 掌握我国汽车市场的发展趋势。
- 了解轿车市场的价格走势及轿车各细分市场价格状况。
- 掌握我国轿车市场运行现状。
- 了解我国轿车市场竞争现状。

1.1 我国汽车市场的特点与发展趋势

1.1.1 我国汽车市场的特点

1. 我国汽车工业发展历程

根据汽车产量增长情况、汽车工业发展的外部环境和汽车工业发展战略基本特征的变化，可将中国汽车工业的发展历程大致划分为四个阶段。

（1）初创阶段　中国汽车工业的起步是通过国家集中投资和全方位技术引进的方式实现的，其标志是长春第一汽车制造厂(简称一汽)的建设和投产。一汽建成后，先后发展了4吨解放牌载货汽车、2.5吨越野汽车和红旗轿车等产品，并形成一定生产能力。但中国汽车工业还未能形成独立开发和研制汽车新产品的能力，零部件工业也比较薄弱。

（2）摸索成长阶段　该阶段从1960年到1980年，跨越了四个“五年计划”，以第二汽车制造厂、四川汽车制造厂和陕西汽车制造厂的建设为主线。

由于这一时期中国经济处于孤立于世界汽车工业发展潮流之外的封闭发展状态，加上计划经济体制的束缚和以强调战备为代表的若干次重大决策失误的影响，汽车工业在总量增加，体系完善的同时，使低水平重复建设导致的汽车生产厂家规模小，技术水平低的问题进一步恶化。

（3）快速全面发展阶段　进入20世纪80年代以后，中国汽车工业进入调整、提高和快速发展阶段。

20世纪80年代初期，为适应市场需求的变化，汽车工业及时调整了产品结构，注重了微型车、轻型车和重型车的产品开发，并集中投资建成了上海大众、一汽大众、东风神龙、天津夏利等具备15万辆或15万辆以上规模的轿车生产点，形成了比较完整的产品系列和生产布局。到80年代中后期，中国载货汽车产量和品种基本满足了国内市场的需求，轿车市场的供需矛盾也得到一定程度的缓解。

90年代，中国汽车生产能力比70年代末增长了几乎10倍，全国汽车年产量1992年首次超过100万辆。1998年汽车产量162.8万辆，世界排名第10位，其中轿车生产50.7万辆，世界排名第14位。另外，中国汽车工业基本车型形成了6大类120多个品种的较完整体系，各类改装汽车、专用汽车750多种。

另外，80年代以后，随着中国改革开放的不断推进，中国汽车生产企业的经营管理体制也发生了重大变化。汽车企业的产品开发、生产和市场营销，基本从计划经济格局转变为面向市场、面向用户、开拓经营的市场经济格局。汽车工业的行业管理体制基本从自律性行业管理入手，逐步建立了适应市场需求的营销网络和方便用户的售前、售中、售后服务体系，目前正致力于创造良好的社会环境和使用条件，进一步完善营销体系和服务功能，理顺和规范市场秩序。在此过程，汽车工业的宏观管理体制几经调整，正不断向市场化方向迈进。

（4）后轿车阶段　对“后轿车时代”通常看法指的是，车型不但要拥有轿车舒适的驾驶感受，还要拥有个性的外观与良好的实用性，后轿车时代即消费个性化时代，也就是汽车定制生产时代，它要求汽车生产企业充分满足消费者的个性需求。

2007年可以说是后轿车时代的转折之年，世界汽车巨头福特的发威，日本汽车技术含量的提升，迫使“老三样”汽车提升技术含量，减低利润。

可以说，后轿车时代的汽车特点是：安全、节油、环保、智能驾驶并且能满足消费者张扬个性的需求。

2. 我国汽车工业市场现状

（1）我国汽车工业发展势头强劲　20世纪90年代以来，我国汽车产量实现三次突破，第一次是1992年突破百万辆大关。到了1999年和2000年，汽车产量的增长率分别达到12.3%和13%，出现第二次突破，即2000年跨过200万辆。第三次突破是2005年以来，国家继续实施稳健的财政政策和稳健的货币政策，同时，城乡居民收入继续保持较快增长，中等收入阶层消费能力明显提高，2006年中国汽车产量为728万辆，比2005年增长27.6%，已超过德国，仅次于美国、日本，居世界第三位。2007年中国汽车产量为888.24万辆。从2008年到2010年之间，中国汽车工业预计将保持每年两位数的增长速度，到2010年，中国汽车总产量将达到1000万辆。

（2）汽车需求快速增长，消费结构发生明显变化　随着人民生活水平的提高，个人购车比例逐年快速增长，中国汽车市场的消费结构已经发生重大变化。“十五”期间，我们国家汽车消费结构实现了以公款购车为主向私人购车为主的根本性转变。私人消费已经成为我国汽车消费的主流。有关资料显示，在2001年的新增车辆中私人购车占到48%，到2005年私人购车已经占到77%。

（3）产品结构趋于合理，技术水平和管理水平稳步提升　“十五”期间，我国汽车产业结构得到了进一步调整，轿车的比重越来越高。同时，提高自主研发能力和管理水平，在行业内受到了高度重视，汽车产品的自主研发和技术创新能力开始逐步提高，据统计目前在商用车领域已经具备了一定的自主研发能力，自主品牌市场占有率超过了90%，在轿车领

域国内企业也已经具备初步的开发和改进能力，国内市场占有率处在稳中有升的发展趋势，现在自主品牌的车发展速度非常快。

（4）营销体系日臻完善，规模有序的汽车市场逐步建立　为规范汽车市场的健康发展，使消费者权益得到的保障，在国家相关政策的指导下，传统的营销模式开始转变为以品牌销售，品牌授权经营为主的经营模式；二手车的交易开始打破了垄断格局，引入了竞争机制，实现了经营主体多元化；汽车配件流通领域采取特许、连锁经营的方式，向规模化、品种化、品牌化、网络化的方面发展，配件供应和服务有了提高。据统计，“十五”期间随着汽车产量的大幅度上升，全国范围内建起了 2500 多家的集销售、维修、培训、信息、管理为一体的经销专营店，形成了功能完善的营销网络。旧车交易市场虽然我们跟发达国家比还相差很远，但是上升得还是非常快。

（5）投资环境不断改善，国际化合作进一步扩大　经过 20 多年的对外开放，中国汽车工业和国际间的合作越来越成熟和完善了。“十五”期间，正好是我国加入 WTO，开展国际合作的政策环境、市场环境以及产业合作的基础，都更加有利，全行业抓住了有利的时机，顺应外商的投资热情，引进技术和吸引外资都有了较大幅度的增长。国际合作进一步扩大，加快了我们汽车产业国际化，与国际接轨的步伐。

3. 我国汽车市场的特点

（1）国内市场国际化　汽车行业已经成为我国跨国公司进入数量最多的行业，跨国集团的国际竞争开始向中国转移。我国的低成本优势和巨大的市场潜力吸引了众多的海外投资者，几乎所有的汽车跨国公司都先后以合资、合作的形式将其生产能力转移到中国。全球汽车产业已经进入成熟期，市场已经饱和，以中国为代表的新兴汽车市场已经成为世界汽车市场增长动力的主要来源。目前跨国汽车集团已经把中国市场纳入全球战略，加大对中国的投资，加快本地化发展，中国市场成为最激烈的竞争市场之一。

（2）我国汽车市场需求将持续旺盛，市场潜力巨大　由于私人汽车消费的高速扩张，我国汽车消费量自 2000 年出现快速增长，经历了 3 年的高速扩张，目前我国汽车消费量已经进入稳定增长阶段。2006 年中国汽车行业实现销售 721.6 万辆，同比增长 25.13%，其中乘用车销售 517.6 万辆，同比增长 30.02%，商用车销售 204 万辆，同比增长 14.23%。汽车整车出口 34.24 万辆，同比增长 98.13%，创汇 31.35 亿美元，同比增长 96.62%。我国私人汽车保有量在快速提升，特别是私人轿车的保有量增长迅速，说明私人购买汽车已经成为我国汽车工业的主要推动力。但我国目前平均每 100 人才拥有 2 辆汽车，与发达国家平均每 3 人拥有 1 辆汽车相比差距很大，说明中国汽车工业蕴涵着巨大的增长潜力。平稳增长是目前整个中国经济的基本态势，预计到 2020 年中国汽车保有量将达到 1.45 亿辆，其中轿车保有量将达到 1 亿辆。

（3）能源、交通和环境对我国汽车市场发展的制约　当前我国汽车发展与能源、环境、交通、安全等方面的矛盾日益突出。中国目前的石油产量在 1.4 亿吨左右，每年要进口数千万吨石油。而如果中国的汽车保有率达到世界平均水平（约 8 人一辆），中国就会有 1.5 亿辆车，年消耗一亿多吨石油，这是个无法回避的问题。

此外，我国汽车产品在能源消耗和在大气污染排放中的分担率上都占有很大比例，目前汽车每年消耗掉国产 85% 左右的汽车和 23% 左右的柴油。随着汽车保有量的不断增多，城市交通拥堵现象越来越严重。我国汽车拥有量只有世界总量的 1.9%，而交通事故死亡率却占世界的15%左右。种种因素表明，我国汽车产业受到众多因素的制约，促进汽车产业与社会经济的协调发展，是我国未来汽车产业发展迫切需要解决的重大课题。

从近期来看，燃油价格的波动对汽车行业的影响稳步显现，近年来终端销售的油价不断上调。油价上涨对于乘用车的销量和结构都有较大影响。从发达国家过往的经历来看，初次购车的消费者(占我国轿车购买比例80%以上)主要关心的是车价和性能，对油价相对不敏感。根据市场调查和分析的结果，油价上涨到5元/升，约有2%~4%的潜在消费者会放弃购车，而油价涨到6元/升，则有5%~8%的潜在消费者放弃购车。

但油价上涨有利于燃油经济性好的车型销售，我国低排量轿车总体上技术水平较低，油耗水平优势不显著，而且低端车型的消费者对于油价更敏感。估计油价提高对燃油经济性的影响程度排序应该是：经济型SUV > 经济型轿车 > 都市SUV > 紧凑型轿车 > 中级轿车 > 大型SUV > 高级轿车、美系 > 自主 > 韩系 > 欧系 > 日系。

(4) 经济发展的不平衡将带来市场需求的多样化和复杂性　我国经济发展的不平衡，城乡之间以及地区之间的巨大差别，决定了我国存在两个汽车市场。城市与农村的二元经济结构还会长期存在，这就决定了我国的汽车市场也会是一个长期二元市场。一个是以城市为中心的市场，另一个是以农村为中心，“两种市场，两种需求”无疑使得我国汽车市场的需求变得更加多样化和复杂化。

1.1.2　我国汽车市场的发展趋势

20世纪80年代初期，我国汽车工业不但产品数量不能满足要求，产品结构也以中型载货车为主，“缺重少轻，轿车几乎空白”。为适应市场需求的变化，汽车工业及时调整了产品结构，注重了微型车、轿车的产品开发和生产。1992~1998年，全国生产汽车累计984.7万辆，其中轿车234.8万辆，基本满足了国内快速增长的汽车需求。此时，轻型车和微型车在汽车市场中所占比重大幅度上升；全国载货车与乘用车(轿车加客车)的产量比例为40.6:59.4，基本上扭转了改革开放初期汽车产品结构的不合理局面。2006年新增汽车产量为157万辆，其中轿车为110万辆，年度增幅之高，为世界各国所罕见。2007年上半年，我国汽车产量同比增长27.78%，其中生产轿车210.1万辆，同比增长53.21%。因而，轿车在汽车中的比重不断提高，在总量中的比重已经过半。因此，我们说汽车市场就是轿车市场一点也不为过。

1. 我国轿车市场的销量

从轿车需求结构来分析，如果将所有产品分为10万元及以下、11万~21万元、22万元及以上三个档次，那么2007年上半年这三个价格段的销量比例可以用中间基本稳定，高端减、低端增来表述。伴随着我国汽车保有量在未来几年继续持续快速扩大，目前国内汽车更新率已达20%~30%，未来有望继续得到提高；若能达到30%~40%的水平，虽然仍低于国外发达国家70%的更新率水平，但是每年350万~400万辆的更新规模已完全能够确保中国汽车业的发展步入良性轨道。

案例

精彩纷呈的我国轿车市场

2007年2月，轿车销量排名前十位的轿车生产企业依次是：上海大众、上海通用、

一汽大众、奇瑞、北京现代、广州本田、东风日产、吉利、天津一汽和神龙，分别销售3.08万辆、3.02万辆、2.48万辆、1.87万辆、1.69万辆、1.65万辆、1.39万辆、1.36万辆、1.34万辆和1.32万辆。上述十家企业共销售19.20万辆，占轿车销售总量的64.47%。

低端轿车的市场占有率从43.6%增长为47.4%。其中，7万元以上部分的市场份额从2006年的24.3%上升为28%，6万元及以下部分从19.3%上升为19.4%。2007年，10万元及以下价格段市场呈现以下特点：一是价格稳中有升，6月的市场销售平均价格达到历史最高水平7.7万元；二是销量大幅增长，上半年比2006年同期增长了30.4%；三是这块市场缺少新品支撑，老产品仍然是主力，如捷达销量超过10万辆。

中端轿车的市场占有率从38.4%下降为38.2%。从表面看在三个大价格段中，这是最稳定的一块，但从细分角度看，其暗中的变化最为剧烈——11万元~13万元市场的份额从2006年的22.2%下降为15.4%，14万元~17万元市场的份额从2006年的9.9%上升为14.7%，18万元~21万元市场的份额也上升至8.2%。总体特点：一是2007年各月的市场销售平均价都高于2006年；二是销量大幅增长，与2006年同期相比，2007年上半年销量增长了30.2%；三是主力新品集中在中间价格段投放，如卡罗拉的平均价为14.9万元，同时比全国总体的市场销售平均价14.2万元略高。

高端轿车市场的占有率从17.9%下降为14.4%，其中22万元~25万元市场的份额从2006年上半年的9.8%下降为8.9%，26万元以上市场的份额从2006年上半年的8.1%下降为5.5%。该市场呈现出以下特征：一是2007年上半年各月的市场销售平均价格高于2006年同期各月；二是销量小幅增长，与2006年同期相比，仅仅增长了4%；三是高端轿车市场竞争激烈，欧美产品占据高端，日系产品处于低端，丰田是其中销量的冠军。

2. 我国轿车行业发展存在问题分析

(1) 轿车行业库存量　按轿车销量和库存的正常关系比例，经销商加企业内部或少量的社会库存量，应保持在半个月销量以下的水平，但到目前为止，少数轿车制造企业的期末库存量已超过二个月以上的销售量、最少的也在一个月产销量左右，其库存危机已超过任何一年。从以往各轿车厂商推行的一系列促销效果看，除了降价还是降价，没有起到良性地消化库存的目的，边际效益难以拉动实际利润，各厂商高悬的恶性竞争的“降价”双刃剑只能造成两败俱伤。从销售利润上看，经营利润额难以抵消庞大的库存量所造成的周转期因库存、折旧率、维修费、运输等一系列环节所造成的巨大经济损失，产能过剩的形势将更严峻。

(2) 厂商价格战愈演愈烈　随着价格水分的不断挤压，主流轿车企业似乎只有通过不断降低成本、以更低的售价来保持市场份额。2007年年末，在经济整体增长看好的大趋势下，股市赢利后的资金开始回流。财富效应加上年底各企业的促销力度，这些因素都使汽车厂商再次上演价格战。其实，据权威机构统计，2007年1至10月，一些汽车品牌销量不尽人意，按照预定时间完成年度目标存在一定难度，年末降价也在所难免。

(3) 国外轿车行业冲击剧烈　在全球油价高涨的2006年，美国三大汽车厂商悉数巨亏，北美欧洲市场都出现销售滞涨，唯有中国市场涨势依旧。2006年，我国汽车产销量均突破700万辆，已经成为全球第三大汽车市场。有预测认为中国汽车市场到2010年以前都有望保持10%至15%的长期增长。于是，全球的汽车工业资源都开始扑向中国，包括车型、产能和技术。在中国市场如此火爆的情况下，大多数跨国巨头都制订了针对中国的战略，而在汽车工业技术方面，许多独立于跨国巨头的零部件厂商和研发机构也在寻求与本土自主品牌厂商的合作，奇瑞、华晨的自主发动机技术都得益于此。

3. 我国汽车市场的发展趋势

中国汽车工业协会专家委员会的研究报告认为，目前中国汽车市场呈现出发展格局国际化、市场增长持续化、行业竞争白热化和消费需求个性化四大趋势。

报告指出，目前全球最大的11家跨国汽车公司都已进入中国，全球最大的50家汽车零部件企业绝大多数在中国投资设厂。中国汽车市场的国内竞争已经演变为国际化竞争。特别是在增长最快的轿车领域，中级以上轿车的竞争主要在各大跨国汽车巨头之间进行。

自2001年年底中国加入世界贸易组织后，2002和2003年汽车市场出现爆发式增长，部分潜在的消费需求得到了提前释放。2004年和2005年中国汽车市场增速出现大幅回落，但仍高于全球平均增长水平。2006年中国轿车产销增长双双超过25%，标志着中国汽车市场增长进入持续化发展。

第三个趋势是汽车行业竞争日趋白热化。由于国内汽车整车厂家过多，汽车产能过剩等原因，近年来国内汽车市场竞争十分激烈，价格战此起彼伏。专家预计未来几年，汽车价格战还不会终止。但消费者更加注重汽车的质量和售后服务，单纯的价格竞争对消费者的吸引力正在不断弱化。

第四个趋势是消费需求个性化日益明显。为了满足消费者的这一需求，国内汽车厂家不断推出新车型。最近几年，每年推出的新车型都超过100款，包括全新车型和改款车。专家认为，新车型过多，导致单种车型年销量过低，并不利于企业的规模效益。

1.2 我国汽车市场的运行特征

1.2.1 我国轿车市场价格分析

1. 轿车市场价格走势概述

随着我国城市化进程加快，居民消费结构的升级，轿车市场已由集团购买转向个人购买为主。目前私车需求稳步增长，个人购买比例上升到约70%，个别城市已达到80%以上。在北京，私车普及率高达11%，上海每3辆轿车中就有1辆多是私人轿车。未来几年，我国的轿车价格走势将呈现三大特点：一是整体价格仍将逐年下降；二是降价幅度将逐年变小；三是降价区间将逐年上移，即从低档向中、高档转移。据预测，到2010年，中国轿车的销售量将达到200万辆，私人轿车将由东向西，逐步进入我国城镇居民的家庭。

2. 各细分市场价格状况

细分市场的价格状况可从豪华车、中高级车、中级车、经济型车和微型车五个细分市场中找出具有代表意义的车型，从价格和销售两方面入手来分析。

(1) 豪华车市场　由于豪华车消费群体的特殊性，该细分市场的价格变化并不太大，降价幅度是各细分市场中较小的，市场价格与厂家指导价的差距也最小。在中国的豪华车市

场，正上演着一场由日系雷克萨斯、讴歌、英菲尼迪对阵德系奔驰、宝马、奥迪等豪华车的游戏。令玩家们趋之若鹜、唯恐落于人后的是中国市场疯狂增长的购买力。

（2）中高级车市场　中高级车一直以来都是公商务车市场的宠儿，而几乎所有的新老中高级车在上市之后都要竭尽所能讨好这个市场，试图从庞大的公商务车市场中分得一杯羹。随着该细分市场竞争车型的增多，中高级车市场的价格会有较大幅度下降。

案例

品种丰富、潜力可观的中高级车市场

马自达6持续热销，凯旋以及迈腾的上市，这种个性十足、主攻个人市场的中高级车已逐渐成为市场主流。随着国家经济实力的不断壮大，居民的收入开始日益提高，国内中高级车消费群也在发生微妙的变化。在短短的几年时间内，30～40岁国内青年精英的个人财富在整个社会的财富成长中占据主力地位。这些社会中坚伴随着中国经济不断成长的同时，自身的价值和财富也在不断提升新的档次。这就使得这些年富力壮的群体的消费能力不断攀升，他们对于汽车消费者的指引作用将愈发明显。此外，从2004年开始，随着成本的不断降低，加上国内的中高级车市场同样深陷价格战，中高级车的价格多年来持续走低，此前动辄23万元以上的中高级车目前市场的最低价格已下探至17万元以下，包括主流车型帕萨特和雅阁在内的中高级车价格也接近18万元，这就使得能够消费中高级车的群体的范围不断下移，使得在财富的积累上以及消费观念超前的青壮年精英开始成为中高级车市场的主流消费群体之一。这些现象都证明，在未来的中高级车消费市场上，不再是朴实无华追求中庸的中高级车的天下，类似马自达6、迈腾以及锐志等主打个人消费市场的中高级车同样能够找到自己的位置。

（3）中级车市场　20万元左右的中高级车是当今汽车市场的降价主流，这使得10万元～15万元价格区间的中级车市场与之相比宁静了许多。但是不排除少部分车型受厂家推出换代车型的影响而大幅降价。不光是老车型降价，中级车市场降价车型也不乏新面孔。

（4）经济型车市场　10万元以下的经济型轿车是目前中国汽车市场竞争最激烈的区间。预计未来，经济型车市场将成为竞争最充分的市场，也是价格与海外接轨的市场。

案例

经济型车市场将成为竞争最充分的市场

东风日产、长安汽车、长安铃木、奇瑞汽车都在2007上海国际车展上推出了主力的经济型轿车。其中东风日产的“全时多能”轿车骊威最低价格只有7.98万元，瞄准的目标是雪佛兰乐骋、广州本田飞度，两厢紧凑型轿车市场又加入了日产这个强有力的品牌。除了宣布正式上市的经济型轿车外，还有部分厂商宣布即将投产10万元以下的经济型轿车。上海大众就展出了其即将生产的新款大众Cross Polo，这款比欧洲版大众FOX尺寸还要小的轿车预计的价格将在9万元左右。广州丰田也展出了即将投产的新Yaris轿车，该车型在北美的售价仅为1万美元，预计在中国上市后的价格也不会超过10万元。业内专家贾新光表示，不少合资厂商察觉到了中国车市销量增长最快的是经济型轿车，都投入了更大的精力，与全球同步的车型以及有竞争力的价格和品牌都将威胁到已经占据优势的自主品牌。

(5) 微型车市场　微型车是市场竞争程度最深的细分市场，经过长时间、大幅度的降价，目前的价格已经基本没有多少下降空间了，但在2006年4、5月仍出现了微型车大幅降价，随后微型车整体价格保持相对稳定，绝大部分车型的市场价格变化幅度较小，只有夏利的价格出现一定程度的下降。在最近5年内，我国微型车市场空间将进一步扩大，无论是增长速度还是销售数量都将超过小轿车，成为国产汽车发展的重要支柱。

1.2.2　主要细分市场分析

1. 轿车市场总体分析

目前，轿车市场呈现出活跃态势。截至2006年底，轿车销量达到382.89万辆，同比增长36.89%，与2005年同期相比增幅提高12.58%。在轿车主要品种中，受国家鼓励小排量汽车优惠政策的影响，排量在1～1.6升的轿车品种占据了市场最大比重，占轿车销售总量的54.28%；另外，排量在1.6～2.0升的轿车品种累计销量也接近100万辆，占轿车销售总量的25.80%。

另外，自主品牌轿车厚积薄发，市场份额稳步提升。据统计，2006年国内自主品牌轿车共销售98.28万辆，占轿车销售总量的25.67%，与2004年市场占有率21.54%相比，增幅提高4.13%。其中，奇瑞旗下的QQ和旗云表现最为突出，排名分别位居第六位和第九位，此外，吉利旗下的自由舰和比亚迪旗下的F3也有不俗表现，2006年上述两个品牌分别销售7.10万辆和5.10万辆，在同类品牌中已经形成较强的竞争优势；同样表现尚佳的还有中华旗下的骏捷，由于良好的性价比，自2006年3月上市销售以来，累计销量达到3.58万辆，市场发展势头良好。

案例

轿车生产企业的业绩

与2006年相比，位居前三位的上海通用、上海大众和一汽大众分别销售36.54万辆、34.12万辆和34.06万辆，同比分别增长22.37%、43.18%和39.16%，2006年上述三家企业共销售104.72万辆，占轿车销售总量的27.35%。此外，奇瑞、吉利、哈飞、华晨金杯和比亚迪销量同比增幅均十分显著，其中华晨金杯和比亚迪增幅更是高达5.3倍和4.4倍，市场表现极为突出。

同时，国内轿车生产企业加大了产品开发和升级力度，同时国产轿车价格水平下降明显，因此，轿车市场继续保持较快增长势头。2007年上半年，基本型乘用车(轿车)销量超过220万辆，达到228.69万辆，同比增长25.92%。轿车是乘用车中增长最快的细分市场。在轿车主要品种中，排量在1～1.6升的系列轿车品种继续占据最大比例，上半年该系列销量超过120万辆，达到121.65万辆，占轿车销售总量的53.19%。此外，1.6～2.5升这一区间各轿车品种市场表现也较为出色，上半年累计销售91.73万辆，占轿车销售总量的40.12%。然而，排量≤1升系列的轿车需求仍较为低迷，上半年，该系列累计销售13.43万辆，同比下降28.87%。

2007年上半年销量前十名的轿车车型分别为桑塔纳、捷达、凯越、凯美瑞、QQ、夏利、雅阁、福美来、伊兰特、福克斯，1月至6月，这些排名前十位的车型共销售75.92万辆，占轿车销售总量的33.2%。

2007 年上半年销售前十位的汽车企业依次为一汽大众、上海大众、上海通用、奇瑞、东风日产、广州本田、吉利、一汽丰田、东风神龙、天津一汽。上半年，上述十家企业共销售 146.11 万辆，占轿车销售总量的 63.89%。

目前，市场中合资轿车品牌出现分化。相对总体 22% 的增长水平，德系车增长较快，而韩系车增长停滞甚至倒退。

从车型看，中级车成为最主要的细分销售市场，总销量增长较快。

中级车市场中有德系的奥迪 A6、宝马，也有日系的皇冠、凯美瑞。

南北大众占据了第一和第二。因为凭借奥迪 A6 的热销，一汽大众销量增幅超过 40%，以最高销量(约 21.8 万辆)及最高增速的双料冠军称雄 2007 年上半年中国轿车市场；而上海大众则凭借帕萨特领驭、桑塔纳位居销量第二(约 21.6 万辆)。

2. 经济型轿车市场分析

随着轿车逐渐步入百姓家庭和私人购车的兴起，作为家用轿车主力军的经济型轿车，受到了人们越来越多的重视。从市场表现看，1.3～1.5 升的经济型轿车已成为拉动国内轿车行业增长的主要因素之一。1.3～1.5 升的经济型轿车市场表现有以下特征：

1）竞相推出新车。2006 年，中国的车市可以说是精彩纷呈，超过 140 款的新车至今让人觉得眼花缭乱。而 2007 年仍是新车扎堆上市、车市热闹纷繁的一年。据统计数据显示，2007 年面市的新车亦超过百款，其中不少是经济型轿车。

2）价格大战贯穿全年。

3）部分车型停产退出市场竞争。

4）主流车型优势明显。

3. 中高档轿车市场分析

如同整个轿车市场一样，中高档轿车市场上是新品占尽风头。

根据行业统计结果分析，在中高级轿车市场 69 万辆的总容量当中，有 32 万辆的销量为新品所占据。虽然中高档轿车市场的竞争日趋激烈，但尚未达到白热化的程度。对于大多数厂家来讲，当务之急就是要通过提高品牌影响力、调整产品性价比、加快产品技术更新换代来守住 20 万～30 万的市场区间，抢占市场份额。中高档轿车市场特征为：

1）一步一个脚印，销量稳步回升。

2）不同排量各有所爱。

3）品牌销售冷暖不均。

未来几年，根据各厂家排兵布阵的雄心，中高档轿车市场将是他们的必争之地，中高档轿车新车型将集中上市，价格大战仍将持续不断，市场竞争也愈加激烈。

4. 高档轿车市场分析

我国豪华车市场所受到的关注正随着其本身的增长而不断提高。来自赛迪顾问的调查数据显示：2006 年，我国豪华车的销售量约为 15 万辆，约占我国乘用车销售总量的 4%。中国海关统计数据也表明，2006 年 1～8 月我国进口汽车 14.7 万辆，价值 48.4 亿美元，与 2005 年同期相比分别增长了 56.1% 和 71.8%。

案例

北京国际车展上的中国豪华车

从2006年年底举办的北京国际车展上已经能看到中国豪华车市场的增长趋势。与往届国际车展相比，法拉利、宾利、劳斯莱斯、保时捷、奥迪R8超级跑车等世界顶尖豪华车的集中亮相无疑成了此次车展的最大亮点。现场展出的豪华车不仅赚足了参观者的眼球，更被他们热情“抢购”。据统计，此次车展结束后，豪华车的销售额超过亿元，展出的3款宾利轿车有2辆被买走，660万元的劳斯莱斯被预订，其他豪华车企业在车展后也满载而归。

有市场就会有竞争，中国豪华车市场增长后带来的竞争将不可避免。现在，从国际大牌汽车企业到中国本土企业，无不关注着这个潜力巨大的市场，期望从中赢得利润。

业内专家普遍认为，随着潜在客户群的继续增加、豪华车价格的继续下调及豪华车车型的不断拓展，未来几年，中国豪华车市场还将继续增长。

案例

跨国公司对中国豪华轿车领域的渗透

随着中国豪华车市场的增长，国际大牌汽车企业进军中国豪华车市场的步伐愈加急切。2006年奥迪汽车在中国的总销量首次突破8万辆大关，同比增长39%。其中奥迪A6L销量达到61686辆，同比增长37%；奥迪A4销量达15536辆，增长44%。尽管奥迪品牌已稳居2006年中国豪华车市场冠军的宝座，但其前进的步伐并没有停止。一汽－大众奥迪销售事业部副总经理张晓军表示，根据奥迪公司监事会2006年最后一次会议的决定，奥迪将在2006~2011年间投资118亿欧元，继续保持在产品研发上的高额投资，增强新车型的研发力度，大幅拓宽车型范围。

宝马品牌则在2006年中国豪华车市场名列第二。来自宝马集团的数据表明，2006年宝马汽车在中国的销量突破3.6万辆，同比增长51%。尽管落后于奥迪，但宝马集团依然充满信心。宝马公司大中华区负责人表示，几大豪华汽车品牌进入中国市场的时间不同，豪华车竞争格局还远没有真正形成。他表示，宝马集团已经拨款190亿欧元用于在2005~2009年间的产品开发、产能扩展等。在进口车市场，宝马集团今年将引进多款新车到中国市场，包括新款X5、新3系敞篷车、新款MINI和Z4轿跑车等。

夺得2006年中国豪华车市场排名第三的是奔驰品牌。据统计，2006年，奔驰汽车在中国的销量为2.11万辆，同比增长33%。戴姆勒－克莱斯勒股份公司负责人认为，是否领先豪华车市场，销量不是最重要的，利润如何最大化更为关键。

就在德系豪华车抢占中国豪华车市场的同时，日系豪华车如日产、丰田等汽车企业也明显加快了步伐。此外，法拉利、宾利、劳斯莱斯等世界超豪华汽车品牌也开始登陆中国豪华汽车市场。一位业内人士说，现在中国的豪华车品牌甚至比以品牌著称的欧洲还要多。

争抢中国汽车市场最后一块“蛋糕”的想法，让国际豪华汽车品牌加快了对中国豪华车市场拓展的速度。今后豪华车市场的竞争将会更加激烈，豪华车将成为进口车的主力。巨额的利润诱惑、广阔的市场空间正在吸引越来越多的豪华车品牌，中国豪华车市场的品牌大战一触即发。

1.2.3　行业竞争状况分析

1. 我国轿车市场竞争现状分析

中国轿车的需求主体主要有三个：私人用车、集团用车和出租用车。近年来轿车的销售量在汽车行业中的比重逐年上升。私人用车需求成为轿车需求的主体，这同中国经济快速稳定增长和新的汽车政策有很大的关系。

2007年，中国的轿车市场是以中级车为消费主力、高级轿车之间竞争更加激烈、经济型轿车保持温和态势的局面。随着自主品牌的实力逐渐壮大，中国汽车市场的竞争将更趋激烈。

（1）中高级轿车市场竞争分析　2006年，我国排量为1.6～2.0升的轿车销量为99万辆，占全部轿车总量的26%。今后，这一市场的规模将出现较大幅度的增长。

对于生产企业而言，中级车市场的重要性几乎是决定性的，这一市场不仅增长空间巨大，也是汽车制造商的主要利润来源，有的企业直接表示“得中级车者得天下”。为了争夺这个市场，众多车商毫无保留地拿出了最具市场竞争力的车型。与入门级和高级产品市场相比，这一市场的品牌最多、款式最丰富，竞争也更加激烈。

案例

竞争激烈的中高级轿车市场

中高级轿车市场可以分为三个档次：高端是以卡罗拉、明锐、速腾、思域为代表的知名跨国公司的知名车型，这些车型在技术和配置上处于领先地位，价格也较高；中间层以凯越、伊兰特、标致307、骐达等为代表，这些车型一直是轿车销售的中坚力量，具有一定的品牌知名度，有些车型家用、商用皆宜，拥有稳定的市场需求；较低端的位置，则是自主品牌中级车的阵营，这一阵营的共同特点是在排量、轴距、配置等方面与前面两个层次相比毫不逊色，甚至要高于前者，价格却便宜了一大截，比如华晨骏捷、奇瑞东方之子、奇瑞A5、比亚迪F3、福美来等，由于定位准确、性价比优势明显，这些车型的销售状况也相当不错。

明锐与卡罗拉的卖点非常鲜明：卡罗拉是世界上累计销量最多的车型，其均衡的特色符合众多消费者的需要，明锐装配的TSI发动机和6速手自一体变速器在同级车中技术水平无出其右；从市场策略上看，这两款车不仅价格上没有让消费者太过意外，在竞争策略上也都富有攻击性，明锐宣称“100%对准卡罗拉”，卡罗拉则抛出“5米印象”的营销理念，因此，它们之间的竞争和各自的市场表现格外引人注目。除此之外，一汽丰田在推出卡罗拉冲击中级车的高端市场之外，卡罗拉的前一代产品花冠并没有停产，而是以11.48万元和12.68万元的两款车型进入了中间层的核心价格区域，两代花冠齐上阵，大有一副“通吃”的架势。对于大众来说，明锐的上市显然是个发起进攻的信号，大众改变被动地位的愿望已然清晰。

原本各得其所的中级车市，因为明锐和卡罗拉的到来而充满了“山雨欲来风满楼”的紧张气氛。为了迎接强劲对手，其他竞品均有不同程度的产品和价格调整。当然，市场最终还要看卡罗拉与明锐的实际表现。如果卡罗拉和明锐果真强者无敌，给中级车的中间和低端层次造成直接的市场压力，这两个层次就有可能采取直接降价或者推出低配车型的方式，将市场压力继续下移，从而使中级车市的价格区间继续下探。不过，目前继续向下的趋势并不明显。此外，新车的不断推出也直接刺激了中级车市场的需求，在市场扩容的过程中，多数产品还是可以找到一席之地的。

（2）经济型轿车市场竞争分析　在经济型轿车市场领域，集中了80%左右的自主品牌轿车，在受到中级车价格下探的挤压后压力凸现，在合资企业一波胜过一波的价格大潮冲击下，经济型轿车受到了前所未有的冲击，这导致自主品牌的市场占有率下降。同时也可以看出经济型轿车市场的竞争趋于白热化。价格的因素逐渐在改变着经济型轿车市场的竞争格局。

案例

自主品牌汽车面临的市场竞争

回顾2007年上半年销量排行，自主品牌代表奇瑞汽车的表现像一部情节跌宕起伏的连续剧。其先喜后忧的成绩也是大多数自主品牌汽车企业上半年表现的缩影。

自主品牌由于受到合资品牌的大规模侵蚀，正逐渐失去对低端市场的控制权，这可从权威统计方面得到印证。中国汽车工业协会发布上半年统计数字：2007年6月自主品牌轿车市场占有率较5月有所下降，共销售10.06万辆，占轿车销售总量的28.85%，仅比日系车高2.3个百分点。

自2006年下半年到2007年的年中，合资企业为挽回不断缩小的乘用车市场占有率，以大众为代表的合资品牌疯狂国产化，先后进行了多次降价，使合资品牌和自主品牌乘用车的价格差逐步缩小。降价大潮从2007年3月一直持续到5月。3月上旬，上海通用、一汽大众、上海大众三家在国内汽车市场扮演领头羊角色的轿车生产商先后宣布降价，降幅多达万元，降价车型则集中在捷达、桑塔纳、凯越和POLO等10万元以下的车型。期间，其他品牌经销商发起的“暗降”更是此起彼伏，几乎波及国内所有合资汽车企业。此举果然让南北大众年中成绩斐然，一汽大众上半年终端销量同比增长25.3%，捷达功不可没。

（3）微型轿车市场竞争分析　微型汽车作为汽车市场上的入门车曾经创造了辉煌的历史，据有关部门统计，2002年我国排量1.3升及以下产品总销量达100万辆以上，其中1.0升及以下产品（含微客、微货、微轿）销量达96万辆以上，占到了总销量的96.3%。然而，在2007年以来国内轿车行业继续保持大幅增长的背景下，国内微型轿车行业却呈现疲态，销售量同比出现近两位数的负增长，微车行业现实差强人意。

案例

价格便宜的微型轿车

微型轿车产品价格区间从2.98万~6.28万，大部分车型起价为3.5万元左右，顶配为5.5万元左右。主流产品价格带为3.5万~5.5万元。整体脱离价格带的是SPARK，其价格属于偏高水平，这与其为合资品牌，质量、工艺较好，成本偏高有关。销量最大的QQ和夏利完全在主流价格带中，它们的主力车型：QQ0.8舒适、1.1标准、夏利1.1的价格都在4万左右。可以说，微型轿车就是以价格优势来吸引消费者。微型轿车价格便宜，它降低了轿车进入家庭的门槛，同时也在轿车市场中占据了一部分份额。

尽管国内微型轿车产销出现负增长，在国内轿车的市场份额不断下滑，但各微型乘用车企业绝非无所作为，2007 年 3 月，主流微型轿车企业产品纷纷降价，涉及产品之多、下调幅度之大前所未有，此外改款、改型等新产品先后投放市场，瞄准每一个细分市场摆下大战的擂台。2007 年 4 月上旬，上汽通用五菱宣布，推出最低价为 3.98 万元的 SPARK 乐驰 07 新款系列，在已有的 5 大车型的基础上调整为 6 个车型并将陆续投放市场，作为国内第一款全球品牌的微型轿车售价竟低于 4 万，这无疑在国内微型轿车本来就竞争激烈的市场上，又投下了一枚重磅炸弹。可以预料，国内微型乘用车市场竞争将更加激烈。

然而，在以价格为主导的竞争中是没有赢家的。在目前的政策环境下，微型轿车如何更好的立足，是微型轿车生产厂家今后的重要课题。

本 章 小 结

1. 后轿车时代是指汽车消费个性化时代，也就是汽车定制生产时代，它要求汽车生产企业充分满足消费者的个性需求。其特点是：安全、节油、环保、智能驾驶并且能满足消费者张扬个性的需求。

2. 我国汽车工业市场现状：我国汽车工业发展势头强劲，汽车需求快速增长；消费结构发生明显变化，产品结构趋于合理；技术水平和管理水平稳步提升；营销体系日臻完善，规模有序的汽车市场逐步建立；投资环境不断改善，国际化合作进一步扩大。

3. 我国汽车市场的特点为：国内市场国际化；汽车市场需求将持续旺盛，市场潜力巨大；能源、交通和环境对我国汽车市场发展存在制约；经济发展的不平衡也将带来市场需求的多样化和复杂性。

4. 目前中国汽车市场特点呈现出发展格局国际化、市场增长持续化、行业竞争白热化和消费需求个性化四大趋势。

5. 随着我国城市化进程加快，轿车市场已是个人购买为主的消费市场了。未来几年，我国的轿车价格走势将呈现三大特点：一是整体价格仍将逐年下降；二是降价幅度将逐年变小；三是降价区间将逐年上移，即从低档向中、高档转移。

6. 2007 年，中国的轿车市场将是以中级车为消费主力、高级轿车之间竞争更加激烈、经济型轿车保持温和态势的局面，随着自主品牌的实力逐渐壮大，市场竞争将更趋激烈。

复习思考题

1. 什么是后轿车时代？其有何特点？
2. 我国汽车工业市场现状如何？
3. 我国汽车市场有何特点？
4. 今后中国汽车市场发展趋势是怎样的？

第 2 章 汽车市场细分与目标市场选择

学习目标：

- 了解汽车企业的宏观环境和微观环境。
- 了解汽车市场细分的作用和依据。
- 知道竞争者分析的步骤和市场营销者的分类。
- 掌握汽车目标市场的选择方法。

汽车企业的生产和销售活动是在动态的世界中进行的，受周围许多因素的影响。汽车企业必须了解自身所处的环境，并对各种因素的影响作出及时而恰当的反应。从认识环境、了解环境、适应环境、改造环境、利用环境到有效地驾驭环境，才能保证汽车企业在激烈的市场竞争中立于不败之地。

2.1 汽车市场营销环境分析

2.1.1 汽车企业经营环境

所谓汽车企业的经营环境，是指影响汽车企业生存和发展的一系列外部客观因素作用的总和。汽车企业的经营环境是一个综合性的大环境，这个大环境是由若干个具体的小环境组成的，各个小环境之间有时相互促进，有时又会相互排斥，给汽车企业的经营活动带来了错综复杂的影响。

汽车企业经营环境从大的方面可以分为国际环境和国内环境两大类。无论是国际环境还是国内环境，又都包含以下几方面内容：

1. 历史环境

历史环境是汽车企业其他经营环境的背景。汽车企业通过对历史状况的回顾，可以更好地预测未来和规划未来，对汽车企业的发展提出更切合实际的期望和要求。

2. 政治环境

政治环境是汽车企业经营环境中带有战略意义的重要因素。它首先表现在国际形势和各国的对外政策上，其次是一个国家实行的制度和体制，以及政局是否稳定，法律是否健全，社会是否安定和人民生活是否不断得到改善等方面。

3. 社会环境

汽车企业的社会环境包括汽车企业所处地域的社会风尚、人口构成、职业构成、宗教信

仰、风俗习惯、家庭构成、民族特点，以及个人的观点、态度、习惯及行为等方面的内容。

4. 人口环境

人口环境指一个国家和地区(汽车企业目标市场)的人口数量、人口质量、家庭结构、人口年龄分布及地域分布等因素的现状及其变化趋势。

人口环境对汽车企业的市场需求规模、产品的品种结构和档次以及用户购买行为等市场特征具有决定性影响。例如，供老年人使用的汽车应注重汽车的安全性、操纵方便性和舒适性。对西方发达国家而言，轿车已经作为耐用消费品广泛地进入家庭，营销者就应着重研究目标市场的人口环境特点，以便展开正确的营销活动。对国内汽车市场而言，由于汽车尚未广泛进入家庭，应着重分析高收入阶层的人口数量、职业特点、地理分布等因素的现状及其发展变化。

5. 自然环境

汽车企业的自然环境是由一个国家的全部资源(特别是自然资源)构成的，是客观存在的自然界。它包括空气、水、土地、矿产、森林等物质资源和地理位置、地貌地质条件，以及由于地理环境所造成的工农业布局等。

汽车企业这些自然环境条件，对汽车企业的经营活动起着重要的促进或制约作用。自然环境是汽车企业从事经营活动的基础，没有一定的自然环境和条件，汽车企业将无法从事生产经营活动。

6. 使用环境

(1) 气候因素　自然气候包括大气的温度、湿度、降雨、降雪、降雾、风沙等情况以及它们的季节性变化。自然气候对汽车使用时的冷却、润滑、起动、充气效率、制动等性能以及对汽车机件的正常工作和使用寿命产生直接影响。因而，汽车企业在市场营销的过程中，应向目标市场推出适合当地气候特点的汽车，并做好技术服务。

(2) 地理因素　地理因素主要指一个地区的地形地貌、山川河流等自然地理因素和交通运输结构。一个地区的地理现状及其变化，决定了一个地区公路运输的作用和地位，尤其对公路质量(如道路宽度、坡度、弯度、平坦度、表面质量、坚固度、隧涵及道路桥梁等)具有决定性影响，从而对汽车产品的具体性能有着不同的要求。因而，汽车企业应向不同地区推出性能不同的汽车产品。例如，我国西部地区是高原、多山的地形，就应推出适合当地使用条件的中型载货汽车及其改装车。

(3) 公路交通因素　公路交通条件好，有利于提高汽车运输在交通运输体系中的地位，提高汽车运输的工作效率，提高汽车使用的经济性等，从而有利于汽车企业的汽车销售。反之，汽车普及程度的增加也有利于改善公路交通条件，从而对汽车企业的市场营销创造更为宽松的公路交通使用环境。

(4) 城市道路交通因素　包括城市的道路面积占城市面积的比例、城市交通体系及结构、道路质量、道路交通流量、道路立体交叉、车均道路密度以及车辆使用附属设施等因素的现状及其发展。这一使用环境的变化，将会增加人们对交通工具选择的变化，从而引发了对不同类型的汽车的需求。

7. 经济环境

经济环境可分为宏观经济环境和微观经济环境两大类。

(1) 宏观经济环境　指影响汽车企业经营活动的企业外部社会总的经济条件。

宏观经济环境包括许多内容，既有国内的，也有国际的；既有中央的，也有地方的；但总的来看，对汽车企业经营活动影响较大的因素有国民生产总值、经济周期和市场模式等三个方面。

（2）微观经济环境　指汽车企业自身从较窄的角度去看待和分析本行业和本企业内部的经济问题。微观经济环境也称为企业的内部条件，具体包括汽车企业生产的产品或提供服务的成本、消费需求、价值、价格，以及企业的资产条件、人员结构等人、财、物的基本情况等。

2.1.2　汽车企业宏观经济环境分析

汽车企业经营活动的好坏归根到底取决于社会和国家的整体经济状况。在国家经济情况良好的条件下，大多数汽车企业的经营效果也较好；在国家经济条件较差的情况下，多数汽车企业的经营效果也差，有的汽车企业还要亏损，甚至于破产、倒闭。当一个汽车企业能够掌握国家整体经济发展的动态时，它就能够在经济变革的浪潮之中立于不败之地。如果汽车企业能够预测到国家的经济将进入衰退期，那么最明智的策略是维持现有的经营规模，抛售汽车企业的库存，以便平安地渡过难关。但是，在市场经济状态下，汽车企业要准确地预测这个问题是十分困难的，最多只能在研究经济变化的基础上，作出比较有依据的推测。为此，汽车企业必须既考虑社会总的经济条件，又要进一步研究这些经济条件是如何进行变化的。对于一个汽车企业所在的国家或地区来说，应当特别注意研究对汽车企业经营活动影响最大的国民生产总值、经济周期和汽车企业所处的市场模式三个方面。

1. 国民生产总值

国民生产总值，是指一个国家或地区整个国民经济生产产品和提供服务的年度总价值。它是衡量国民经济状况的最佳指标。因此，汽车企业应当特别注意每年国民生产总值的变化和发展情况，以便为汽车企业的正确决策提供可靠的依据。

2. 经济周期

20世纪以来，世界各国(特别是经济发达国家)的经济连续发生波动，其一般规律是经济状况好转一段时间之后又下降，大约经过半年到一年的时间之后又上升。整个国民经济这种起伏变化情况，称为经济周期。经济周期持续时间一般都在一年以下，但也有例外，如美国20世纪30年代经济大危机和60年代经济萧条，都延续了几年的时间才慢慢地得到恢复。

宏观经济的上升或下降，使汽车企业在应对经济环境的问题上面临相当大的困难。但是，汽车企业只要能够经常保持对全国(或全世界)的各种经济问题进行分析和研究，仍有可能在复杂多变的经济环境中作出较为可靠的、有益的预测。

3. 市场模式

一般来说，大多数汽车企业都是在竞争的市场环境下从事生产和经营活动的。汽车企业应当完全了解自己生产和经营活动所处的外部市场环境及类型。在分析市场环境时，必须详尽地考查市场的类型，也就是需要认真地去研究市场的基本模式。市场的基本模式可以分为纯粹垄断、寡头垄断、垄断性竞争和纯粹竞争四大类。

（1）纯粹垄断　指某种汽车产品或服务只有一个销售者或经营者，在同一个地区没有别的替代者。用户如果想要购买这些汽车产品或服务，只能找这个独有的企业。

（2）寡头垄断　指在汽车有大量买主的情况下，由少数几家汽车企业控制着市场。这

几家汽车企业通常能控制该产品市场销售量的70%~80%，剩下的一小部分由其他许多小公司去经营。例如，美国三家汽车企业(通用汽车公司、福特汽车公司和克莱斯勒汽车公司)是美国汽车制造业的寡头垄断，其特征为：控制了美国汽车制造市场的90%以上，形成了美国汽车制造业的寡头垄断局面。

(3) 垄断性竞争　指在汽车行业中有许多汽车企业生产同一种产品，每一个汽车企业只能生产市场总需求量的一小部分。各个汽车企业为了夺得尽可能大的市场份额，都力图使自己的产品与其他竞争产品区别开来。为此，每个汽车企业都非常重视采用诸如派员销售、广告、信用条件以及公司信誉等服务办法。在垄断性竞争的市场模式下，整个市场竞争十分激烈，而且具有非价格竞争的特点。

(4) 纯粹竞争　指非常多的独立销售者，用相同的方式向市场提供各自的汽车产品。在纯粹竞争的市场模式中，全部产品都是标准化的，就是说，它们的品质、性能等完全相同，用户不管购买谁家的产品都无所谓。此外，由于各个汽车企业只供应市场需求总量中的很少一部分产品，所以，任何企业都控制不了产品的价格。同时，汽车企业可以毫无障碍地自由加入或退出行业。

一个成功的汽车企业，能够充分地认识其周围的总体环境和具体环境，因为任何一种环境因素，都有可能给汽车企业的经营活动造成影响。但是，汽车企业只要能够较全面地了解它们的发展和变化规律，比较自如地去适应它，就会具有较强的生命力。

2.1.3　汽车企业微观经济环境分析

汽车企业微观经济环境又称为企业的内部经济条件，包括汽车企业的资产条件、生产条件、产品及其流通条件等。汽车企业的内部条件除了经济条件之外，还有政治条件、技术条件、职工队伍状况、管理水平和管理机构等。本节着重从经济的角度讨论企业内部经营活动的一些基本条件。当然，这些条件同企业的整体条件是密切相关的。

1. 汽车企业的资产条件

汽车企业的资产，指汽车企业从事经营活动所涉及的全部资金和财产的总称。它主要包括流动资产、固定资产、无形资产、预投资产、其他资产和对外投资等内容，是汽车企业经营活动必备的基本条件之一。

2. 汽车企业的生产条件

任何生产过程都必须具备一定的生产条件并在一定的空间和时间内进行。汽车产品生产过程除了必须具备厂房、设备等固定资产条件外，还必须有一定的物质作为产品生产的基础条件，如原材料、备件、工具、包装物、水、电、低值易耗品、劳动保护用品等。

另外，汽车企业的管理水平、技术力量和水平、人员素质、资金实力、地理位置等都是企业从事生产经营的重要条件。汽车企业应在考虑经济因素的同时，重视这些因素的影响和作用。

3. 汽车产品流通条件

在市场经济条件下，汽车企业生产何种汽车车型，一般由汽车企业自己进行选择。汽车产品是构成企业的实质性要素，生产适销对路的汽车，是汽车企业生产目的的基本要求，也是汽车企业得以生存发展的基本条件。因此，汽车企业不仅要慎重选择一种或几种好的汽车车型，而且要根据市场需要，对汽车产品不断进行改造，即改造老产品，开发新产品。目前，多数汽车企业进入流通领域都是采用专业经营或连锁经营的形式。

2.2　汽车企业适应营销环境变化的策略

2.2.1　正确处理企业与环境的关系

汽车企业生存在复杂多变的环境之中，各种环境因素对企业的经营管理活动虽然都有一定的影响，但它们不是同时、均等地发生作用。在不同的时期、不同的条件下，环境因素对企业经营管理活动的影响是有区别的，有时甚至会有较大的差异。因此，在研究营销环境时，要根据不同的情况，作不同的分析，只有区别对待，才能更有效地利用环境因素。

1. 认识环境

汽车企业在对环境调查研究时，应做到：

（1）灵敏度较高　在了解主环境（如经济、政治环境）的同时，对其他环境的任何微小影响都不要遗漏，而且要注意分析其发展趋势，提高识别能力。

（2）建立可靠的信息沟通渠道　信息是企业认识和研究环境的基础，建立必要的环境信息网络和信息库，多方面收集、储备有关的环境资料，及时、全面、准确地掌握信息及其变化，才能对环境作出恰当的分析判断。

（3）善于运用调查资料　了解和认识环境主要靠企业自身的努力，由于企业的具体情况不同，对环境分析研究所需要的资料也不同，调查研究的对象及使用的方法也会有较大的差异。

2. 适应环境

汽车企业的一切经营活动都必须同客观环境相适应，才能达到预期的目的。汽车企业应树立随环境变化而随时应变的思想观念，不断提高企业的素质，提高对环境的认识能力和应变能力，适应新环境。在新的形势下，要不断认识新环境，研究新问题，制订新政策，及时、积极、主动、有效地采取新措施，改变汽车企业的经营方法。

3. 控制环境

汽车企业为了有效地控制环境，必须做到：

① 掌握环境发展变化的规律，并采取相应措施给以影响。

② 对于可控环境，应制订出具体的控制目标和标准，并采用科学的方法和设施加以监控。对于已发现的运行偏差要及时研究，并采取相应措施予以纠正，以确保控制目标的实现。

③ 做好信息反馈工作，对存在的问题应及时加以解决。

④ 对环境的控制不仅要依靠汽车企业内部广大职工的共同努力，而且要广泛运用社会的力量，甚至人类共同研究的成果。

4. 利用环境

环境是影响汽车企业经营活动的重要因素。汽车企业在掌握了认识环境、适应环境和控制环境的基本技能之后，还要积极主动地去利用环境，使环境能够为企业的经营活动产生更好的影响，发挥更大的作用。

5. 改造环境

环境是客观存在的，有些环境因素是人们无法抗拒的，只能通过提高预测能力加以预防，以使损失降到最低限度，如水灾、地震等自然灾害。但是，这并不意味着所有的环境因素都不能进行改造，相反，许多环境条件是可以通过人们的努力加以改造的，从而创造一种有利于企业生存和发展的环境条件。

2.2.2　正确制订营销策略

汽车企业在市场营销过程中，面临许多营销机会，在对市场调查和预测的基础上，需要作出选择，确定自己的目标市场。在选择目标市场时，需对市场机会进行认真的分析比较，从中选出最有吸引力的细分市场，以便确定正确的营销策略。

汽车企业实行市场细分化（Segmenting）、目标化（Targeting）和定位（Positioning），即“STP”营销，是汽车企业营销战略的核心，是决定营销成败的关键。如汽车配件市场，由于汽车种类的复杂多样性，所以它有为数众多、分布广泛的购买者。根据不同的车型和使用环境等，用户有不同的需要和欲望。对此，任何一个零部件生产企业，不可能为所有用户提供有效服务，也不可能满足所有的用户。因此，汽车企业应该采取三个步骤：一是按照一定的标准对市场进行细分；二是评估选择对本企业最有吸引力的细分部分作为自己为之服务的目标市场，实行目标营销；三是确定自己在汽车市场上的竞争地位，搞好产品的市场定位。如果一个汽车企业没有明确的目标用户和市场定位，盲目开发新车型，盲目竞争，这个企业必然要在市场大潮中失败。

2.3　汽车市场细分

2.3.1　汽车市场细分的基本概念

汽车市场细分化，就是根据汽车用户明显的不同特征，把用户分成若干部分，即把汽车市场分成若干部分，以便确定汽车企业目标市场的过程。其中每一个细分部分就是一个市场，由那些需求与欲望大体相同的用户群所构成，每个市场都包含若干细分市场。但不是每一种细分都有实际意义，对汽车整车和零配件市场来说，细分的依据往往是不同的。

竞争激烈的市场促使许多汽车生产企业认识到，由于用户太多，或者分布的地区太广，用户的需求和差异太大，任何企业不可能为市场中所有的用户提供有效的服务。但是，企业却能把面临的用户按需求上的差异加以细分，然后结合企业的特点和优势，从划分出来的一系列细分市场中，选择最具吸引力的、最能有效为之服务的部分作为目标市场，根据目标市场的要求生产出新型的汽车，使企业在竞争中处于有利地位。

2.3.2　汽车市场细分的重要作用

实行细分化对于汽车企业改善经营状况，提高经济效益，更好地为不同用户服务，具有重要的作用。

1. 有利于汽车企业发现有利的市场机会

通过细分汽车市场，汽车企业可以认识每个细分市场上需求的差异，这些需求被满足的程度以及各细分市场的竞争情况，经过分析比较，结合本企业的自身能力，就可以发现需求没有得到满足，或被满足的程度较低，竞争者尚未进入或竞争对手很少，且本企业有能力提供产品去满足这些需求的细分市场。这样，对企业就存在最有利的经营机会。

2. 有利于汽车企业针对目标市场制订最优的营销方案

实现汽车市场细分化的企业，汽车企业比较容易集中力量深入了解所选定的目标市场的需求和不同层次消费者购买不同汽车车型的愿望，把有限资源集中用在目标市场上，对现有汽车产品种类、价格、质量及服务等作出有针对性的改进；还可以开发新车型，以适应选定的细分市场上的需要。另外，根据用户的反应还可以在价格、销售渠道和促销方法等方面作出适当调整，从而使企业得到发展和壮大。

3. 有利于市场竞争和提高销售效率

通过汽车市场细分，会发现目标用户的需求特性，从而调整产品结构，提高汽车企业的竞争能力。同时，汽车企业可以把销售力量集中在选定的细分市场上，这比分散于整个市场更能获得销售效益。

2.3.3 汽车市场细分的依据

市场是由用户组成的，每个用户或购买者都有许多特点而形成需求上的差异，细分化的基础就是购买者需求上的差异性。引起需求发生差异的原因是很多的，且对生产者市场和消费者市场又是有区别的。

1. 消费者市场细分的依据

市场细分的依据是客观存在的需求差异性，但差异性很多，到底按哪些因素细分，没有一个绝对的方法和固定不变的模式。通常把消费者市场细分的因素概括为四大类：

（1）地理细分化　就是把市场分为不同的地理区域，如国家、地区、南方、北方、高原、山区等。各地区的自然气候、经济文化水平等因素，都会影响消费者的需求和反应。

（2）人口的细分化　这是按照人口的一系列性质、因素来辨别消费者需求上的差异。如按年龄、性别、家庭人数、收入、职业、教育程度、民族、宗教等性质因素来细分。

（3）心理的细分化　就是按照消费者的生活方式、个性等心理因素上的差别对市场加以细分。生活方式是指一个人或一个群体对于生活、消费、工作和娱乐的不同看法或态度；个性是指一个人和他人区别开来的独特的、整体的特性，个性不同也会产生消费需求的差异。如有的市场学家研究发现，有活动折篷汽车和无活动折篷汽车的购买者其个性存在差异，前者较之后者更活跃、易动感情、爱好交际等。

（4）行为的细分化　所谓行为的细分化，就是根据用户对产品的知识、态度、使用与反应等行为将市场细分为不同的购买者群体。属于这些的因素有多种，主要有购买理由、利益寻求、使用者情况和使用率、品牌忠诚程度、待购阶段和态度。

以上是消费者市场细分的依据，但究竟以哪个因素为主，还要根据具体情况灵活运用，以便获得最佳的营销机会。

2. 生产者市场细分的依据

生产者市场细分，一般是应用消费者市场细分化的有关因素，再根据生产者市场的特点添加一些细分因素来进行的。

（1）最终用户　生产者市场常按最终用户的需求来进行细分。由于不同用户的需求侧重不同或追求不同的利益，因此要制订不同的营销策略。

（2）用户规模　用户规模的大小，即购买量的大小，也被许多企业作为细分产业市场一个很有用的依据。因为大中小用户对企业的重要性不同，所以在接待上也有所不同，大用户通常由主要业务负责人接待洽谈，一般中小用户则由推销员接待。

在大多情况下，产业市场并不以单一因素对市场进行细分，而是兼用几个因素甚至一系列因素来具体划分企业的目标市场。

2.3.4　汽车市场有效细分的条件

为了使细分市场有实用价值，使之能为汽车企业选择目标市场提供有价值的依据，企业在市场细分时，必须具备以下几个条件：

1. 差异性

指在某种汽车产品的整个市场中确实存在着购买与消费上明显的差异性，足以成为细分的依据。

2. 可衡量性

指根据某种特性因素划分出的每个细分市场，其规模和购买力的大小是可以衡量的。

3. 可进入性

可进入性指汽车企业对该细分市场能有效地接近和为之服务的程度。汽车市场细分部分必须是汽车企业能够进入并占有一定份额的，否则没有现实意义。

4. 实效性

细分市场的规模必须使汽车企业有利可图，有一定的现实需求量和潜在需求量。细分市场规模的大小，应考虑其包含的人和购买力要达到值得企业设立一套独立的营销方案。

2.4　汽车目标市场选择

在市场细分的基础上，选择一个或几个细分部分作为自己的服务对象，这些被选中的细分部分称为目标市场。企业根据自己的资源条件选择目标市场进行经营，这就叫做市场目标化或目标市场营销。

2.4.1　目标市场覆盖战略

市场细分化的结果，使汽车企业面临许多不同细分市场中的经营机会。如何利用这些机会，选择哪些细分市场作为目标市场，企业一般有三种可供选择的目标市场营销策略。

1. 无差异市场营销

这是针对市场共性的一种求同存异的营销战略。采取这种策略的汽车企业并不去区分组成整个汽车市场的各细分市场上需求的差异性，而是寻求各类用户中相同的部分。企业只经营单一产品，运用一种市场营销组合，试图吸引尽可能多的用户。因此，企业所设计的产品和营销方案，都是针对大多数用户的。

无差异性营销的出发点是规模经济效益，品种少批量大，成本低，利润率高。缺点是以一种产品和一种营销方案，要想使不同层次、不同类型的所有用户满意是很困难的。例如，美国汽车行业一向以大型舒适的轿车市场为目标，竞争激烈，而忽视小型车市场，结果被外国汽车公司特别是日本汽车公司钻了空子。20 世纪 70 年代日本公司利用石油危机的机会，以小型、廉价、省油的汽车，一举占有了美国汽车市场的很大份额，使美国汽车公司措手不及，竞争失利。

2. 差异性市场营销

采用这种策略的企业针对不同细分市场中需求的特点，分别提供不同品牌、规格、性能的产品和营销方案。这种营销战略由于有的放矢，对症下药，能扩大销售，提高市场占有率。

差异性市场营销较之无差异性营销可创出较高的销售额，并提高产品的竞争能力。但同时由于产品品种和市场营销组合的多样化，使营销成本提高，因为差异性营销势必增加设计、制造、管理、促销等方面的成本。

3. 集中市场营销

集中市场营销是选择一个或几个细分市场，集中所有力量向其提供最能适合其需求特点的产品。

集中市场营销可以使产品更符合用户的需要，以取得更大的市场占有率，并且由于实行专业化经营，从而节省费用，增加盈利，可以提高产品和汽车企业的声誉。但由于目标过分集中，风险较大，当所经营的细分市场上需求发生突然变化，或出现强大的竞争者时，企业的处境将立刻恶化。

目标市场营销战略的上述三种类型，各有利弊，因而各有其适用的范围。一个汽车企业究竟采用哪种策略，应根据企业、产品、市场的具体情况来决定。

(1) 汽车企业能力　包括汽车企业所拥有的生产能力、技术能力、资金能力、销售能力、管理能力等的总和。如果汽车企业的能力不足以覆盖所有的细分市场，唯一合乎实际的选择就是采用集中市场营销。

(2) 汽车产品的情况　一是汽车是差异性很大的产品，因制造者的不同而有很大的差别，应实行差异性营销或集中营销；二是根据产品生命周期的不同阶段，使用不同的营销策略。当介绍汽车产品进入市场时，通常只介绍一种或少数几种型号，实行无差异性营销，或针对某一特点的细分市场实行集中营销；当产品处于成熟期时，可改为差异性营销，以维持或扩大销量。

(3) 竞争者的营销策略　企业采取何种目标营销策略，还应该根据竞争对手采取何种策略而定。一般来说，应该同竞争者的战略有所区别，反其道而行之。如果对手是强有力的竞争者，实行的是无差异性营销，则本企业实行差异性营销往往能取得良好的效果。若对手已经实行了差异性营销，本企业仍实行差异性营销，势必失利，这时可考虑实行更深一层的差异性营销或集中营销。当然，到底采取什么营销策略，需根据市场的具体情况和竞争双方的力量对比来进行分析。

2.4.2 选择目标市场的方法

企业在市场细分化的基础上，确定了市场覆盖战略，才可以考虑选择适当的市场组成部分作为目标市场。进行市场细分并选择目标市场的有效方法称为产品市场网目分析法。它以“行”代表所有可能的汽车产品(或用户需求)，以“列”代表细分市场(即用户)。例如，某汽车企业准备开发新产品，该企业在分析其市场经营机会时发现，不论是哪种销售潜力与企业现有条件相配合，都有显著的效益。这个企业对各种汽车的产品及市场作了详细分析，

包括四种不同的汽车和三种不同的用户类别，共 12 个细分市场。该汽车企业根据每个细分市场的需求特点和企业本身的能力，选出民用大客车最有利的细分市场。

一般选择和确定目标市场范围有五种类型。

1. 产品与市场集中策略

集中策略就是汽车企业集中全力只生产某一种型号的汽车，供应某一用户群。小型企业比较适宜采用这种策略，企业可以始终专注于某个细分市场，并可以在经营取得成功后向更大的市场范围扩展。

2. 产品专业化策略

这是企业生产适合各类用户需要的某一种类的产品。

3. 市场专业化策略

这是企业决定生产能满足某一种市场上的各种产品。

4. 选择性专业化策略

企业选取多个细分市场作为目标市场，这些细分市场之间并没有明显的联系，但是每一个都存在良好的经营机会。

5. 全面覆盖策略

大型企业为取得市场领导地位常采用这种策略。汽车企业为所有用户（各细分市场）提供其需要的各类汽车。一般来说，汽车企业取得成功后再逐步扩大，最后达到全面覆盖。

2.4.3　目标市场进入策略

当汽车企业选定目标市场且界定范围以后，如何进入选定的市场，一般情况下有三种类型：

1. 收购现成的汽车产品或汽车企业

这种方式进入目标市场最快。在以下条件下收购是有利的：

① 企图进入该市场的企业，对于这一行业还很不熟悉。

② 尽快进入该市场对企业有较大的利益。

③ 汽车企业如依靠内部发展的方式进入新市场，将遭到种种阻碍，如专利权、规模经济、原料及其他所需物资供应的限制等。

2. 以内部发展的方式进入市场

所谓内部发展，是指汽车企业依靠自己对目标市场的调查研究，设计、制造并推销符合目标市场需要的汽车产品。采取这种进入市场的方式，往往是由于下列情况：

① 有利于巩固该汽车企业的市场地位。

② 没有适当的企业可供收购。

③ 收购的企业要价过高。

④ 存在其他各种收购现有汽车企业或产品的障碍。

3. 与其他企业合作的方式进入市场

这种进入方式由于它的明显优点而被企业界广泛采用。

① 采用合作的方式将使风险由于合作分担而降低。

② 合作的企业将在技术上、资源上相互支援，从而使单个汽车企业无力开拓的市场成为可以利用的机会。

③ 合作企业可以互补长短，并能发挥协作的作用，形成大于单个汽车企业经营能力总和的新能力。

由于汽车工业的特点，在我国市场经济逐步完善的过程中，为了参与大市场的竞争，汽车企业间的合作与合并是一个必然，只有这样才能实现汽车产品的规模经济，创造良好的经济效益。

2.5 汽车市场定位

由于市场环境的不断变化，汽车企业营销管理者要经常把自己的战略策略同竞争者相比较，从中发现潜在的有利因素与不利因素，预测发展变化趋势，以使汽车企业的营销策略与营销环境经常保持协调适应。同时汽车企业还需制订广泛的、具有竞争性的营销策略，使汽车企业和企业的产品占有尽可能大的竞争优势。

2.5.1 竞争者分析

对竞争者的分析大致按以下步骤进行。

1. 确定汽车企业的竞争者

竞争者一般是指那些与本汽车企业提供类似的产品和服务，并且有相似的目标用户和相似的价格的企业。在美国汽车市场上，通用公司不仅把福特公司作为主要竞争者，而且把摩托车、自行车等制造厂都看做竞争者，甚至将范围再拓宽一些，把所有同本行业争夺用户购买能力的汽车企业，都纳入竞争者的范畴之内。如通用公司把房地产公司也看做竞争者，因为，用户购买了房子就没有能力购买汽车了。

2. 竞争者的目标

就是要进一步搞清每个竞争者在市场上追求的目标是什么，每个竞争者行为的动力是什么。营销者要知道每一个竞争者的目标组合所侧重的是什么，从而才能正确估计竞争者可能采取的应变对策是什么。同时要注意竞争者在各个汽车产品和用户细分市场的目标和可能的行动，应抢先下手。

3. 确定竞争者的策略

在汽车行业中，两个汽车企业采取的策略越相似，他们之间的竞争就越激烈，所以根据采取的主要策略的不同，把竞争者划分为不同的策略群，据此决定本企业的策略。

4. 估计竞争者的优势及弱点

这要搜集竞争者的有关资料。竞争者资料的收集是一件困难的事情，尤其是收集近期的数据资料就更困难。通过数据资料了解竞争者的长处和弱点，也可用来比较自己与竞争者在竞争地位上的优劣。在寻找竞争者的弱点时，要注意竞争者对市场或策略估计上的错误。

5. 判断竞争者的反映模式

当汽车企业采取某些营销措施和行动之后，竞争者会有不同的反应。可能会出现三种：一是反应不强烈，行动迟缓；二是迅速作出反应；三是不采取任何行动。这些不同的反应是由较复杂的原因造成的。企业需要了解主要竞争者的反应模式，以决定自己的适当对策。

6. 选取对策

汽车企业要根据竞争者的强弱、竞争者与企业相似程度的大小以及竞争者表现良好还是

具有破坏性，在认真分析企业内部的实力和外部的环境的基础上，结合上述分析和掌握的资料，认真研究采取的策略是进攻还是躲避。

2.5.2 竞争性营销策略

汽车企业在分析竞争者之后，结合自己的目标市场，决定自己在市场上的竞争地位。这样可把市场营销者分为四类：市场主导者、市场挑战者、市场跟随者和市场利基者。

1. 市场主导者策略

所谓市场主导者，是指在相关产品的市场上占有率最高的企业。在价格变动、新产品开发以及促销等方面均处于主导地位，为同行所共认。一般在多数行业都有一家企业被认为是市场主导者，如在美国汽车行业的通用汽车公司、日本汽车行业的丰田汽车公司。它们是市场的主导者，也是其他企业挑战、效法或躲避的对象。主导者为了维持自己的优势，保住自己的主导地位，要从三方面采取措施：

（1）设法扩大市场需求量　一般从三方面扩大需求量：一是发掘新的使用者；二是开辟汽车产品的新用途；三是增加用户对汽车产品的使用量。这几方面可根据汽车企业的实际情况进行。例如，法国的一家轮胎公司为了增加用户对产品的使用量，他们大力宣传法国南部的旅游服务如何优良，竭力诱导巴黎人开车到南部去度周末，并出版详细的旅游指南，引导更多的人们开车去旅游，以增加轮胎销量。

（2）保持现有的市场份额　在设法扩大市场需求量的同时，必须时刻预备竞争者的挑战，保卫自己的市场阵地。一般挑战者都是很有实力的，主导者稍不注意就可能被取而代之。市场主导者不能满足于现状，应在分析市场动态的基础上主动出击。如若不发动进攻，就必须严守阵地，不可有任何疏漏。例如，通用公司不愿耗资去生产小型汽车，结果日本汽车公司的产品打入美国市场，使得通用公司损失巨大。

（3）努力提高市场占有率　从经营战略对利润影响的研究表明，盈利率是随市场份额线性上升的。因此，许多汽车企业都把扩大市场份额作为重点经营的目标之一。但要注意当市场占有率已达到一定水平，却不一定能增加利润时，只有在生产单位成本随着市场份额增加而减少时，或者产品价格大大超过提高产品质量所投入的成本，以及提供适合用户需要的新型汽车，用户愿意接受较高的价格时，提高市场份额才会导致高利润。

2. 市场挑战者策略

市场挑战者往往也是一些相当大的企业，如美国汽车市场的福特公司。如若向对手挑战，首先必须确定自己的战略目标和竞争对象，然后选择适当的进攻策略。

大多数挑战者的战略目标是提高市场占有率，从而获取较高的盈利率。在这个过程中，挑战者应对不同的对象制订不同的目标和策略。

一般有三种情况：一是攻击市场主导者；二是攻击与自己实力相当者；三是攻击地方性小企业。

3. 市场跟随者和利基者策略

市场跟随者只图维持自己的市场份额，并不希望扰乱共处的局面，害怕在混乱中损失重大，因此采取追随主导者而非进攻的策略。

市场利基者往往是市场上不大显眼的、不大可能引起大汽车企业兴趣的市场的某一部分，一般是从事专业化生产经营的小汽车企业，但对某些大汽车企业中的较小部门也是有意义的。在寻求这种有利部分或位置时，要注意以下几个特征，即衡量它是否有足够的市场潜力和购买力，利润是否有增加的潜力，且对主要竞争者不具有吸引力，本汽车企业又具有占领此位置的能力，同时可依靠自己现有的信誉来抵抗竞争者。采取的主要战略是专业化营销，在市场、用户、产品等方面实行专门化。在选择有利市场位置时，要注意多重位置比单一位置更利于减少风险。因此，通常选择两个或两个以上的有利位置，以确保企业的生存和发展。

本章小结

1. 汽车企业经营环境从大的方面可以分为国际环境和国内环境两大类，都包含历史环境、政治环境、社会环境、人口环境、自然环境、使用环境和经济环境。

2. 汽车企业适应营销环境变化必须正确处理企业与环境的关系，正确制订营销策略。汽车企业实行市场细分化、目标化和定位，即“STP”营销，是汽车企业营销战略的核心，是决定营销成败的关键。

3. 汽车市场细分化，就是根据汽车用户明显的不同特征，把用户分成若干部分，即把汽车市场分成若干部分，以便确定汽车企业目标市场的过程。

4. 在市场细分的基础上，选择一个或几个细分部分作为自己的服务对象，这些被选中的细分部分称为目标市场。企业根据自己的资源条件选择目标市场进行经营，这就叫做市场目标化或目标市场营销。

5. 汽车企业在分析竞争者之后，结合自己的目标市场，决定自己在市场上的竞争地位。这样可把市场营销者分为四类：市场主导者、市场挑战者、市场跟随者和市场利基者。

复习思考题

1. 汽车企业的宏观环境和微观环境包括哪些内容？
2. 汽车市场细分的作用和依据有哪些？
3. 汽车目标市场的选择方法有哪些？
4. 简述竞争者分析的步骤和市场营销者的分类。

第 3 章 汽车营销市场调研与预测

学习目标：

- 了解市场调研的基本概念和作用。
- 了解汽车营销市场预测的基本概念。
- 掌握市场调研与预测的方法。
- 了解汽车营销市场信息技术的应用。

汽车营销面对的是不断变化和激烈竞争的市场。为了汽车企业的发展，企业必须通过对市场的调研和预测，掌握市场的走势，并从中寻找营销机会，避开和减少风险。通过对市场容量、货源总量、竞争程度的测算和预测，汽车企业可以提高营销计划的科学性。此外，短期市场预测也是汽车企业安排生产计划的依据。

3.1 汽车营销市场调研

市场预测的目的是为汽车企业的科学决策提供可靠的依据。预测需要大量的信息，而信息来源的一个重要方面是由市场调查获得的。因此，市场调研是汽车企业科学预测与决策的基础。

3.1.1 市场调研的概念和作用

1. 汽车营销市场调研的概念

所谓汽车营销市场调研，是指汽车企业对用户及其购买力、购买对象、购买习惯、未来购买动向和同行业的情况等方面进行全部或局部地了解。

汽车企业市场调研的主要任务是弄清涉及企业生存与发展的市场的运行特征、规律和动向，以及汽车产品在市场上的产、供、销状况及其有关的影响因素和影响程度。

2. 汽车营销市场调研的作用

（1）掌握市场的供需状况　汽车企业一方面要把生产出来的汽车通过流通领域送到消费者手中；另一方面还要了解消费者需要什么样车型的汽车，对质量有何要求，需求量有多大，有多少汽车企业同时提供或准备提供这类产品。

（2）有利于企业顺利进入市场　汽车的品种、数量等要以市场为导向，就是经常强调的“以销定产”的生产经营方针。汽车企业能够生产多少种车型汽车，仅象征着企业生产能力的高低，而能销售多少汽车才是企业真正的经营实力。

（3）提高企业的竞争能力　汽车企业能否进入市场和进入市场的深度如何，除了取决于其本身的生产经营条件外，还包括汽车的品种、数量、质量等在市场上所占据的地位，以及汽车企业对市场变化的适应能力。另外，还取决于市场本身对某种车型汽车的需求情况（如需求量、需求时间、需求地点和需求方向等）和市场竞争的激烈程度。

（4）提高经济效益　汽车企业应通过合理组织和使用企业内部及外部的资源，提高劳动生产率，降低产品成本而获取经济效益。

（5）提高科技和经营管理水平　汽车企业应充分了解、掌握现代科学技术和经营管理的发展水平及发展趋势，借助世界上已经成熟的科学技术和经营管理成果从事生产经营活动，为企业的发展和进步创造良好的条件。

3.1.2　汽车营销市场调研的内容

汽车营销市场调研的内容取决于市场预测的目的和经营决策的需要，是为了获取影响企业经营活动的市场信息，为制订经营决策和发展规划提供科学依据。围绕这个目的，市场调研的内容大致可分为三类：市场需求调研、市场经营条件调研和市场商品调研。

1. 市场需求调研

汽车市场需求调研的目的在于了解消费者在一定的时间内，对某种车型的需求量、需求时间，以及市场占有面的宽窄、各汽车生产厂市场占有率的大小，从而决定采取何种措施进入市场，或稳固已有市场的占有率，或进一步扩大市场占有率。

2. 市场经营条件调研

市场经营条件调研主要是了解企业面临的外部环境和内部经营条件之间存在的各种矛盾及问题，从而制订解决这些矛盾和问题的对策。

具体内容如下：

（1）资源状况　包括生产同类汽车产品各企业所需资源的来源、分布、数量、质量、种类、价格等分配和使用情况，以及同本企业的资源利用水平进行比较。

（2）市场环境　主要是指汽车企业外部所处的环境条件，包括国内外的政治、经济、社会、文化等状况，以及对企业可能产生的影响和作用。

（3）技术发展状况　包括国内、国际、本地区、本行业有关的生产技术状况与发展动向，新技术、新材料、新工艺、新结构的发展趋势和应用状况，生产设备的更新水平和技术改造的进展情况，企业经营管理水平及其发展趋势，以及有关技术和管理引进的条件和可能性、可行性等。

（4）竞争对手　包括对某类汽车参与竞争企业的数量、规模、形象、市场占有率、经营水平、经营能力、管理水平、经营方式、经营战略和竞争对策等。

3. 市场产品调研

企业产品在市场上的营销状况如何，是关系到企业兴衰的大事，所以，市场产品调研及分析是汽车企业市场调研的重要内容之一。

（1）产品状况　包括现在市场上已有该种汽车的数量、质量、品种和价格，以及新车型的开发情况与动向等。

（2）汽车销售

① 现有市场销售情况，如某种汽车产品的社会保有量及其分布状况；一定时间内的实

际销售量和可能的最大销售量；产品销售价格及不同用户对产品的评价与意见，以及不同厂家(或商标)的同类产品之间的销售差异等内容。

② 潜在市场分析指正在开发或尚未开发的市场范围和容量的大小，以及未被开发的市场的潜在开发可能性、难易程度和可行性分析等内容。

③ 汽车商品的生命周期指某种汽车产品投入市场的时间、区域、销售量、工艺技术成熟程度、市场饱和程度、需求变化和价格变化等内容。

④ 新车型进入市场的可能性指某车型汽车的市场需求总量、发展前景、市场销售难易程度、市场可能确定的价格、消费者的反应和可能出现的竞争情况等。

(3) 流通渠道　指经营销售某种车型汽车的销售企业的数量、经销能力、汽车产品质量、地区分布、进出货渠道，以及包装、运输、储存能力等内容。

(4) 汽车市场竞争程度　指参与该种汽车竞争对手的数量、营销策略、销售渠道及其各自产品的数量、质量、成本、价格和用户的评价等内容。

3.1.3　汽车营销市场调研的步骤

市场调研一般由四个主要步骤组成，即确定问题和调研目标、制订调研计划、执行调研计划，以及收集和分析信息得出调研报告。

1. 确定问题和调研目标

要确定汽车营销中存在的问题和调研工作所要达到的目标，这应由营销管理人员和调研人员共同配合来完成。因为前者最了解营销中存在的问题和应作出的决策，当然也最了解哪些信息对营销决策最重要；而后者则最了解应如何取得这些信息。

调研目标有如下三种：

(1) 探索性调研　指对需要调研的问题还不清楚，无法确定调研的内容和范围，因而只有搜集一些相关的资料，进行分析后找出症结，才能进一步深化调查。

(2) 描述性调研　指通过调研如实地记录并描述诸如某种型号汽车产品的市场潜量、用户态度和偏好等方面的数据资料。

(3) 因果分析调研　为了搞清原因与结果之间的关系。如某车型汽车降价 10% 能否使销售额上升 10%。

2. 制订调研计划

(1) 确定所需要的信息这是市场调研要解决的首要问题。如某汽车生产企业准备向市场推出一种家用汽车，特点是噪声小、节油、较安全，而且价格适中。决策者要研究这种新型汽车究竟能否占有市场，则需要获得下列信息：

① 我国居民收入水平。目前居民工资、奖金等收入的平均水平如何，是否有购买这种汽车的经济能力。

② 居民的主要交通工具。目前居民中大约有多少人有私人小轿车，多少人分别以公共汽车、自行车或两轮摩托车作交通工具。

③ 政府部门的规定。

④ 销售与利润的预测。这种汽车一旦投入市场，在若干年内预计销售量有多少，预计利润有多少。

⑤ 竞争者的状况。竞争者的同类汽车产品有哪些特点，市场销售状况如何。

（2）信息资料收集　为了得到所需要的信息，调研人员要收集有关资料，这包括案头资料和原始资料。

所谓案头资料也称二手资料，是指经别人收集和整理过的资料。原始资料是指调研人员通过发放问卷、面谈和抽样调查等形式收集到的第一手资料。

信息资料收集一般是先进行案头调研，即收集二手资料。这些资料来源一般有：

① 政府机关公布的统计资料、国民经济发展计划、政策法令等，如《中国汽车工业年鉴》、《中国工业经济统计年鉴》等。

② 公开出版的有关报刊、杂志等，如《中国汽车报》、《汽车工业研究》等行业性的报刊、杂志等。

③ 情报咨询机构提供的市场情报、信息，如中国汽车技术研究中心、机械联合会的科技情报所、《交通报》的科技情报所，以及有关研究所提供的国内外行业及国民经济发展的情报。

④ 汽车企业本身积累的资料，如汽车企业的销售额、利润、竞争对手的情况及有关市场的数据等。

二手资料由于存在可获性、时效性和准确性等方面的问题，为使决策者能够得到足够、及时和准确的信息，就必须进行原始资料的收集。

由于原始资料的收集成本较高、时间较长，因此，应由专业调研人员设计出原始资料的收集方案，与管理人员一起确定调研方案。一般调研方案应包括四方面的内容，即调研方法、联系方法、抽样方法设计以及应用的调研工具。

调研方法和联系方法应根据实际需要认真选择。对于抽样方法的设计应注意以下几点：

① 抽样对象。这一点要慎重考虑。如要调研家庭购买汽车的决策过程，是应调查丈夫、妻子还是全体家庭成员；调研用户对所采购汽车的意见，是应调查采购者、使用者还是领导等。

② 样本大小。大样本当然比小样本提供的结果更可靠，但成本高，往往也没有必要。只要抽样程序正确，小样本同样能提供可靠的调查结果。

③ 抽样程序。主要有两类：一是随机抽样；二是非随机抽样。

④ 调研工具。收集原始数据时，有两种可供选择的工具：一是调研问卷；二是调研器具。调研问卷是最常用的调研工具，灵活方便并可应用多种方法提出较多的问题。然而，拟定一份既可信又有效的问卷并不容易。要注意：应尽可能减轻被调查者的负担；问题要具体，用语要确切，且符合调研目标；避免提出诱导性、倾向性的问题；问题要有趣味性；注意问题之间的逻辑关系。初步拟定问卷后，应对一组被调查者进行试用，修改不妥之处后，方可正式使用。除调查问卷外，根据实际需要也可选用有关调查器具，如录音机、摄像机等进行调研。

（3）提交调研计划　调研人员应写出书面调研计划，应摘要列出营销中的问题、调研目标、需收集的有关信息及方法，以及调研结果对营销决策有何帮助等；最后还应列出调研的大致费用。

3. 实施调研计划

这一阶段包括收集、整理和分析信息资料等工作。调研中的数据收集阶段是花费时间最多且又最容易失误的阶段。因此，调研人员在计划实施过程中，要尽量按计划去进行，使获

得的数据尽可能反映事实。这就要求调研人员应具备一定的素质，在整个信息收集过程中能排除干扰，获得理想的信息资料。

4. 解释并报告调研结果

要对调研结果作出解释，得出结论，并向决策部门提交调研报告。报告的编写原则是：

① 回答调研计划中所提出的问题。

② 用调查的数据来说明问题，力求准确。

③ 文字应简明扼要、有重点。

④ 分析问题力求客观，避免主观臆断和片面性。

⑤ 能提出解决问题的具体意见，避免空谈。

一般调研报告大致包括：调研的目的和范围、采用的调研方法、调研的结果、提出的建议和必要的附件。

3.1.4　市场调研的方式和方法

1. 市场调研的方式

市场调研的方式可分为全面调研、重点调研、典型调研和抽样调研等几种。

（1）全面调研　指在一定的时间间隔内，对调研区域内所有的调研对象全部进行调研的一种调研方式。全面调研可以获得完善的调研资料，便于剖析事物变化的实质，但涉及面广，工作量大，人力、物力、财力和时间消耗多，应慎重选用。

（2）重点调研　指在所有调研对象中，选择一部分对整体影响较大的重点调研对象进行调研的方式。如通过对我国主要几个汽车生产集团年产量增长情况的调研，可以推测出我国汽车工业的发展趋势等。

（3）典型调研　指在全体被调研对象中，选出一部分具有代表性的个体进行调研的方式。如通过对世界轿车市场变化规律的调研，可以推断出整个世界汽车市场的变化规律等。

（4）抽样调研　指按照一定的方法，从被调研的总体对象中抽出一部分个体样本进行调研的方式。然后，通过对个体样本调研的结果，运用一定的处理方法推测出总体的变化情况。

2. 市场调研方法

常用的市场调研方法有观察法、采访法和实践调研法等几种。

（1）观察法　观察法是指调研者在调研现场利用一定的方法对被调查对象进行实地观察再获取调研资料的方法。如对公路上各路段交通流量的调查、道路交通事故现场的调研等。采用这种方法的调研结果比较准确，但工作量大、时间耗费较多，调查面也受到一定的限制。

（2）采访法　采访法是指调研者根据既定的调研事项和目的，用当面采访或书面调研等方法获取调研资料。具体做法有个人面谈、座谈会、电话交谈、问卷调研和信函调研等多种方法。

（3）实践调研法　实践调研法是指调研者直接进入市场通过试验而获取资料的方法。汽车企业在开发新车型时，一般都是先少量投入生产，生产出部分样品对市场进行试探，如新车型汽车展销、试销和价格试探等，根据试探的结果再进行预测和决策。

3.2 汽车营销市场的预测

市场预测是汽车企业经营管理的重要组成部分，能为汽车企业更好地确定经营战略、经营方针、经营思想、目标、计划等提供可靠的依据，是增强企业活力，提高经营管理水平和市场竞争能力的重要手段，是汽车企业经营决策的基础。

3.2.1 市场预测的含义和作用

1. 市场预测的含义

根据事物过去和现在的资料，运用一定的科学方法和逻辑推理，对其未来发展趋势进行预计和推测，定性或定量地估计出事物的发展规律，并对此作出评价，以指导或调节人们未来的行动和方向。

2. 市场预测的作用

① 市场预测是汽车企业进行经营决策的重要前提条件。

② 市场预测是汽车企业制订经营计划的重要依据。

③ 市场预测可使汽车企业更好地适应市场的变化，提高企业的竞争能力；通过市场预测揭示和描述市场变化趋势，从而为汽车企业市场经营提供依据，帮助汽车企业在经营中克服盲目性，使汽车企业增强竞争能力、应变能力，取得良好的经济效益。

3.2.2 市场预测的分类

市场是一个大系统，内容丰富，种类繁多。因此，市场预测的范围宽广，分类标准也很多。一般汽车企业生产经营活动所涉及的市场预测主要有以下几种分类方法。

(1) 按市场预测的规模分类　有宏观市场预测和微观市场预测。

(2) 按市场预测的期限分类　有长期预测，也称战略预测；中期预测，也称战术预测；短期预测。

(3) 按预测方法分类　有定性预测、定量预测、综合预测。

3.2.3 市场预测的内容

汽车企业进行市场预测的内容很多，既包括对市场发展趋势的预测，又包括对具体汽车产品的供求数量、质量及各种影响因素和影响程度的预测。

1. 市场需求预测

根据有关资料对汽车产品未来的需求变化进行细致地分析研究，掌握需求的内在规律，对其发展趋势作出比较正确的估计和判断。主要有以下内容：

(1) 产销趋势的中长期预测　这是把重点放在汽车企业的长期经营方向上，侧重于根据科学技术的发展，深入研究影响产销的技术因素并结合市场竞争、资源条件等的变化，制订汽车企业的产品发展计划。

(2) 产销趋势的短期预测　要求以企业汽车产品的部件来源、成本、价格等为依据，与同类产品比较，作出近期内市场需求对本企业产销影响的预报，以指导本企业作出相应的对策。

(3) 单品种专题预测　这主要是对企业新产品投入市场后的销售状况和产品在价格、质量造型、装潢等方面进行研究和分析，提出改进和扩大新产品销量的建议。

由于有关因素会直接或间接地影响需求变化，所以对引起需求变化的一些因素也应进行预测。例如，社会经济的发展、国民购买力、企业及事业单位购买力等。

2. 市场占有率预测

市场占有率是指在一定的市场范围内，汽车企业某种汽车的销售量或销售额与该市场上同类汽车的总销量或销售额之间的比率。

3. 生产情况的预测

在了解市场需求和市场占用率的同时，必须深入了解某种汽车的生产能力和布局、资源、能源等条件的情况，以及它的数量、质量和性能等，并且预测其发展变化趋势。

3.2.4　市场预测的要求

(1) 准确性　不管是汽车生产部门还是销售部门，在进行市场预测时，首先必须准确地选择和确定预测对象，这是至关重要的。在正确选择预测对象的基础上，还必须选择适合的预测方法和手段，进行准确地分析和预测，才能达到预期效果。

(2) 可靠性　这是对预测结果的精确要求，即预测结果和实际发生的结果要尽可能一致。可靠性是对预测的根本要求。

(3) 系统性　汽车工业作为支柱产业本身是国民经济系统的一部分，因此在进行预测时，必须考虑到各个相关子系统的影响，以系统的观点进行预测。

(4) 整体性　企业的任何一项预测工作往往要以其他方面的预测作为基础。例如，其汽车配件厂决定是否生产某种汽车的总成，其经济效益预测就必须建立在技术预测、需求预测、生命周期预测以及原材料预测的基础之上。

3.2.5　市场预测的程序

1. 提出问题和设想

在市场经济条件下，汽车企业在生产经营过程中常会遇到许多问题，也会在新车型汽车开发等问题上产生有关设想，这些问题和设想均可作为预测的初步前提。

2. 确定目标

在提出问题和产生设想后，就要从中选择并确定一个理想的、切合实际的目标。

3. 搜集整理资料

通过各种调查形式搜集、整理、筛选、分析与主题有关的各种资料，如汽车行业及有关行业的统计资料、国内外有关汽车工业经济情报和反映市场动态的资料等。

4. 建立预测模型

在获得有关所需数据资料的基础上，依据有关市场理论、预测目标、预测要求及实际情况，选择适当的预测和评估方法，确定有关参数，分析变量间的关系，建立起反映实际的预测模型。

5. 进行分析评价

一般通过模型预测得到的结果往往与实际情况存在着差异，因而必须进行分析评价。

6. 修正预测结果和模型，写出预测总结报告

在对其预测对象以及各种影响因素应用预测模型进行计算机模拟分析研究时，由于建立

的模型本身具有假设性和概括性，因而模拟出的预测结果不可能是十分准确和全面的。

3.2.6 汽车市场预测方法

现在汽车市场的预测一般都采用以定量分析为主，定量与定性分析相结合的综合预测分析方法。无论是对汽车市场的整体运行，还是各车型分市场的变化监测，都是在定量分析的基础上结合定性分析进行而得出的结论。由于汽车产品品种多，需求范围广，品种间的替代效应强，各种影响因素复杂，因而用单一的方法进行预测难以取得较理想的预测结果。一般先采用几种方法进行分析研究，最后进行综合比较，进而得出最终预测结论。以下介绍几种常用的方法：

1. 定性预测

（1）专家座谈法　这是邀请专家以开调研会的方式，向与会专家获取有关预测对象的信息，经归纳、分析、判断和推算，预测某种市场未来发展变化的趋势。这种办法可以在较短的时间里，充分利用专家群体的创造性思维和专业特长，对预测对象进行评估和推算，及时掌握第一手的预测信息。专家座谈法缺点是：由于参加的人数及人的认识有限，不易全面地收集到各种意见；易出现大多数人的意见被采纳，而少数人的正确意见被忽视；还可能受到权威的影响，与会者不能畅所欲言。因此，使用此法注意以下几方面的问题：

① 参加座谈的专家应当对预测目标有长期的研究，或者熟悉汽车市场领域的情况，或者具有丰富的汽车市场营销实践经验。与会者代表面要广，且代表性强，既包括专家学者，也包括营销部门或行业管理者和在一线的营销管理者。

② 根据预测对象范围的大小和难易程度确定座谈会规模。一般会议规模不宜过大，以不超过10人为宜，可使每位与会者充分阐述自己的意见。

③ 为确保座谈质量，要根据预测目标的要求事先准备调查提纲。提纲要简单明确、重点突出、针对性强，并提前发给各与会者，以使他们有备而来。

④ 要精心选择会议主持人，认真组织好座谈会。主持者要谦虚谨慎、少说多听、善于引导、善于启发，要抓住会议的中心；应对重要内容让双方的观点和论据说清、讲透，防止“一言堂”，使每位代表都有发言机会；不要首先拿出倾向性意见，或听个别领导、权威谈意见，这容易产生主观片面性；对座谈内容要做好记录和录音，及时归纳整理发言内容，并提出带有倾向性的预测方案。

（2）专家调查法(也称德尔菲法,Delphi Method)　专家调查法大量采用匿名调查表的方法通过函询征求专家意见，对各种意见汇总整理，将其作为参考资料，再以匿名函寄给各位专家，不断征询、修改、补充和完善，如此反复多次，直至多数专家看法一致，或不再修改自己的意见时，最终得出一套完整的预测方案。

专家调查法不是将预测意见一锤定音，而是多次轮番征询意见，每次征询都将经过整理的多轮专家意见全面反馈给各专家以便相互启发，补充完善，提出新见解及其依据，使预测人全面把握大多数专家的意见倾向；又由于采用统计方法处理每一轮专家的意见，经过几轮定量化的统计归纳，预测结果趋向集中，预测方案的分散程度就会缩小，最终形成定性分析和定量分析相结合的、大多数专家趋向于一致的预测结果，使其更可靠，更具说服力。

2. 定量预测

（1）时间序列法　指把已经掌握的资料，按照时间先后顺序排列成数列，并运用一定

的数学模型推算出事物未来变化情况的一种方法。这种方法是以事物发展具有一定连续性的假设为基础的，由事物过去、现在的变化规律去推断其未来。主要方法有移动平均法、加权移动平均法、指数平滑法和直线趋势法四种。

① 移动平均法是假定某预测事件的预测值，仅与该事件预测期内相邻的实际数值的变化有关，把近期几个周期内发生的实际数据进行平均，并取其平均数作为预测期的预测值，当预测期向后移动时，所选用的实际周期也随之后移。

其公式为

$$F_t=(A_t-1+A_t-2+A_t-3+\cdots+A_t-n)/n$$

式中　F_t——对下一期的预测值；

n——移动平均的时期个数；

A_t——当期实际值，A_t-1，A_t-2，A_t-3 和 A_t-n 分别表示前期、前两期、前三期直至前 n 期的实际值。

运用移动平均法进行预测时，要注意期数的合理选择，使其既能消除近期个别随机因素变化过于激烈的影响，又能避开过去远期因素对近期因素的过大影响。

② 为了避免远期因素的影响过大，可用提高近期权数的方法，增大近期因素对预测值的影响程度，加权移动平均法权数的选择可以由实际值对预测值的影响大小进行判断决定，一般距离预测期越近，实际值对预测值的影响越大，其权数也越大。

③ 指数平滑法是由加权移动平均法发展而来的，其特点是进一步强调近期实际值对预测值的影响和作用。指数平滑法有一次指数平滑法、二次指数平滑法和三次指数平滑法三种。二次指数平滑法是在一次指数平滑法的基础上再作一次平滑。同样，三次指数平滑法是在二次指数平滑的基础上再作一次平滑。对于预测值要求不是过于精细的情况下，通常采用一次指数平滑法。一次指数平滑法的平滑系数 α 值的大小取决于上期实际值在预测值中所占比重的大小，当预测值同实际值的差距较小时，α 值应取得小一些；反之，则应取得大一些；通常 α 的取值范围在 0.1～0.3 之间。

④ 直线趋势法多用于事物发展较稳定，变化幅度不大的长期发展趋势预测分析中，是从过去若干期资料中找到一条带有一定倾向性的趋势线，称为回归线，将这条回归线延长，用来预测事物的发展趋势。

（2）因果分析法　因果分析法是利用事物发展变化各因素之间的因果关系进行预测的方法，包括回归分析法和交叉影响分析法等。

回归分析法根据预测模型函数关系的不同可分为一元线性回归、多元线性回归、一元非线性回归和多元非线性回归四种。其中一元线性回归预测是假定某种市场对象，只受一种因素的影响(即解释变量只有一个)，而且随着这种因素的变化呈直线(或线性)变化关系。

3.3　汽车营销市场的信息技术

汽车生产企业只有掌握市场信息和做好市场调查研究，并建立自己的营销信息系统，才能掌握市场变化规律，做好企业的经营决策。

3.3.1　市场信息

信息是指知识、学问以及从客观世界提炼出来的各种数据和消息的总和，包括数据、资料、消息、情报、指令等多方面的内容。

情报是根据一定对象的需要所提供的可借鉴、参考用的特定信息，与信息有密切关系。

市场需求信息主要是指国内外用户、城乡用户、生产和消费用户等的需求信息。汽车工业作为我国支柱产业，汽车产品必将走向世界，汽车生产企业需要全面了解、掌握国内外汽车行业中的有关信息。

竞争信息是促使企业改善经营、搞活经济的重要信息之一，包含现有和潜在竞争者的基本情况、竞争能力、发展动向等有关信息。

1. 市场信息的分类

根据不同标准和不同需要，市场信息有多种类型。

（1）按信息来源分　可分为外部信息和内部信息。

（2）按决策的级别分　可分为战略信息、管理信息和作业信息。战略信息是指用于企业最高层领导对经营方针、目标等方面决策的有关信息。管理信息是指企业一般管理人员在决策中所需要的信息。作业信息是指企业日常业务活动的信息。

市场信息还可以根据信息表示方式的不同，分为文字信息和数据信息；根据信息的处理程度，分为原始信息与加工信息；根据信息稳定性，分为固定信息和流动信息等。

2. 市场信息资料的来源

市场信息从来源渠道看，大体有两个大方面：

（1）汽车企业内部　汽车企业内部信息指反映企业物质资料、工作情况以及生产经营历史和现状的数据、资料。内部信息可通过下列部门获得：

① 企业的业务部门（生产供应、销售部门等）。

② 企业生产活动的组织部门（生产、技术、质量等）。

③ 管理部门（财务、劳资等）。

④ 其他部门（情报、档案等）。

（2）汽车企业外部　汽车企业外部信息是指直接或间接影响企业经营的外部环境诸因素的数据、资料、文件、情报等。外部信息可通过下列渠道获得：

① 国家、政府等有关部门的政策、决定、报告、发展计划、财政预算、法令等。

② 广播、电视、报纸、杂志、书籍等，如《中国汽车报》、《汽车与配件》、《汽车工业研究》等。

③ 社会各专业信息机构，如图书馆、汽车情报中心、档案馆、博物馆等。

④ 各专业学会、研究会等，如汽车工程学会、中国公路学会等。

⑤ 全国或地方不定期举办的展览会、交易会等。

⑥ 有关咨询公司。

⑦ 高等学校、研究单位、培训中心，以及有关学术研讨会、专题讲习班等。

⑧ 计算机网络。现代化信息高速公路的建立为企业获取有关信息创造了良好条件。

⑨ 从汽车用户的信息反馈表中获取对不同型号的汽车的需求信息；从各销售网点销售的汽车型号和数量了解客户对不同型号汽车的喜好；从汽车各维修网点了解用户对不同型号汽车的质量和性能的要求。

3. 市场信息搜集的要求

汽车企业在搜集市场信息中，为了确保信息的有效性，必须遵循以下要求：

（1）目的性　根据汽车企业的经营目标收集有关的信息，目标不同，搜集信息资料的范围则不同。所以，汽车企业的搜集情报信息要求具有使用价值。

（2）可靠性　所掌握的信息必须有科学的依据，否则，信息失实，汽车企业以此作出的预测、决策和所制订的企业经营方针、市场策略，就会造成企业经营上的被动，甚至失败。当然获取绝对可靠的信息资料是不容易的，但应是基本可靠的，或至少能判断其可靠程度。

（3）实效性　由于市场经常变化，汽车企业为了及时掌握市场动态以及变化规律，所以要求所取得的市场信息要及时、迅速。

（4）全面性　汽车企业为了研究市场变化规律，要求获取的市场信息要有系统性和完整性，决不能片面地搜集一些信息，尤其是重要的信息。

（5）经济性　要力争用少的代价而获取尽可能多的有用信息。当然这是相对的。

现代社会提供的信息量与过去是无法比拟的。西方发达国家目前正处于从工业社会向信息社会的过渡中，各行各业的信息量日益增多，但拥有了大量的信息，并不等于企业的营销管理者们能快速、准确地选择所需要的信息。因此，很有必要设计一套实用的信息系统，以适应这种需要。

3.3.2　市场营销信息系统

1. 市场营销信息系统及组成

市场营销信息系统也称营销信息系统（Marketing lnformation System，MIS），是指由人、设备和程序组成的一个持续的、彼此关联的结构。其任务是准确及时地对有关信息进行收集、分类、分析、评估和分发，供给营销决策者运用，以使营销计划、实施和控制具有科学性和准确性。

这个系统开始和结束于信息使用者。首先由营销管理者确定所需要信息的范围；接着根据需要建立企业内部报告系统、营销情报系统和营销调研系统，由营销分析评估系统对所得到的信息进行处理，使其更有实用价值；最后由系统以适当的形式，在适当的时间将信息送至管理人员手中。

2. 系统各部分的功能

（1）确定所需要信息　一个设计合理的营销信息系统，应使营销管理者希望得到的信息、真正对他有用的信息，以及可能提供的信息三个方面互相协调。

（2）内部报告系统　大多数营销管理者都利用报告系统定期获取数据，用于日常的计划、管理和营销控制。内部报告一般有以下几方面：

① 汽车企业的财务部门提供财务状况和销售额、定单、成本、现金流动等详细数据。

② 制造部门提供生产进度、发货、存货数据等。

③ 营销部门提供中间商反映的情况、竞争对手的活动和市场营销的情况等。

（3）营销情报系统　营销情报是每日发生的与重要的环境因素有关的信息，如新的法规、技术创新、竞争者状况等。

企业获得情报的途径一般有以下几个方面：

① 一般途径获取。阅读报刊、杂志等；训练、激励推销人员随时搜集市场情况；与企业内部其他管理人员和职工交换信息，与用户、经销商等交谈，并鼓励经销商和零售商等外

部合作者向企业传递重要的营销情报；向国家、上级主管机关获取发布的各种政策、法规等信息资料。

② 获取竞争者的情报。购买竞争者的情报；参加汽车展销会；阅读竞争者发布的经营报告，参加其股东大会；向竞争者过去或现在的职工、经销商、供应商和运输代理进行了解；搜集竞争者的公告；阅读汽车行业报刊、杂志等。

③ 有偿征集情报。聘请业余信息员，向汽车信息中心统计部门购买，向市场调研公司、咨询公司、广告公司购买。

国外的公司建立有专门的小组和办公室，负责情报的搜集、整理、集中，帮助决策人员进行分析和评论。

（4）营销调研系统　营销管理者不能总是被动地等待来自营销情报系统的信息，在企业的营销管理过程中还需要通过经常性或专门性的调查研究搜集有关信息。例如，某企业准备生产一种新型汽车，在做出决策之前，有必要对该产品的市场潜量进行较准确的预测。

（5）信息分析系统　营销情报系统和调研系统收集到的信息，通常还需要进一步分析。信息分析系统是由一个统计库和一个模型库组成，统计库存包括一系列统计程序，这些程序可帮助分析者了解一组数据中彼此之间的关系及其统计上的可靠性。

模型库内包括一系列数学模型，用于各种营销决策，如确定最佳销售区域、设计销售网点的配置、选择最佳营销媒介组合等，这些模型有助于营销管理者做出更科学的决策。

（6）传送营销信息　市场信息只有被管理者利用，并制订更完善的营销决策时，其价值才得以实现。因此，由分析系统分析出的信息，需在适当的时间，送到真正需要它的管理人员手中。

3.3.3　信息技术在汽车工业中的应用

信息革命以迅猛之势，影响着世界汽车企业。以信息技术为手段的经营管理方式，将进一步提高世界汽车企业的竞争力。

1. 信息技术缩短了研制开发时间

汽车研制、开发时间长短，是决定企业竞争力的重要因素。1997 年，福特公司将三维计算机辅助设计系统引进研制开发中，从计算机上对设计细节、组装动作以及设备运行进行检查，并据此修改，使新车研发时间从 37 个月缩短为 20 个月。2000 年 2 月，丰田公司首次使用虚拟空间技术开发出新型车 B6，仅用了 13 个月，比以往缩短了 3 个月，创造了至今为止最短的研制开发纪录。通用公司引进网络技术，使新车开发从原来的 4 年缩短为 2 年。日本电装公司开发零部件，利用三维计算机辅助设计技术和电视会议，将时间缩短为一个半月。

信息技术比较容易地模拟新车以及零部件运作时的各种情况，并可对设计进行多次修改，简化甚至取消了一部分研制开发工作。此外，利用电视会议、企业内部网等手段，可以加强数据、设计图的信息沟通，减少时间与资源上的浪费。例如，福特公司 1999 年模型试制成本比 1998 年下降 25%。

2. 信息技术加快了订单生产的步伐

当今消费需求细分化，按照顾客订单组织生产和销售，成为世界汽车企业的必然选择。信息技术提高了生产以及物流等过程的快速反应能力。

通过网络销售，消费者可对车型、颜色、内饰等进行特别订货，并于一星期内收到自己想要的汽车。福特公司已开发了机器设备模型，组建了专业团队，并选定了实行订单生产的工厂与地区，预计在几年之内开始订单生产。采取网络订货后，丰田公司的顾客能够在最短的时间，收到根据特别订货要求生产的阿尔德沙跑车。

尽管目前能做到订单生产的企业和范围非常有限，但随着 Internet 的普及，大多数跨国公司有望在 5 年之内实现订单生产。

3. 信息技术节约采购成本和时间

汽车企业用于零部件采购的资金及时间，不仅超过了石油、电器制造、零售等企业，甚至与飞机制造企业相仿。因此，以信息技术为手段的全球采购，可降低零部件的采购成本，缩短零部件的采购时间。这对汽车企业意义重大。

2000 年 2 月，通用、福特和戴姆勒-克莱斯勒公司宣布，终止各自的零部件网络采购计划，转向共同建立零部件采购的电子商务市场科比新特。同年 4 月，雷诺-日产公司决定加盟。丰田也在商讨加入科比新特之中。目前，已有 12 家零部件大企业与科比新特签订了合同。科比新特 2000 年 10 月开始在美国试运作，2001 年春天在欧洲开始运行，6 月在日本开始运行，成为世界上最大的电子商务市场。

除科比新特外，其他地区也开始出现汽车零部件采购的电子商务市场。如日本汽车高速通信网 JNX，宝马、大众也有类似计划。

通用与福特公司认为，通过电子商务市场采购，其原材料及非组装部件的年采购成本，可以降低 2500 亿美元，每辆车可节约 1200 ~ 3000 美元的成本。

电子商务市场信息交换提供了更加快捷、便利的手段，节约采购时间，还可以减少库存管理费用。

目前在科比新特进行交易的零部件，还只限于办公用品等间接生产资料，90% 以上的汽车零部件还没有进入交易网络。可以肯定，以信息技术为手段的全球采购，将对汽车企业间的交易产生重大影响。

4. 信息技术促进利润链战略性延伸

据统计，在世界 40 家大的汽车企业中，目前只有 10 家赢利。世界汽车生产能力过剩 30%。汽车企业认识到，仅仅依靠生产和销售汽车，已不可能为自己带来更多的利润，只有将业务延伸到金融、保险、租赁、维修等其他领域，向汽车消费者提供与此相关的服务，才有可能获取更大的利润。这就导致了当今世界汽车企业的业务向服务行业的延伸，汽车产业与服务产业之间的界限开始变得模糊。

目前，金融、汽车租赁、电子商务等业务，已成为汽车巨头们的主要业务。1998 年，福特公司主要业务的销售额和净利润总额中，金融、汽车租赁两项业务已分别占到 14.4%，203%。1999 年，福特又收购了英国的汽车修理连锁店和汽车用品连锁店，与微软公司合资建立了网络销售公司，以销售汽车和保险，并计划向福特汽车购买者及其家属提供与汽车相关的所有服务，有意将服务范围扩展至生活的所有方面。这样做的目的很明确，就是想通过金融、保险、租赁、维修、网络销售等一系列业务，重新构建一条为其带来利润的产品及服务链。

丰田汽车公司近几年在电子商务和金融业务两方面加大了投资。目前，丰田汽车公司拥有自己的网络销售公司、保险公司、信用公司和证券公司，同时还是日本三大信息通信公司合并组成的信息通信公司的第二大股东。尽管金融业务的营业利润在丰田营业利润总额中还只占到6%，但预计会迅速增长。丰田通过自己的网络销售公司，不仅向汽车消费者提供诸如新车及二手车的信息、价格估算、库存查询、手续代办等与相关的服务，而且还提供礼品及书籍销售、音乐播卖和旅游预约等服务。丰田还给汽车消费者在指定的证券公司设立可结算的账户，以及提供购买股票的优惠。

福特、丰田之所以加紧向服务产业渗透，在很大程度上是希望利用其下属的保险、信用以及网络销售公司所提供的信息，建立强大的顾客信息库。从这个意义讲，信息技术促进了世界汽车企业利润链的战略性延伸。

本 章 小 结

1. 市场调研是汽车企业科学预测与决策的基础。
2. 市场预测是汽车企业经营决策的基础。
3. 以信息技术为手段的经营管理方式，将进一步提高世界汽车企业的竞争力。

复习思考题

1. 市场调研的步骤是什么？
2. 汽车市场预测的内容和方法是什么？
3. 市场营销信息系统的组成及功能是什么？

第4章 汽车产品策略

学习目标：

- 了解汽车产品组合的基本策略。
- 了解汽车新产品推广策略。
- 掌握汽车产品整体的概念。
- 掌握汽车产品生命周期概念和策略。

汽车产品是汽车市场营销的物质基础，是汽车市场营销组合中最重要的因素。营销组合中的方法，也必须以汽车产品为基础进行决策，因此，汽车产品策略是整个营销组合策略的基石。从这个角度来看，汽车产品开发是一个市场营销问题，而不只是脱离市场营销的纯技术问题。

4.1 汽车产品组合策略

对于汽车产品来说，用户需要的是汽车能够满足自己运输或交通的需要，以及满足自己心理和精神上的需要，如身份、地位等，尤其是那些轿车用户更是如此。此外，汽车产品的用户还希望生产厂家能够提供优质的售后服务，如备件充裕、维修网点多、上门服务、“三包”(即包修、包退、包换)等。

由此可见，当代产品的概念，应是一个包含多层次内容的整体概念，而不单是指某种具体的、有形的东西。近年来，菲利普·科特勒等学者使用五个层次来定义产品整体概念。产品整体概念的五个基本层次如下：

1. 核心产品

核心产品是指向顾客提供的产品的基本效用或利益。也就是顾客真正要购买的利益，即产品的使用价值，例如，对于洗衣机，消费者要购买的是“方便、快捷、干净”；对于电影院，消费者要购买的就是“娱乐”。人们购买汽车不是为了获取装有某些零部件的物体，而是为了满足交通或其他方面的需求。从根本上说，每一种产品实质上都是为解决问题而提供的服务。如：汽车是面向中高档消费群体的产品，定价都相当高。而作为一种高价产品，首先在核心产品这个理念中，它必须具备超一流的品质，在质量考核上应做到可靠保证。而大多消费者并不会认为这是个问题，也不会在购买过程中特别考虑，但一旦质量都无法保证，它将会一败涂地，同时核心产品承载的是产品品牌最本质的竞争能力，也是产品的立足点，作为一个汽车产品，如果没有良好的品质则无法形成品牌从而去承载高昂的价格。因此核心产品对于汽车产品如同灵魂，不能弄虚作假，愚弄消费者的企业注定是走不长的。良好的核心产品是诚实守信的体现，因此汽车产品一定要抓好这个最本质的竞争能力。

2. 形式产品

形式产品是指核心产品借以实现的形式或目标客户对某一需求的特征的特定满足形式。形式产品是核心产品得以实现的形式，即向市场提供的实体和劳务的外观。其由五个特征所构成，即品质、式样、特色、商标及包装。对于汽车产品来说，形式产品即指汽车的车型、品质性能、式样特色和商标等。

3. 期望产品

期望产品是指顾客购买该产品时期望得到的与产品密切相关的一整套属性和条件。不同的人对这种期望是不同的，例如，购买洗衣机的消费者，一般所期望的是洗涤、甩干功能以及合适的价格和优良的质量，而另外一些消费者追求的不仅仅是以上的属性和条件，还有其他的期望，诸如洗衣机的消毒和烘干功能等。

4. 延伸产品

延伸产品是指顾客购买形式产品和期望产品时，附带获得的各种利益的总和，包括产品说明书、保证、安装、维修、送货、技术培训等。在延伸产品方面获取竞争优势，其实是通过对影响顾客评定附加产品质量高低的因素进行科学分析，选择在延伸产品方面被顾客所重视的多种特质来满足其独特的需求，从而获取强有力的竞争地位，这是一种从歧异上来获取竞争优势的方法。在获取歧异优势的同时，它还可为企业带来成本领先的效果：首先，卓越的延伸产品能够提供给顾客更多的附加利益，从而提高顾客的满意度，降低该顾客重复购买时的营销成本；同时，正面的口碑效应可以减少企业对以该顾客为中心的其他顾客进行推销时的营销成本，由此产生成本递减效应，为企业创造成本优势；其次，在与顾客的长期交易中，通过顾客满意的不断积累，可以为企业带来顾客忠诚，在抵补企业追求延伸产品歧异所付出的成本的同时，为企业带来超出竞争对手甚至全行业平均水平的溢价报酬，从而使企业在买方市场的大环境下化被动为主动，赢得竞争优势。

5. 潜在产品

潜在产品是指现有产品包括所有附加产品在内的，可能发展成为最终产品的潜在状态产品。潜在产品指出了现有产品可能的演变趋势和前景。也就是指此种产品最终可能的所有增加和改变，是企业努力寻求的满足顾客并使自己与其他竞争者区别开来的新方法。潜在产品是产品整体概念当中的最高层次，很少企业能做到。如企业能做到这个层次，将形成绝对竞争优势从而彻底击败所有竞争对手。这要求企业有超强的预测能力与长远的战略眼光，同时这也是建立在强大的财力与科研能力基础上的。有许多公司未做好这个层次而陷入困境，失去大片市场，例如胶卷业的柯达因为对未来摄影前景预测的失误从而拱手把大片摄影市场留给了数码业公司，损失惨重。

产品整体概念的五个层次，十分清晰地体现了以顾客为中心的现代营销观念。这一概念的内涵和外延都是以消费者的需求为标准，由消费者的需求来决定的。

4.1.1 产品组合及相关概念

1. 产品线

产品线是指产品组合中的某一产品大类，是一组密切相关或相似的产品。通俗地说就是

车型系列。产品项目是指一个车型系列中各种不同档次、质量和价格的特定品种。

2. 产品组合(又称产品搭配)

产品组合是指一个汽车企业提供给市场的全部产品线和产品项目的组合或结构，即企业的业务经营范围。企业为了实现营销目标，充分有效地满足目标市场的需求，必须设计一个优化的产品组合。

例如，一汽集团生产的重型载货汽车、中型载货汽车、轻型载货汽车、高级轿车、中级轿车、普及型轿车和微型轿车等，就是产品组合，而其中重型载货汽车或中型载货汽车等就是产品线，每一大类里包括的具体品牌、品种则为产品项目。

汽车企业可采取四种方法发展业务组合：

① 加大产品组合的宽度，即增加车型系列，扩展企业的经营领域，实行多样化经营，分散企业投资风险。

② 增加产品组合的长度，即使品种多样化，产品线丰满充裕，成为更全面的产品线企业。

③ 加强产品组合的深度，即增加每一车型系列的品种数目，占领更多的同类产品的细分市场，满足更广泛的市场需求，增强行业竞争力。

④ 加强产品的一致性，使汽车企业在某一特定的市场领域内加强竞争和赢得良好的声誉。

目前我国的汽车市场，除了中型载货汽车的品种发展较为完善外，其余各种车型都还有很大的品种发展余地，而轿车和重型汽车方面的发展空间更大。因而各汽车企业更要做好产品线与产品项目的决策，以谋求更大的发展空间。

4.1.2　产品组合策略

产品组合策略就是指企业如何根据消费市场实际，合理进行产品组合决策。在决策时需要考虑三方面的限制：一是企业所拥有的资源条件的限制；二是市场基本需求情况的限制；三是竞争条件的限制。汽车企业常采取的策略有以下几个方面：

1. 产品项目(汽车品种)发展策略

企业如果增加汽车产品品种可增加利润，那就表明产品线太短；如果减少汽车品种可增加利润，那就表示产品线太长。产品线长度以多少为宜，则主要取决于汽车企业的经营目标。如宝马公司曾表示，扩大产品品种将会成为今后宝马公司开拓市场的重要途径。由此可见，宝马公司所采取的就是汽车品种发展策略。

2. 产品线(车型系列)发展策略

当汽车企业预测现有产品线的销售额和盈利率在未来可能下降时，或其他经营条件(如市场竞争和企业经营目标等)发生改变时，就必须考虑在现有产品组合中增加产品线，或加强其中有发展潜力的产品线(新车型)。

3. 产品线延伸策略

每一汽车企业的产品都有特定的市场定位，如美国的林肯牌汽车定位于高档市场，雪佛兰牌定位在中档汽车市场，而斑马牌定位于低档汽车市场；我国的吉利牌汽车为迎合我国目前家庭小轿车的发展，定位于低价低档小轿车。产品线延伸策略指全部或部分地改变原有产品的市场定位，具体有向下延伸(在高档产品线中增加低档产品项目)、向上延伸和双向延伸三种实现方式。

4.2 汽车新产品推广策略

所谓推广，是一种通过“汽车展销”来进行促销的形式。与营业相比，展销会则需要随波逐流，或者单独举办，或者多家联办，或者趁水放船，或者借鸡下蛋，都需要因地和因时制宜。同时，展销会还具有针对性强的特点，往往是为某个具体的目标市场举办的。其目的可以是直接的，即销售汽车；也可以是间接的，即塑造形象，并通过提高企业或产品知名度和美誉度，来达到“曲线促销”的效果。

汽车推广艺术的泛化，同样表现为推广形式的泛化和推广策略的泛化两个方面。

4.2.1 汽车推广形式的泛化发展

汽车推广的传统形式是举办展销会和定货会，现在则出现了邀请参观、通报信息、无偿赠车、免费用车，以及汽车大赛、认识竞赛、组合商店、窗口公司等许多形式。仅就展销而言，也已经泛化为国际车展和国产车展、厂家车展和商家车展、专业车展和主导车展、固定车展和巡回车展、实物车展和虚拟车展、临时车展和永久车展等许多类型。

1. 邀请参观

从信息论的角度看，参观也是推广。雪铁龙是世界上最早将开放参观作为推广策略的人。早在1917年，雪铁龙就已经将组织消费者参观自己的雅韦尔工厂视为一种有效的推广策略。在他看来，开放参观，不但是一种宣传方式，而且是一种管理方式。1919年，雪铁龙又邀请参观者试开试乘自己的汽车。雪铁龙发明的这种汽车推广方式，曾经被人们称之为“人为广告”。雪铁龙开风气之先，竞争者模仿于后，许多著名汽车公司甚至把邀请参观运用于市场开拓。丰田公司甚至专门建造了招待参观者的宾馆，内设有产品陈列室、电影放映厅和公司资料室等。如果你是丰田汽车的用户，还可以免费享用宾馆里舒适的客房。通过参观而增进好感，潜在用户很容易转化为现在用户。

2. 通报信息

通报信息也是推广。1924年，一本印制精美的《雪铁龙简报》开始在销售网络内发行。该简报不但印制精美，而且配有插图。雪铁龙公司通过简报定期向经销商们通报公司事务、推荐经销艺术，并评选荣誉经销商等，起到了沟通信息、联络感情、巩固关系、促进销售的作用。后来，福特公司也创办了《福特新闻》，每期发行8万多份，不但发送给世界各地的公司雇员和经销商们，而且普及到新闻记者。他们知道，了解是理解、信任和支持的基础，当然也是汽车推广的形式。

3. 无偿赠车

企业以赢利为目的无偿赠车，是友好关系的象征，还是汽车推广的策略，必然会引起所谓的“认知冲突”。1996年，英国政府向中国政府赠送了一辆“揽胜”牌越野汽车。在英国，“揽胜”被视为“国宝”，由国家作为国礼，这是“威信效应”；举行赠车仪式，这是“轰动效应”。威信效应加轰动效应引起的“广告效应”，可达到令人震撼和印象深刻的效果。

4. 一鸣惊人策略

《史记·滑稽列传》云："此鸟不飞则已，一飞冲天；不鸣则已，一鸣惊人"。其意是说，看似不露声色，出手则引起轰动。如果说采取先声夺人策略，是为了引起观众的注意；而采取一鸣惊人策略，不但可以引起观众的注意，而且可以强化观众的记忆。心理学的研究发现，随着刺激强度的增加，人们注意和记忆效率也会随之提高。因此，为了取得一鸣惊人的效果，汽车展台的设计应当大气磅礴，形成气势，以求产生傲视群雄的效果。

5. 锦上添花策略

宋·黄庭坚《了了庵颂》有诗曰："又要涪翁作颂，且图锦上添花"。涪翁作颂，如同添花，显然，美好事物的相互映衬，可以取得相得益彰的效果。将这种思想应用于车展，"香车与美女"就自然而然搭配起来，成为相映生辉、锦上添花的经典。现在，以美女或俊男陪衬汽车，越来越成为"车展文化"的表现形式，甚至连人们心目中典型的"官车"红旗，也开始由风情万种的美女作陪了。使用模特的最低标准是相得益彰，即人车共辉；使用模特的最高标准是锦上添花，即车因人美。因此，在选择汽车模特时，既要考虑模特的特点，也要考虑汽车的特点。必须使模特们真正懂得，"她们的任务，不是表现自己，而是展示汽车"。

6. 自居反射策略

心理学有"自居反射"之说，意思是借助别人的优点或优势为自己增添光辉。在第六届北京国际汽车展上，一汽大众就曾利用自居反射策略取得了成功。他们将自己生产的捷达、奥迪系列轿车，与德国大众、德国奥迪的产品同台展出，相映生辉，不但照应了名门望族、龙凤相生的老话，而且直观地展示了国产轿车后来居上的形象。

7. 推心置腹策略

唐·白居易《七德舞》诗曰："功成理定何神速，速在推心置人腹"。推心置腹，功成神速。社会心理学家约瑟夫·勒夫特和哈里·英厄姆两人的研究发现，人际交往的成败，取决于双方"自我暴露"的程度。"布袋和尚指天地，事无不可对人言"，只有胸怀坦荡、以诚待人者，才能赢得信任和支持。为此，他们共同创立了"约哈里窗户"理论。就汽车展览而言，通过自我暴露，以求推心置腹，也是车展成功的关键。在上海第八届国际车展上，德国大众曾经将这种推心置腹的思想推向了极致，他们参展的 Lupo/b 轿车，竟是一个"切开"的半边车；大众奥迪等车还制成了极富创意的"透明汽车"，汽车部件各安其位、集成系统脉络清晰，象玻璃般透明，象水晶般纯洁，从而把推心置腹的艺术推向了极致。除此以外，广场巡游、道路试验、新车体验、试开试乘等，也都可视之为推心置腹的泛化手段。

8. 现身说法策略

"现身说法"出自佛典。《楞严经》有文曰："我与彼前，皆现其身，而为说法，令其成就"。可以理解为以亲身经历进行教化，可以产生直观形象的推广效果。在第五届北京国际汽车展上，VOLVO 公司的展区里，停着一红一白两辆"新车"。仔细观察则可发现，这两辆汽车均为"旧车"，那辆红色 VOLVO 挂的是辽宁省牌照，已跑了 17 万公里；白色 VOLVO，挂的是北京牌照，也已有了 2000 公里的记录。驾驶红色 VOLVO 的司机还被请来"现身说法"，谈起这辆车来，仍然是赞不绝口。虽然是"人为广告"，却有很高的可信度。

4.2.2 汽车推广策略的泛化发展

市场是购买能力和购买欲望的统一。对于汽车市场来说，购买能力显然是决定购买行为的重要因素。为了使潜在消费者转化为现实消费者，汽车厂家甚至商家都突破了“钱物两讫”的传统模式，推出了“信用消费”的促销策略。在此基础上泛化开来，从而使汽车营业出现了信用消费、租赁消费、组合销售、分解销售，以及以物易物、以旧换新、试开试乘、有奖销售等许多类型。

1. 信用消费策略

汽车属于高价值耐用品，即便在西方经济发达国家，也常常要采取信用消费的形式购买。消费者凭借自己的信用先取得产品的使用权，然后通过信用消费来取得产品的所有权。在美国，80%～85%的新车，都是通过分期付款得到的。我国仍是发展中国家，普通百姓虽然有购买汽车的欲望，却缺乏购买汽车的能力，信用消费不但可以使他们的理想变成现实，而且可以起到刺激私车消费、启动汽车市场、挖掘市场潜力、扩充市场容量的效果。

一般来说，信用消费主要有分期付款、消费贷款、按揭贷款和产品赊销四种形式。

2. 租赁消费策略

1896年2月，开设世界首家汽车代理店的法国人埃米尔·罗杰，又挂上了“菲亚克尔出租股份有限公司”的招牌，在销售汽车和零部件的同时，兼营起了汽车租赁业务“每小时两个法郎”，吸引了不少巴黎人租车旅游。罗杰开风气之先，汽车租赁遂应运而生。1925年，世界上第一家汽车租赁网络诞生，其中，排名第一的赫兹公司，以福特、丰田、尼桑、马自达等汽车厂家做后盾，拥有了超过50万辆汽车的庞大车队，这些汽车通过“半年半数”更新制循环更新，使汽车厂家也通过其租赁业务而保持着稳定的市场份额。显然。通过租赁促进销售，是一种既利厂家也利商家的“双赢”战略。同时，从多角化经营的角度看，汽车厂家通过出租汽车，还可以起到优化资源配置、拓宽赢利渠道的作用。时至今日，“一地入会、异地租车”，“一国入会、各国租车”，“本地担保、异地租车”，“本地租车、异地还车”以及“网络担保”等多种租赁模式已经遍地开花。

3. 组合销售策略

组合销售即搭配销售，是指将汽车与其他产品结合在一起，组合成一个销售单元，使得红花绿叶相得益彰，从而产生组合效应的促销策略。1998年，江苏国贸总公司就为新开发的金茂花园别墅推出了“买房配车”促销活动，从而为南京房地产注入了“房车组合”销售的新观念。购买一幢小康型花园别墅，配备富康车一辆；购买一幢园林式花园别墅，配备桑塔纳一辆。“房车组合”的极端形式是“住宿配车”。韩国大宇公司曾经在欧洲推出过向某些著名旅馆，如斯泰根堡宾馆等，无偿提供45辆Leganga牌中级轿车的促销措施，凡是在斯泰根堡住宿的客人，均可使用这种轿车。对于宾馆来说，提供此种附加服务，无疑会增加对消费者的吸引力；对汽车公司来说，消费者的试驾试乘，其实也具有消费体验、广告促销的作用。

4. 分解销售策略

分解销售即拆零销售。但是，这里所说的拆零，并非将汽车大卸八块，而是以通过部件先行、消费积累等措施带动汽车销售的策略。其中，最为经典者是莱英达集团湖南公司创造的“好邦客”促销模式。消费者只要取得了汽车经销商的会员资格并交纳规定数额的费用，即可获得汽车的使用权。当按时间累计的计费金额与汽车价格等同时，消费者也就获得了汽车的所有权。消费付款，天经地义。但是，这种“好邦客”模式，却将所付车款转化成了汽车份额，虽说不是车主，却又拥有股份。如此反复循环，终将由“量”的积累促成了

“质”的飞跃，停止付款并拥有了自己的汽车。显然，这是比分期付款、消费贷款、赊销消费、按揭消费，以及组合销售等都更为科学的促销模式。

就汽车促销而言，无论营业推广的形式，还是营业推广的策略，似乎都已经泛化为无穷。尽收囊中，既力不从心，也没有必要。同时，随着营销理论和促销实践的深入发展，新的形式和策略还会不断涌现。显然，冲破传统园囿，进行泛化思考，无论是市场营销学家，还是汽车促销专家，都可以发现更加广阔的天地。

4.3　汽车产品生命周期和营销策略

4.3.1　产品生命周期的概念

产品生命周期是指产品从进入市场到退出市场所经历的市场生命循环过程。产品只有经过研究、开发、试销，然后进入市场，其市场生命周期才算开始。产品退出市场，标志着生命周期的结束。从社会市场营销观念来看，市场营销者在制订市场营销政策时，必须统筹兼顾企业的利润、消费者的需求、社会的利益，从而使生产研制过程和销售过程构成有机整体(图 4-1)。

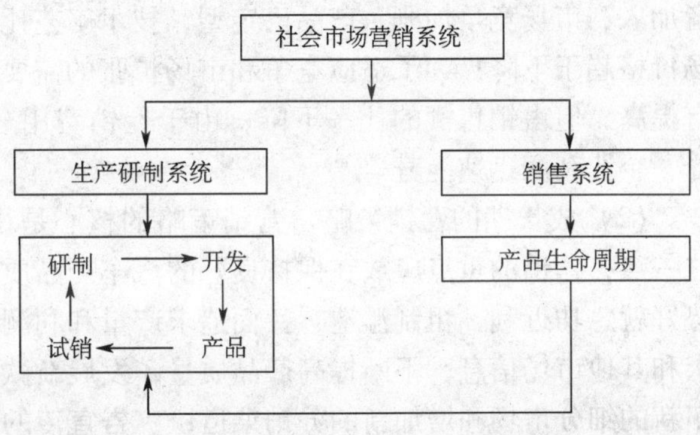

图 4-1　社会市场营销系统示意图

① 市场导入期(也称介绍期)是指在市场上推出新车型汽车产品，汽车销售呈缓慢增长状态的阶段。

② 市场成长期是指该车型的汽车在市场上迅速为顾客所接受，销售额迅速上升的阶段。

③ 市场成熟期是指大多数购买者已经接受该车型，市场销售额缓慢增长或下降的阶段。

④ 市场衰退期是指销售额急剧下降，利润渐趋于零甚至负值的阶段。

4.3.2　汽车产品生命周期各阶段的营销策略

1. 导入期的市场特点与营销策略

(1) 导入期的市场特点　汽车产品进入市场试销，尚未被用户接受，因此销售额增加缓慢，生产批量小，试制费用大，制造成本高。为了向市场介绍产品，广告及其他推销费用的支出也很高。由于产量少，成本高，同时生产上的技术问题尚未完全解决，以及推销费用高，这时期产品的售价常常偏高。由以上几个特点可知，此时企业的利润往往是负值，产品在这个时期的亏损只能由其他产品的盈利来弥补。

(2) 导入期的市场营销策略　若综合考虑价格与促销两个营销因素，对处于导入期汽车新产品的营销策略，常可采用以下四种方法。

1) 快速掠取策略。即以高定价和高促销费用推出新产品。实行高定价是为了在每单位销售额中获取最大的利润，高促销费用是为了引起目标市场的注意，加快市场渗透。成功实施这一策略可以尽快收回新产品开发的投资。国外汽车公司在推出富有特色的中高级轿车时常采用这一策略。

2）缓慢掠取策略。即以高价格和低促销费用将新产品推入市场。高价格和低促销费用结合可以使企业获得更多利润。东风汽车公司在推出Q1141G(EQ153)和EQ111B(EQ145)两种车型时，采用的营销策略就属此类。

3）快速渗透策略。即以低价格和高促销费用推出新产品。目的在于先发制人，以最快的速度打入市场。该策略可以给企业带来最快的市场渗透率和最高的市场占有率。日本、韩国的汽车公司在刚进入北美市场时，便大量采用此种营销策略。

4）缓慢渗透策略。即企业以低价格和低促销费用推出新产品。低价是为促使市场迅速接受新产品，低促销费用则可以实现更多的利润。

主要目的：介绍产品，吸引消费者试用。

2. 成长期市场特点与营销策略

（1）成长期的市场特点　消费者对新汽车产品已经熟悉，销售量增长很快；大批竞争者加入，市场竞争加剧；产品已定型，技术工艺比较成熟；建立了比较理想的营销渠道；市场价格趋于下降；为了适应竞争和市场扩张的需要，汽车企业的促销费用水平基本稳定或略有提高，但占销售额的比率下降；由于促销费用分摊到更多销量上，单位生产成本迅速下降，企业利润迅速上升。

（2）成长期的营销策略　营销策略的核心是尽可能地延长汽车产品的成长期。为做到这一点，营销的重点应放在保持良好的汽车产品质量和售后服务质量上，切勿因产品销售形势好就急功近利，粗制滥造，片面追求产量和利润。具体说，可采取如下措施：根据用户需求和其他市场信息，不断提高产品质量，发展新款式、新型号，增加新功能和特色；积极开拓新的细分市场和增加新的分销渠道；广告宣传的重点，应从建立汽车产品知名度转向促进用户购买，并进一步创名牌上；选择适当的时机降低售价，吸引对价格敏感的用户，抑制竞争。

主要目的：维持产品市场增长率。

3. 成熟期的市场特点和营销策略

（1）成熟期的市场特点　成熟期又可以分为三个时期：

1）成长成熟期：各销售渠道基本呈饱和状态，增长率缓慢上升。

2）稳定成熟期：由于市场饱和，消费平衡，产品销售稳定。销售增长率一般与购买者人数成比例。

3）衰退成熟期：销售水平显著下降，原有用户的兴趣已开始转向其他车型，全行业汽车出现过剩，竞争加剧，一些缺乏竞争能力的汽车企业将渐渐被取代，新加入的竞争者少。

（2）成熟期的营销策略　这个阶段的营销策略，应放在尽量争取稳定的市场份额、延长产品的市场寿命上。可供选择的基本策略有以下三种：

1）市场多元化策略，即开发新市场，寻求新用户。

2）汽车产品再推出策略，即指改进车型的品质或服务后再投放市场。它又包括两方面，一是提高产品质量，如提高汽车的动力性、经济性、操纵稳定性、舒适性、制动性和可靠性等，创名牌、保名牌。此种策略适合于汽车企业的汽车产品质量有改善的余地，而且多数买主期望提高质量的场合；二是增加汽车产品的功能，如提高轿车的美观性、舒适性、安全性和动力性等，使小型车高级化等措施，都有利于增加产品品种，扩大用

户的选择余地。

3）营销组合改良策略，是指通过改变定价、销售渠道及促销方式来延长产品成熟期。

主要目的：延长成熟期或使产品生命周期出现再循环。

4. 衰退期的市场特点与营销策略

（1）衰退期的市场特点　汽车产品的需求量和销量迅速下降，价格已下降到最低水平；多数汽车企业无利可图，被迫退出该汽车产品市场；留在市场上的汽车企业逐渐减少产品附带服务，削减促销预算等，以维持最低水平的经营。

（2）衰退期的营销策略　此阶段的营销策略应放在有计划、有步骤地转产新车型产品上。当然，这对企业来说是代价昂贵的。因此，大多数企业应当机立断，弃旧图新，及时实现汽车的更新换代。如果企业决定停止经营衰退期的车型，还应当慎重决策：是彻底停产放弃还是把该品牌出售给其他企业；是快速舍弃还是渐进式淘汰。并应注意处理好善后事宜，应继续安排好后期配件供应以及维修技术支持，以保证老用户的使用需要。否则，企业形象将会受到损害。

主要目的：何时退出市场或推陈出新。

本章小结

1. 介绍了产品整体的概念及五个基本层次：核心产品、形式产品、期望产品、延伸产品和潜在产品。

2. 介绍了汽车产品组合的基本策略和汽车新产品的推广策略。

3. 汽车产品生命周期是指汽车产品从进入市场到退出市场所经历的市场生命循环过程。介绍各生命周期各阶段的汽车新产品的营销策略。

复习思考题

1. 什么是汽车产品？掌握汽车产品概念对于汽车营销有何意义？
2. 什么是汽车产品的生命周期？不同阶段该如何实施营销策略？
3. 汽车产品推广策略有哪些？
4. 什么是汽车产品的组合策略？汽车企业发展业务整合方法有哪些？

第 5 章

汽车价格策略

学习目标：

- 了解影响汽车产品价格的主要因素。
- 了解汽车产品基本的定价方法。
- 掌握常见的定价策略。

汽车产品的价格是其价值的货币表现，是由社会必要劳动时间决定的。产品的价格是价值的外在表现，是一个具体的、确定的货币量，而价值则是内在的、不确定的、模糊的。价格围绕价值上下波动，这种波动是由产品供求关系引起。汽车产品在市场上的价格往往随供求关系的变化而变化。反过来，汽车价格又常常是一只调节市场供求关系的“看不见的手”，直接关系着产品被市场接受的程度，影响着市场需求量、销售量和企业利润，涉及生产者、经销者、用户等多方利益。因此，确定产品价格是市场营销过程中一个非常重要、敏感的环节。

5.1 影响汽车产品定价的主要因素

价格是一个变量，它受到诸多因素的影响和制约。一般来说，这些因素可分为企业的内部因素和外部因素。内部因素主要有定价目标、成本、产品特点、分销渠道和促销策略等。外部因素主要有市场和需求情况、货币流通情况、竞争情况、政策环境和社会心理等。给汽车产品定价时必须综合考虑这些因素的影响，并据此选择定价策略。

5.1.1 定价目标

任何汽车企业都不能孤立地制订价格，而必须按照汽车企业的目标市场战略及市场定位战略的要求来进行。不同的汽车企业，不同的汽车产品，其市场地位不同，自然定价策略也是不一样的。企业定价目标主要有以下几种：

1. 维持生存

如果汽车企业产量过剩、销路不畅、产品滞存，或汽车企业资金面临严重不足，或企业面临激烈竞争，或谋求改变消费者的需求，则需要把维持生存作为主要定价目标。此时汽车企业应制订较低的价格，有时甚至制订低于成本的价格以便迅速收回资金再投资。企业这种定价目标只适合企业的短期目标。

2. 当期利润最大化

即汽车企业以追求当期利润最大化为定价目标。此时一般产品所定的价格较高，因此要求被定价的产品必须市场信誉高，在目标市场上占有优势地位。这种定价目标比较适合于处于成熟期的名牌汽车产品。

3. 市场占有率最大化

一般来说，一个汽车企业赢得最高的市场占有率之后将享有最低成本和最高的成长利润。市场占有率的高低对汽车企业来说是非常重要的，保持和提高市场占有率是汽车企业的一个十分重要的目标。当具备下述条件之一时，汽车企业可以考虑通过低价来实现市场占有率的提高。因为市场对价格高度敏感，所以低价能刺激需求的迅速增长。生产与分销的单位成本会随着生产经验的积累而下降，低价能吓退已有的和潜在的竞争者。这种定价目标比较适合于新产品或不为市场所熟悉的产品。

4. 产品质量最优化

为实现产品质量最优，汽车企业在开发、生产和市场营销过程中的成本就会相对较高，同时售后服务的要求也高。这就要求汽车产品的价格也相应较高，以弥补高成本，即常说的"优质优价"。这种定价目标适合于市场信誉度高的名牌产品。

5. 应付和防止竞争

即汽车企业有意识地通过产品定价去应付或避免竞争的定价策略。以此为目标的汽车企业制订价格时，以对市场有决定影响的竞争者价格为基础，故意将价格定得比竞争对手低，或比竞争对手高(在条件优越、实力雄厚时)。这种定价目标比较适合于目标实现的可能性很大，而且实力雄厚的企业。

6. 保持良好的分销渠道

保持分销渠道畅通是保证汽车企业良好经营效果的重要条件之一。对那些需经中间商推销汽车产品的企业，为了在激烈的市场竞争中保住完整的销售渠道，促进销售，往往以良好的渠道为定价目标。为此，汽车企业必须研究价格对中间商的影响，让中间商有充分的积极性去推销产品。比如，20 世纪 70 年代中期石油危机发生后，国际汽车市场受到严重冲击，市场竞争异常激烈，为了推销产品，日本的马自达公司规定推销一辆汽车再给予 500 美元的奖励，结果保全了完整的销售渠道，使企业获得了成功。

5.1.2 汽车产品的成本

汽车产品的成本是汽车企业为研究开发、生产和销售产品所支付的全部实际费用，以及汽车企业为产品承担风险所付出的代价的总和。

如果说，市场供需决定了汽车产品的最高价格，而成本则决定了汽车产品的最低价格。"成本 + 利润 + 税金"就构成了汽车产品的出厂价。

因此，成本是价格中最基本、最主要的因素，成本低则产品价格竞争力就强。入世后，降低成本已成为目前我国汽车工业的一个重要课题。

1. 汽车产品成本的分类

汽车产品成本包括科研制造成本、营销成本和储运成本等。按国家规定，汽车产品成本主要包括以下几个方面：

① 汽车生产经营过程中实际消耗的各种原材料、辅助材料、备品配件、外购半成品、燃料、动力、包装物、低值易耗品的原价和运输、装卸、整理费用。

② 固定资产折旧、按产量提取的更新改造资金、租赁费和修理费。

③ 科学研究、汽车新技术开发和新产品试制所发生的不构成固定资产的费用，购置样品和一般测试仪器设备的费用。

④ 按国家规定列入成本的职工工资、福利费和奖励金。

⑤ 按规定比例计算提取的工会经费和按规定列入成本的职工教育经费。

⑥ 产品包修、包换、包退的费用，废品修复费和报废损失，停工期间支付的工资、职工福利费，设备维护和管理费，削价损失和经批准核销的坏账损失。

⑦ 财产和运输保险费、契约、合同公证费和鉴证费、咨询费、专有技术使用费，以及应列入成本的排污费。

⑧ 流动资金贷款利息。

⑨ 办公费、差旅费、会议费、宣传费、冬季取暖费、消防费、检验费、劳保用品费、仓储费、商标注册费及专利申请费、展览费等管理费用。

⑩ 销售商品发生的运输费、包装费、广告费和销售机构的管理费，以及经批准列入成本的其他费用。

为了分析的方便，以上产品成本可分为固定成本和变动成本。固定成本是企业产品的投资、折旧、房地租金以及行政办公费等；变动成本是指随着产量或销售量的增减而变化的各项费用，如原材料消耗、储运费用、计件工资等。还有一种叫做“半固定成本”，它是产品产销量增加到一定数值后，如继续扩大产销量则需要追加的固定资本。固定成本、变动成本和半固定成本之和就构成了总成本。

2. 影响汽车成本的主要因素

（1）生产规模对成本的影响　汽车生产规模的大小在很大程度上决定着产品成本的高低。比如，CA140 中型载货汽车的年产量由 1 万辆增至 5 万辆时，单车成本下降 48%；EQ140 中型载货汽车年产量由 2 万辆增至 4.8 万辆时，单车成本下降 27%；BJ130 轻型载货汽车年产量由 2100 辆增至 11000 辆时，单车成本下降 31%；SH760A 型轿车年产量由 4000 辆增至 5100 辆时，单车成本下降 11%。这正是规模效应所致。

（2）产品品种对成本的影响　从理论上看，单一品种的大量生产，对获得较低的汽车成本来说是非常理想的。但是为了能够在市场上具有较强的竞争能力，汽车生产企业必须能够生产较多的品种。国际上具有竞争力的汽车企业，都是采用了以若干车身、发动机、变速器、车桥和制动系统等装配成成百上千个品种。这些经验表明，对汽车工业来说，以最少的零部件作为基础，生产尽可能多的竞争能力较强车型是获得成功的必要条件之一。

（3）产品质量对成本的影响　质量费用是为了保证提高产品质量而支出的一切费用，以及因未达到质量标准而产生的一切费用损失之和。降低质量费用是企业内部质量管理的一个重大课题，也是降低产品成本的一个重要方面。

（4）企业管理水平和生产经验等因素对汽车产品成本的影响　汽车工业生产的成本结构，总体上是技术比例高，外购原材料和零件比例高，占用资金额大。发达国家的汽车生产，一方面由于其劳动生产率高，有利于降低成本；另一方面，由于其劳动力成本高，又增加了汽车生产成本。而发展中国家的汽车生产成本正好相反，由于技术水平低，劳动生产率不高，尽管劳动力便宜，但汽车生产总成本并不一定低于发达国家。对汽车生产而言，那些

位居发展中国家前列，在世界上属中度发达的国家，如韩国、墨西哥、西班牙等国，由于其工业化程度、劳动生产率、人员技术素质都较高，而劳动力成本也相对便宜，因而这些国家已经成为各大汽车公司转移汽车生产较为理想的国家。对我国来说，目前首先要做的就是提高汽车产品的技术含量，提高生产率水平，从而进一步提高国际竞争能力。

5.1.3　市场需求的性质和状况

市场需求是影响企业定价最重要的外部因素，它规定了产品价格的最高上限。因此，在定价之前，营销人员必须了解汽车产品的价格和需求之间的关系。

在一般情况下，尤其是在自由竞争市场条件下，市场价格随市场供给与需求关系的变化而变化。供不应求时，市场表现为卖方市场，价格上涨，企业利润丰厚，市场刺激生产。当商品供过于求，进入买方市场，价格下降，利润变薄，缺乏竞争力的企业将被淘汰。由于汽车市场是一种垄断市场，其价格形成机制虽然也服从供求规律，但在表现形式上却有其自身特点，因而汽车企业具有选择定价策略和定价方法的必要与可能。

从我国目前的汽车市场现状来看，虽然市场(尤其是私家车市场)容量和潜力都非常大，但已是一个买方市场，因此，企业应走营销导向之路。

影响产品定价的因素还有很多，诸如经济情况、营销组合策略和政府因素等。其中政府因素是一个影响定价决策的重要外在因素，营销人员必须了解影响定价的有关法律，并确定其定价政策是否合法。

5.2　汽车产品的基本定价方法

一般来说，汽车产品的价格确定是根据成本(包括开发研制、生产制造以及市场营销等各方面的成本因素)，再加上合理的利润来确定的。然而目前中国汽车市场瞬息万变，导致不少传统的定价模式面对错乱的市场环境显得无效。由于中国地域广阔，经济发展差异明显，消费者观念迥异，因此对于汽车制造商而言，首先应该明白自己的产品是针对什么样的消费者群体的，他们可能接受的价格水平在怎样的范围，企业必须清楚地把公司的目标对准最有希望成为公司群体，然后据此来考虑产品的市场价格，最终形成产品的定价模式。调查结果显示，目前中国的汽车消费，购置第一辆车占据主导地位，消费者在选车时，对于价格的考虑比对质量、品牌更为优先，而且东部经济发达地区较之中西部更关注汽车价格；购买小型汽车的消费者对价格的敏感度远高于购买大中型汽车的消费者。

汽车企业制订汽车产品价格是一项很复杂的工作。企业常用的定价方法有三种：成本导向定价方法、需求导向定价方法和竞争导向定价方法。

5.2.1　成本导向定价法

成本导向定价法是一种主要以成本为依据的定价方法，包括成本加成定价法和目标定价法两种具体方法。

1. *成本加成定价法*

成本加成定价法指按照单位成本加上一定百分比的加成来制订产品的销售价格。这里加成的含义就是一定比率的利润。计算公式

$$P = C(1 + R)$$

式中 P——单位产品价格；

C——单位产品成本；

R——成本加成率。

这种定价方法能保证企业产品的平均价格水平高于总成本，从而保证企业能进行有效的再生产。其优点是简单易行，将本求利，对价格竞争也有缓和作用。但这种定价方法只有在"卖方"市场的情况下运用，在"买方"市场条件下是不合时宜的。

美国通用汽车与上海汽车结成了合作联盟后，推出的第一款车是3.0升排量的"别克—新世纪/GLX/GL"系列，在地方政府的呵护下，取得了当年投产、当年盈利的不俗战绩。不过上海通用也清醒地认识到这种局面不可能持续的现实，因此于2000年上马"别克—赛欧"1.6升排量的经济型轿车，而且在长安福特汽车也准备推出同排量"福特—嘉年华"经济型轿车的情况下，毅然打出"十万元轿车进家庭"的旗帜。"一步到位式"的价格，使上海通用将该档轿车的定价权牢牢地掌握在了自己的手里，在市场上引发极大的轰动，不仅凭借着美国通用"别克"的品牌效应和"十万元"的价格优势一举取得成功，将竞争对手逼到尴尬境地，同时还乘势推出"别克—赛欧SRV"旅行式变型车，2002年上海通用以5万辆的销量成为这一级别轿车市场的最大赢家。应该说，上海通用"别克—赛欧"以这种定价模式获得消费者的关注，也是因其前期市场营销工作做得相当充分，而10万元的定价只是整个营销环节的一环。在"别克—赛欧"正式面世的半年多时间之前，企业就已经借助新闻媒体和公关的力量把"10万元家庭轿车"的概念炒作得深入人心，再加上与美国通用"别克"品牌的渊源，使得消费者在当时轿车排量选择余地不大、价格普遍较高的情况下，对这款尚未谋面的家用轿车充满期待。

2. 目标定价法

所谓目标定价法，是指根据估计的总销售收入(销售额)和估计的产量(销售量)来制订价格的一种方法。具体做法是，企业以估计的销售量求出应制订的价格，但价格恰恰是影响销售量的重要因素，因此这种做法有很大的缺陷。

5.2.2 需求导向定价法

需求导向定价法是一种以市场需求强度及消费者感受为主要依据的定价方法。这种方法比较符合营销导向型企业的作法。需求导向定价法有好多种，下面主要介绍感受价值定价法。

所谓"感受价值"(亦称为理解价值)是指购买方根据自己的经验、标准或观念对产品产生的认同价值。根据这价值制订的价格称为感受价值价格。以一辆长九米旅游客车为例，同样的东西在不同的地点出售，价格会不同，它在东北地区售价为18.8万元，在江苏售价20万元，在广州售价20.8万元。这是因为越后面的地点越能使顾客感受到高的价值。这种定价方法的指导思想就是，销售者决定商品价格的关键因素是消费者对商品价值的感受水平，而不仅仅是汽车企业的成本。因此，在定价时首要的工作是估计和测定商品在消费者心目中的价值水平，然后再依据消费者对商品所感受的价值水平，定出商品的价格。需求导向定价法所确定的价格代表了大多数用户的感受价值。这种方法如果运用得当，会给汽车企业带来许多好处，可提高汽车企业或产品的身价，增加企业的

收益。对于高级、豪华的汽车产品，优异的质量、独特的性能和豪华的特色是用户产生感受价值的基础，为此，汽车企业可以“不惜工本”，优质优价。这种定价方法，关键是要找到比较准确的感受价值。因此，汽车企业在定价前必须认真做好营销调研工作，从而对感受价值做出准确估计。

5.2.3　竞争导向定价法

需求导向定价虽考虑了市场需求的影响，但汽车企业期望获得最大利润，这在竞争激烈的市场上有时难以实现。为此，企业还应按竞争导向定价。

竞争导向定价法是汽车企业依据竞争汽车产品的品质和价格来确定本汽车企业产品价格的一种方法。其特点是：只要竞争产品的价格不变，即使本企业的产品成本或需求发生变化，价格也不变；反之亦然。这种方法定价简便易行，所定价格竞争力强，但价格比较僵死，有时企业获利比较小，且易形成价格大战。

竞争导向定价法比较适合市场竞争激烈的产品。在当代竞争激烈的国际汽车市场上，不少汽车公司便采用此法。日产汽车公司定价时，先充分研究丰田汽车公司相似产品的价格后，然后再给自己的产品制订一个合适的价格；如果丰田的价格调整了，日产公司通常也要作出相应的反应。

2006 年以来，中国汽车业对于中高档汽车的定价模式正逐渐由“先定价后上市”转变为“先上市后定价”，甚至在一定程度上通过采取所谓“饥饿疗法”，人为制造“短缺”来营造市场氛围来获取最大收益。比如，现在许多企业多采取先高调宣布产品诞生，开始接受市场预定，然后才确定价格的“先上市后定价”的模式，进而大大降低或控制住了风险。典型案例就是长安福特汽车公司的“福克斯”轿车和广州丰田汽车公司的“凯美瑞”轿车的定价模式。采取“先上市后定价”的定价模式，一方面可以通过媒体热炒试探消费者的价格预期，另一方面可以借此观察竞争对手的反应。在摸清了市场行情和竞争对手的底细后，再根据产品的订单情况来最终确定产品的销售价格，不但大大提升整体竞争实力，还能获取不菲的收益。

上述基本定价法是汽车企业定价的基本做法。价格一经确定，并非意味着就不可变化，应根据各种具体的营销特点，在基本价格水平上灵活地进行浮动，这就是价格调整策略。

5.3　汽车产品的价格策略

进入 WTO 后，汽车价格逐步与国际接轨，汽车正加速进入百姓家庭，由于中国消费者在汽车领域的消费还不成熟，消费者对价格的敏感度也比国外的消费者更高，所以制订合理的汽车价格就显得非常重要。总的来讲，汽车的价格主要受影响汽车价格的因素和企业定价策略的影响。影响汽车价格的因素主要有两大类：企业的内部因素和外部因素。

企业的内部因素是指来自企业内部的影响汽车价格的因素，主要有汽车的设计。当企业决定开发一种新车型时，其定价大体受以下因素影响：

(1) 已明确汽车的价格范围　因为产品的策略与市场策略是密不可分的，在设计汽车时，汽车将来的市场定位、消费群体及今后的销售价格区域基本已确定。

(2) 汽车的制造成本、费用　这是指汽车的生产成本、技术转让成本、管理费用和销售费用，它是汽车价格构成的主体。在汽车的售价中，绝大部分都要用来补偿生产汽车所消耗的成本及经营费用，因此汽车单位成本多寡，经营费用的多少，也决定汽车价格的范围。如果汽车的价格无法补偿其所消耗的成本费用，那么，这个产品也就失去生产的价值。

(3) 企业的盈利目标和竞争力　企业经营的目标就是使企业的价值最大化，基于这个目标，在制订汽车的销售价格时要考虑盈利目标和营销策略，同时还要考虑产品本身的竞争能力。这两者是有关联的，企业经营策略影响产品的竞争力，产品竞争力强弱会影响企业的盈利目标和经营政策。

企业的外部因素是指来自企业外部的影响汽车价格的因素，这些因素有：

(1) 市场因素　市场因素指的是经济因素，如经济繁荣或衰退、产品的定位、同类产品的供求关系、竞争激烈程度等。

(2) 竞争对手的情况　指竞争对手的生产技术、产品的品质、种类、产品在市场上的占有率、同类产品的价格及价格策略、销售策略等。

(3) 消费者的情况　消费者的情况是指消费者的消费习惯、消费心理、消费特点、消费能力、消费偏好、收入水平等。在确定汽车价格过程中，企业要充分考虑影响汽车价格的因素，但是，要为汽车确定合适、具有竞争力的价格，定价策略就显得十分重要。

纵观近年来各汽车制造商的定价策略，总的来讲，有高价的定价策略、低价的定价策略、后发制人的定价策略、随众的定价策略和务实的定价策略。

5.3.1　高价的定价策略

采用高价的定价策略是指当新车上市时，以较高的价格销售汽车，当销售量下降时，采用降低售价的方法，以吸引对价格比较敏感的消费者，达到谋取最大利润的目的。例如，北京现代的雅绅特，新车一上市，就采用高价策略。采用高价策略还有一个好处：在高价的价格策略下，汽车的利润空间较大，一旦遇到对手的阻击，可以利用降价的策略，打乱对手的价格策略。但是高价的价格策略，在现在汽车市场竞争激烈的条件下，一定要策划好，弄不好很容易受到市场的抵制。如东风悦达起亚中高档汽车“起亚远航”，以 17.88 万元至 21.88 万元的高价上市，因为价格太高而不受消费者的欢迎，导致销售很不理想，最后企业不得不再推出售价为 13.98 万的派生车型，以免失去市场。

5.3.2　低价的定价策略

这种策略是在新车上市时，以较低的价格出售，目的是吸引顾客，以争取市场的一种方法。较成功的例子是日本的丰田公司。丰田公司的产品首次进入美国市场时，当时其竞争对手是欧洲和英国的产品，作为美国市场上的一个全新的产品，在没得到消费者认可的情况下，丰田公司新车定价采用了低价政策，成功地借着价格优势打入美国市场。

5.3.3　后发制人的定价策略

后发制人的价格策略是指当厂家推出一款新车型时，先向消费者推出这种车型，但不同时公布其市场的售价，看市场的反映和收到订单的情况，然后再根据收集到的信

息确定产品售价的方法。例如广汽丰田公司的凯美瑞上市就是采用此策略，在凯美瑞刚推出时，广汽丰田公司只是推出车，不同时公布凯美瑞的售价，了解市场的情况后，再公布其售价。

5.3.4 随众的定价策略

随众的价格策略是指跟随竞争对手的价格定价的策略。以广汽丰田公司的凯美瑞为例，凯美瑞车型主要的竞争对手是本田的雅阁及上海大众的领驭等车型，由于雅阁、领驭在市场上是老牌了，其品牌在市场上有一定影响力，广汽丰田公司考虑到凯美瑞是市场的后来者，在短期内想震撼雅阁在市场的地位，可能性很小，于是确定了凯美瑞基本款的售价为19.78万，其他的派生车型，如2.0G4AT、2.4G5AT的售价分别是21.98万和22.98万，与雅阁2.0自动标准版20.98万元的售价及2.0自动舒适版21.98万元的售价相差不少。因为，价格定高了，很难吸引顾客；定低了，有成本的压力。所以，广汽丰田公司采取随众的定价策略确定凯美瑞的售价。

5.3.5 务实的定价策略

务实的价格策略是指在以市场为导向的原则下，在充分了解市场消费者消费要求的情况下，采用根据消费者的消费能力确定新车价格的策略。例如大众的POLO，厂家在调查、了解消费者对新车反映的基础上，采用消费者期望的价格空间，最后确定POLO以9.38万的售价低价上市。除了采用上述的定价策略外，在日益激烈的汽车市场中，汽车生产商们还采用暗地降价的定价策略，即在企业销售汽车时，表面上，企业维持原来的价格出售，实际上他们通过增加或提高汽车的配置、附送汽车相关产品或送免费保养等措施来实施降价的策略，一方面增加汽车的销量，另一方面又给竞争对手的价格形成一种压力。在竞争激烈的汽车市场中，面对日益成熟的消费者，企业在制订汽车价格时，要分析影响价格的各种因素，制订合适的价格策略，同时要做好市场调整工作，充分掌握潜在客户的心里期望，做到价格既具有竞争力，又符合消费者的意愿。

总之，价格策略是一把双刃剑，对以价格作为主要影响力的中国汽车市场，降价确实有很大的效果，但是在同样的汽车市场中，奥迪等一些车型没有采取降价行为却依旧保持着良好的销售态势，这不能不让诸多汽车企业认真考虑。只有掌握好市场变化规律，及时、认真做好市场调查，了解国情与政策变化，掌握好消费者心理认知特点，并不断调整产品策略，在服务与创新上下功夫，相信价格不是企业唯一应对市场变化的策略。

本章小结

1. 介绍了影响汽车产品定价的主要因素。内部因素主要有定价目标、成本、产品特点、分销渠道和促销策略等；外部因素主要有市场和需求情况、货币流通情况、竞争情况、政策环境和社会心理等。

2. 汽车企业常用的定价方法有三种：成本导向定价方法、需求导向定价方法、竞争导向定价方法。

3. 汽车制造商的定价策略主要有高价的定价策略、低价的定价策略、后发制人的定价策略、随众的定价策略和务实的定价策略。

复习思考题

1. 什么是汽车产品的价格？影响我国汽车产品价格因素有哪些？
2. 汽车产品定价方法有哪些？
3. 汽车产品定价策略有哪些？

第 6 章 汽车分销策略

学习目标：

- 掌握汽车产品的分销渠道内涵及职能。
- 掌握汽车分销渠道的长度、宽度及模式。
- 了解汽车销售渠道中间商的作用及类型。
- 了解我国轿车销售体制的发展历史。
- 掌握汽车4S店的优点、缺点及各部分的作用。

分销是企业营销组合要素中的一个重要方面。随着市场竞争的不断加剧，企业要在市场中立于不败之地，并不断壮大发展，分销管理已经成为企业管理一项不可忽视的内容。重视并懂得管理分销的企业将能够使企业健康稳定地发展。从某种程度上来讲，谁掌握了分销渠道，谁就掌握了市场。

6.1 汽车产品的分销渠道

汽车企业有了适销对路的产品和合理的价格，还必须通过适当的分销渠道，才能克服产品在厂商与用户之间存在着的时间、地点、数量和所有权等方面的差异和矛盾，实现产品从生产者到用户的流通，并不断增强企业抵御市场风险的能力。要实现这些目标，一个重要而复杂的前提就是企业必须建立一套既能发挥其产品优势，又能适应市场变化的分销体系。

6.1.1 汽车分销渠道的定义

汽车分销渠道是指在汽车产品从汽车生产企业向最终消费者转移过程中，取得产品所有权或帮助转移所有权的所有组织和个人。分销渠道的起点是制造商，终点是消费者或用户，中间环节包括批发商、零售商、代理商和经纪人。他们都成为分销渠道的成员，共同构筑起分销渠道。

6.1.2 汽车分销渠道的职能

经销商的主要职能是实现产品所有权的转移，负责收集与反馈现实与潜在顾客、竞争对手和其他参与者的信息，弥补制造商和顾客之间在时间、地点、所有权上的缺口等。

1. 收集、提供信息

汽车分销渠道的中间商能直接接触市场和车辆消费者，最能了解市场的动向和消费者实际状况。这些信息都是企业产品开发、促销等创造需求的活动必不可缺的。在信息化社会，由渠道承担的这一职能越来越重要。

2. 刺激需求，开拓市场

市场营销的本质在于创造需求。分销渠道通过其分销行为和各种促销活动来创造需求，扩展市场。分销渠道所采用的促销手段与制造商是相同的，主要包括人员推销、广告、营业推广、公共关系等。分销渠道协助、配合制造商或者独自开展促销活动。

3. 减少交易次数

中间商存在的理论根据之一就是中间商介入分销过程可以减少卖方和买方之间的交易次数(图 6-1)。

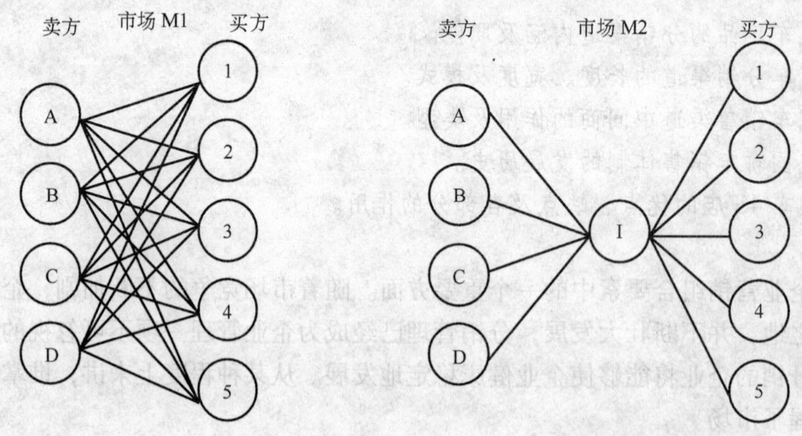

图 6-1　中间商的交易次数减少职能

图 6-1 可以看出，市场 M1 卖方和买方直接交易，其次数为 20 次，而在市场 M2 介入中间商 I，一共只需 9 次便可完成交易。

4. 服务

现代社会要求销售者必须为消费者负责，同时，服务质量也直接关系到企业在市场竞争中的命运。因而分销渠道必须为用户提供满意的服务，并体现企业形象。汽车产品因其结构特点、使用特点和维修维护特点，要求分销渠道必须对用户提供良好的服务，而且有要求越来越高的趋势。

5. 资金结算与融通

为了加速资金周转，减少资金占用及相应的经济损失，生产厂家、中间商、用户之间必须及时进行资金清算，尽快回笼货款。此外，生产厂家与中间商、中间商与用户之间，还需要相互提供必要的资金融通和信用，共同解决可能出现的困难。

6. 风险分担

汽车市场有畅有滞，中间商与生产厂家应是一个命运共同体，畅销时要共谋发展，滞销时也要共担风险。只有如此，中间商与生产者才能共同得到长期发展。

7. 管理

大部分整车厂家的分销渠道都是一个复杂的系统，需要能够进行良好的自我管理。

需说明的是，不是所有的中间商都必须具备分销渠道以上的功能，中间商的具体功能可以只是分销渠道功能的一部分，且与中间商的类型和作用有关。通常对从事汽车(轿车)整

车分销业务的中间商，基本的功能要求主要集中在整车销售、配件供应、维修服务、信息反馈等方面，称作“四位一体”。当然，随着汽车市场的发展，汽车中间商的功能也会变化，如履行车辆置换、旧车回收、二手车交易、汽车租赁等业务职能。

6.1.3　汽车分销渠道的类型

汽车是一种昂贵的消费品，汽车制造商一般不与顾客直接进行交易，而是采用间接的分销渠道。

1. 汽车分销渠道的长度与宽度

汽车销售渠道的长度是指汽车从制造商流向顾客的整个过程所经过的中间层次。中间层次越多，渠道越长，长渠道方便顾客购买，有较强的辐射能力，但会增加渠道成本，减弱企业控制力，信息反馈慢。中间层次越少，渠道越短，短渠道有利于节省流通时间和费用，增加企业控制力，信息反馈加快，品牌塑造能力增强，但可能增加顾客的购买难度，渠道辐射能力减弱。

汽车销售渠道的宽度是指组成销售渠道的每个层次中经销商的数量。同一层次的经销商越多，销售渠道就越宽。宽渠道会增加渠道的辐射能力，但会增加管理难度，渠道内部冲突增多，品牌塑造能力减弱；反之窄渠道会增强企业的品牌塑造能力，制造商与经销商之间的依存关系增加，但渠道辐射能力减弱。如低档的家用轿车可采用密集型宽渠道，以方便顾客的购买；中档家用轿车一般可采用选择性宽渠道，以保持品牌塑造功能，减少渠道冲突；高档家用轿车一般可采用独家代理渠道，以保持品牌的高贵品质。

汽车销售渠道具有多重性，制造商会根据目标市场的具体情况，使用多重渠道的销售模式。我国地域广阔，经济发展不平衡，不适宜采用全国统一的渠道模式，可根据经济发展的不同情况决定采用渠道方式。

2. 汽车分销渠道的模式

在庞大的汽车流通领域，汽车销售渠道的模式类型多样。不同的汽车企业，从自身的特点出发，采取了各有所异的汽车销售渠道模式。由图6-2可知，汽车销售渠道的模式可以分成以下5种类型：

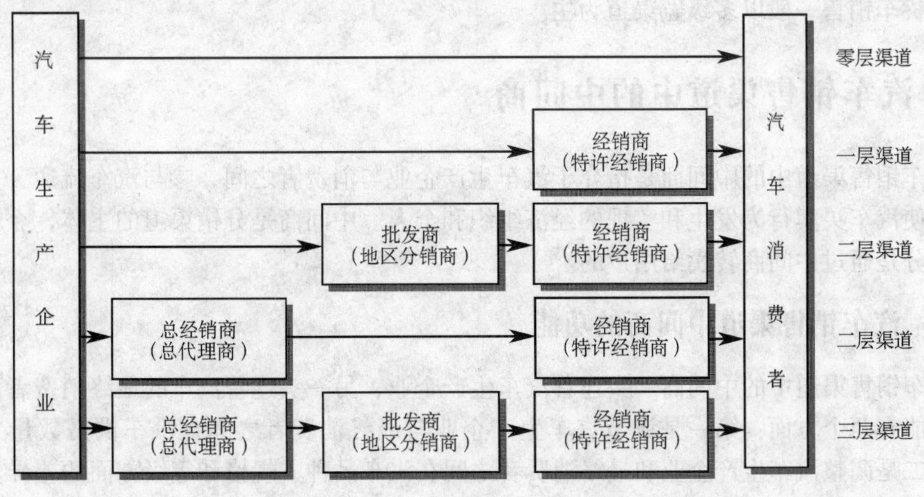

图6-2　汽车销售渠道模式

(1) 由汽车生产企业直销型(零层渠道模式) 汽车生产企业不通过任何中间环节，直接将汽车销售给消费者。这是最简单、最直接、最短的销售渠道。其主要优点是能缩短产品的流通时间，使其迅速转移到消费者或用户；减少中间环节，降低产品损耗；制造商拥有控制产品价格的主动权，有利于稳定价格；产需直接见面，便于了解市场，掌握市场信息；迅速开发与投放满足消费者需求的汽车产品。但这种销售模式需要生产企业自设销售机构，因而不利于专业化分工，难以广泛分销，不利于企业拓展市场。

(2) 由生产企业转经销商直售型(一层渠道模式) 汽车生产企业先将汽车卖给经销商，再由经销商直接销售给消费者。这是经过一道中间环节的渠道模式。其特点是，中间环节少、渠道短，有利于生产企业充分利用经销商的力量，扩大汽车销路，提高经济效益。我国许多专用汽车生产企业、重型车生产企业都采用这种分销方式。

(3) 由生产企业经批发商转经销商直销型(二层渠道模式) 汽车生产企业先把汽车批发销售给批发商(或地区分销商)，由其转卖给经销商，最后由经销商将汽车直接销售给消费者。这是经过两道中间环节的渠道模式，也是销售渠道中的传统模式。其特点是中间环节较多，渠道较长，一方面，有利于生产企业大批量生产，节省销售费用；另一方面，也有利于经销商节约进货时间和费用。这种分销渠道在我国的大、中型汽车生产企业的市场营销中较常见。

(4) 由生产企业经总经销商转经销商直销型(二层渠道模式) 汽车生产企业先委托并把汽车提供给总经销商(或总代理商)，由其销售给经销商，最后由经销商将汽车直接销售给消费者。这也是经过两道中间环节的渠道模式。其特点是中间环节较多，但由于总经销商(或总代理商)不需承担经营风险，易调动其积极性，有利于开拓市场，打开销路。

(5) 由生产企业经总经销商与批发商后转经销商直销型(三层渠道模式) 汽车生产企业先把汽车提供给总经销商(或总代理商)，由其向批发商(或地区分销商)销售汽车，批发商(或地区分销商)再转卖给经销商，最后由经销商将汽车直接销售给消费者。这是经过三道中间环节的渠道模式。其特点是总经销商(或总代理商)为生产企业销售汽车，有利于了解市场环境，打开销路，降低费用，增加效益。缺点是中间环节多，流通时间长。

目前我国汽车流通渠道以一级渠道、二级渠道为主。在我国轿车销售一般以一级扁渠道为主，货车销售一般以多级宽渠道为主。

6.2 汽车销售渠道中的中间商

汽车销售渠道中的中间商是指介于汽车生产企业与消费者之间，参与汽车流通、交易业务，促使汽车买卖行为发生和实现的经济组织和个人。中间商是分销渠道的主体，企业产品绝大部分是通过中间商转卖给用户的。

6.2.1 汽车销售渠道中间商的功能

汽车销售渠道中的中间商一头连着汽车生产企业，另一头连着汽车的最终消费者。它的基本功能有两个方面：第一是调节汽车生产企业与最终消费者之间在汽车供需数量上的差异；第二是调整汽车生产企业和最终消费者之间在汽车品种、规格和等级方面的差异。中间商的具体功能有以下几个方面：

1. 简化销售过程，提高销售效率

中间商的介入，简化了销售过程，提高了销售效率，节约了销售费用。由于供需双方在地域、时间、信息沟通等方面存在着差距，供需双方自行完成汽车交易有一定的困难。而中间商的积极工作，可以消除上述差异，促成汽车交易。因为中间商的存在，减少了交易次数，提高了效率，节约了费用。

2. 产品集中、平衡和扩散

中间商在生产者和消费者之间发挥着产品集中、平衡和扩散的作用。集中，就是将生产者的产品，通过订货、采购集中起来；平衡，就是将集中起来的产品，从品种、数量和时间上平衡产需关系；扩散，就是把产品销售给消费者。

3. 为生产者带来经济效益

中间商能为生产者带来经济效益。中间商能代替汽车企业执行所有的市场营销职能，如进行市场调查、刊登汽车广告、安排汽车储运、开展汽车销售以及做好售后服务工作。同时，中间商还能为生产企业提供商业信贷，催收债款，帮助汽车生产企业在消费者中树立信誉，拓宽产品市场。生产者可以集中人力、财力、物力等用于生产业务，为生产者带来经济效益。

4. 为消费者提供购物方便

中间商为消费者提供购物方便。如果没有中间商，消费者购买汽车，就要去寻找生产厂家，购买过程就困难复杂得多。有了中间商，消费者就会很方便地从中间商那里买到自己所需的汽车，极大地便利了消费者。

6.2.2　汽车销售渠道中间商的类型

汽车销售渠道中的中间商按其在汽车流通、交易业务过程中所起的作用，可分为总经销商(或总代理商)、批发商(或地区分销商)和经销商(或特许经销商)。

1. 总经销商(或总代理商)

总经销商是指受汽车生产企业的委托，从事汽车总经销业务，并拥有汽车所有权的中间商。而总代理商同样是受汽车生产企业的委托，从事汽车总代理销售业务，但不拥有汽车所有权的中间商。

2. 批发商(或地区分销商)

批发商是处于汽车流通的中间阶段，实现汽车的批量转移，使经销商达到销售目的的中间商。它一头连着生产企业或总经销商(总代理商)，另一头连着经销商，并不直接服务于最终消费者。它是使汽车实现批量转移，使经销商达到销售目的的中间商。通过批发商转销汽车的交易行为，汽车生产企业或总经销商(总代理商)能够迅速、大量地转售出汽车，减少汽车库存，加速资金周转。地区分销商是处于某地区汽车流通的中间阶段，它帮助生产企业或总经销商(总代理商)在某地区促销汽车，提供地区汽车市场信息，承担地区汽车的转销业务。

根据批发商(或地区分销商)是否拥有商品的所有权可分为三种类型：独立批发商，商品代理商、制造商的分销机构和销售办事处。

(1) 独立批发商　独立批发商是指批量购进并批量销售的中间商，它拥有商品的所有权并以获取批发利润为目的，其购进对象通常是生产者或其他批发商，售出对象则多数为零售商。例如，我国目前汽车分销中的汽车贸易公司、机电公司中的汽车批发部门等都属于此类。

(2) 商品代理商　商品代理商是指接受委托人的委托替委托人推销商品的中间商，他们不拥有商品的所有权，以取得佣金为目的，促进买卖的实现。在汽车分销中主要有如下两类：

① 销售代理商：即委托人的独家全权销售代理商，他们是生产厂家的全权代理，负责推销厂家的全部产品，不受地区限制，并且有一定的定价权。同时，生产厂家有销售代理商后，不得再委托他人代销产品或自销产品。例如：在一汽大众建设的前五年，产品由一汽集团公司包销。一汽大众组织产品促销、售后服务和备件供应。

② 厂家代理商：即制造商的代理商，他们按照生产企业规定的销售价格或价格幅度和其他销售条件推销产品，安排储运，并向生产厂家提供市场信息、产品设计及定价建议等。这类代理商一般都与厂家签订长期代理合同，并受代理销售地区限制。不论是国内，还是国外，厂家代理商这类中间商在汽车销售中都比较常见，如美国汽车制造商的国外汽车销售形式大都采用这种形式。在我国一汽大众、上海大众、长安铃木等一大批汽车制造企业也采用厂家代理商来推销产品。

(3) 制造商的分销机构和销售办事处　制造商的分销机构和销售办事处隶属于制造商，是制造商专门的独立商业机构，如美国汽车企业国内汽车销售的地区管理分公司、韩国汽车生产厂的销售店、我国汽车制造企业自建的销售公司和各地的分销中心(如神龙汽车公司组成的神龙汽车销售总公司等)，以及国外汽车制造商在我国设立的销售办事处等都属于此类中间商。

3. 经销商(或特许经销商)

经销商在汽车流通领域中处于最后阶段，它是直接将汽车销售给最终消费者的中间商，它的基本任务是直接为最终消费者服务，使汽车直接、顺利并最终到达消费者手中。它是联系汽车生产企业、总经销商、批发商与消费者之间的桥梁，在汽车销售渠道中具有突出的作用。特许经销商(亦称受许人)是从特许人(一般是总经销商)处获得授权在某一特定区域内直接将特定品牌汽车销售给最终消费者的中间商，按照特许经营合同，受许人可以享用特许人的商誉和品牌，获得其支持和帮助，参与统一运行，分享规模效益。这是一种新型的汽车销售渠道模式。上汽大众通过建立遍布全国的特许经销商网络，进一步提高了渠道服务水平，大大促进了汽车的市场销售。

6.3 我国轿车销售体制分析

从 1953 年第一汽车制造厂的诞生至今，我国的轿车销售体制经历了物资部门统购包销、计划内与计划外销售、指令性和指导性途径销售，以及今天的完全由市场导向的销售，销售体制变化完全被打上了历史的烙印。

6.3.1 我国轿车销售体制的发展

我国轿车销售体制的发展可以分为个阶段：

1. 严格计划控制下的汽车分配体制

建国初到 1979 年以前我国实施的是严格计划控制下的汽车分配体制。汽车被列为国家

统配物资，从生产到消费经历中央统一控制，中央管理为主、地方管理为辅，中央和地方两级管理三个时期。中央统一控制时期，汽车为国家统一分配的物资，由国家物资部门统一销售、统一供应、统一中转仓储、统一资金管理。中央管理为主、地方管理为辅时期，实行国家统一计划下的地区平衡，差额调拨，品种调剂，保证上交的办法，地方可支配的汽车资源占全国的近1/4。中央和地方两级管理时期，中央安排的汽车生产计划，由中央解决原材料，产品由中央分配；地方安排的汽车生产计划，由地方解决原材料，产品由地方分配。

生产、投资、分配都是直接的计划安排，成为这个时期汽车产品流通体制的核心。汽车生产厂家只负责按国家计划组织生产，厂家根本无自主经营销售权，自然也无自己的汽车销售体系。

2. 计划分配体制的松动和汽车生产企业自主营销体系的建立

1978年底党的十一届三中全会后，我国严格的计划分配体制开始松动。最明显的特点是国家指令性计划安排的汽车比例，已由1980年的92.7%下降到1984年的58.3%，1989年下降到22.2%，1992年下降到15%。汽车生产企业系统的汽车销售量，在1993年时已占全国总销量的一半。另一个特点表现为汽车销售渠道、销售途径出现可喜的变化。一方面中国汽车贸易总公司1988年成立后，当时称为主渠道的华北、华东、东北、中南、西南和西北等六个汽车贸易中心(主要负责国家指令性计划的执行和进口汽车的市场投放)，改为中国汽车贸易总公司的分公司，再增设天津、广州两个分公司，下辖1000多家网点；1992年中国汽车贸易总公司内原中汽总公司的销售服务公司，回归中汽总公司，成立中国汽车工业销售总公司。另一方面汽车生产企业自身的销售系统逐步组建并开始发展起来，一汽贸易公司、东风汽车贸易公司、跃进汽车贸易公司等中央企业的销售公司相继成立，地方汽车企业如上海汽车工业销售总公司、天津汽车工业销售有限公司、北京汽车工业供销公司等陆续组建。汽车生产企业的销售公司以各种形式和各地经销商合作，组建联营公司或合资销售公司。这个时期计划内汽车产品流通体制和计划外汽车产品流通体制“双轨制”运行，这种机制可视为汽车销售的过渡性体制。

3. 汽车生产企业为主导的销售体系的发展和完善

1994年2月，国务院颁布的《汽车工业产业政策》是汽车生产企业发展和完善以自身为主导的销售流通体系的理论和政策标志。在该产业政策明确提出“鼓励汽车工业企业按照国际上通行的原则和模式自行建立产品销售系统和售后服务系统”。这既是对生产企业自建销售系统的总结和肯定，也为汽车生产企业销售流通的建设指明了方向。从此以后，汽车生产企业的销售流通体系逐渐发展壮大，并成为我国汽车销售流通的主渠道，品牌专营、普通经销和汽车交易市场等多种销售模式同时存在，其中以品牌专营为主。

(1) 品牌专营　品牌专营是指汽车生产企业通过合同授权汽车经销商在一定的区域从事特定品牌汽车的销售活动。品牌专营已迅速发展成轿车市场的主流营销模式之一，具体表现为汽车生产企业通过经销商投资设立品牌专卖店，建立统一的企业标识、统一的品牌形象和统一的服务标准，以达到汽车生产企业营销体系的统一运营，实现规模效应和品牌效应。

我国的品牌专卖店一般多由经销商买断产品、自投自建、自担风险，前期投入相当大，如开一家4S专卖店至少需要资金几百至上千万元。单一的品牌专卖店虽然具有多位一体的服务优势，但其“排他性”的特点却给经销商带来很大风险，目前很多大经销商都代理了多个品牌。多家品牌专卖店的销售集团初露端倪。在销售组织和公司组织上，各家专卖店都是独立核算的公司。但这些公司基本属于同一投资人，甚至使用同一个销售品牌，如上海永达、南京朗驰、湖南申湘等。

多品牌专卖销售集团可以通过发挥渠道网络布局的优势有效降低成本。虽然每个品牌专卖店内部禁止销售其他品牌，但为集团销售网络中其他销售网点提供了选择空间，完全可以协调满足不同顾客的需求。在售后服务上，多个品牌共用一个维修站，一方面节约投资，另一方面发挥多品牌维修服务的规模效应。因此说这种多品牌专卖销售集团是品牌专卖与中国国情相结合的产物，将成为未来品牌营销模式的主要形式之一。品牌专卖店多偏重于销售轿车等车型较小的车，体形较大的如重型载货汽车一般不在其考虑范围之内。

（2）汽车交易市场　一般指多家经销商共营的汽车交易市场。汽车交易市场的吸纳机制较符合我国目前的消费习惯和消费形态，具有车型众多，信息量大，方便的"一条龙"服务等特点。但传统的汽车交易市场大多只是各种品牌汽车的集中展厅，硬件和软件条件都无法满足消费者日益增长的需求，而且同一品牌的汽车由于渠道混乱，在市场内很容易因为恶性竞争而导致价格混乱。

从经营模式上看，汽车交易市场主要有三种类型：一是以管理服务为主，管理者不参与经营销售活动，而是由经销商进场经营销售，交易市场只负责做好硬件建设及完善管理。如北京亚运村汽车交易市场就是这一模式的典型代表，由于市场内汽车品种齐全，交易规范，吸引了全国各地的顾客到交易市场购车，通常政府有关综合部门还会直接驻场，从而规范了市场交易秩序，为办理一系列的交易手续提供了方便。二是以自营为主，其他进场经销商非常少，即市场管理者同时也是主要的汽车销售者。该类型的汽车交易市场约占有形市场的80%~90%。三是从汽车销量上看，自营与进场经销商各占50%的交易市场。

（3）汽车工业园区　汽车工业园区是将国外几种渠道模式有机结合，结合中国市场"既集中又分散"的特点，形成的集约式汽车交易市场，但它绝不是汽车交易市场简单的平移和规模扩张。汽车园区相对于汽车交易市场和品牌专卖店的最大优势就是功能的多元化。汽车园区具有全方位的服务集成功能，把传统的集约型融入现代专卖的渠道模式，以4S店集群为主要形式；在规划和筹建上力求与国际接轨，并适度超前。

（4）汽车连锁销售　汽车连锁销售是指通过与制造商建立品牌专卖或买断资源经营方式，建立全国性的统一服务网络，利用连锁的规模为用户提供服务。目前中国汽车市场已经全面进入品牌经营时代。在这种分销模式中，如何将连锁经营的规模优势与制造企业的品牌经营结合起来，利用网络和资金优势，强化品牌，是当前亟需解决的问题。

6.3.2　汽车4S店

1. 汽车4S店的实质

汽车4S专卖模式在1999年由欧洲传入我国以后，逐步得到了我国市场和消费者的认可，目前开始步入飞速发展时期，被认为是我国汽车销售模式与国际接轨的标志。它是品牌专卖店发展到20世纪90年代的产物，是以汽车厂家的品牌专项经营为主体，以整车销售(Sale)、配件供应(Spare part)、维修服务(Service)和信息反馈(Survey)"四位一体"为特色的综合性汽车营销模式。

汽车4S店实质就是一套完善的汽车营销服务体系，包括销售制度、服务系统、零部件供应等，贯穿汽车销售售前、售中、售后的全过程，其独特功能是让顾客感觉到买车也是一

种享受。从汽车生产厂家来讲，统一的店面格局及标准、统一的整车销售价格、高质量的维修、人性化的服务、协调一致的广告推广、迅速的信息反馈以及索赔、召回措施等，使顾客产生了对品牌的认可和信任，增加了购买汽车的安全感，为汽车厂家树立品牌形象起到了不可替代的作用。从经销商来讲，品牌的形象、标准化的服务及作业、及时的零件供应、技术资料的提供、技术培训及专业设备的支援，为经销商在当地树立自己的品牌形象，扩大销售，增加稳定的顾客资源，增加经济效益等方面，也起到了保障作用。同时，先进的服务理念和服务程序，技术的不断进步，设备的完善，现代化企业管理的导入，也使经销商自身素质得到提高，从而推动了全行业水平的提高。从消费者来讲，购买到高质量的品牌汽车，在精神上得到满足，完备的售后服务，加上免费保养、索赔及跟踪服务，不仅使顾客有买车的安全感，也使顾客满意度进一步提升。

案例

海南马自达的4S店

海南马自达4S店拥有快速检车仪、四轮定位仪、大型烤漆房等专业设备。每年该店都会举办包括试乘试驾、大型公益活动巡游，以及车友参与性极强的野外露营、自驾游等各种活动，让顾客在购买汽车中获得更大的增值服务。而在4S店休息室，消费者可以看背投电视，喝上清香的绿茶或香浓的咖啡，可以上网冲浪。该店还24小时提供热水，跑长途的车主可以在这里洗上舒服的热水澡，品尝刚刚烤制出炉的点心！这些让消费者也确确实实享受到了国际化、标准化的服务，使顾客满意度进一步提升。

2. 4S品牌专卖店的优势

(1) 厂商的利益一致　由于专卖店是特许经营，不经销其他产品，这使厂家和经销商的关系稳定，双方的利益一致；它划定市场范围，实行区域性销售，便于厂家统一销售政策；它实行以直销为主的终极用户销售，一改层层推销，层层加价弊端，减少了中间环节，有利于营销的推广。厂商和经销商之间的利润也保持在一个高效、合理的范围内，有利于销售网络在全国的建设、布控，避免了恶意竞争。

(2) 高质量的销售和管理　通过“4S”的引入，经销商已经接受了卖车要同时修车的理念，这个理念的背后是经营时间从售前、售中扩大到售后，即一辆车从“生”到“死”全过程，竞争办法从单纯价格竞争扩展到服务竞争等一系列的变革。同时通过“4S”的引入使人们认识到优胜劣汰的残酷性，获得品牌专卖资格必须具备相当的经济实力。对制造商来说，品牌专卖最大程度地革新了中国汽车销售模式。品牌专卖店在外观形象和内部布局上的统一布置、统一标识，给人强烈的视觉冲击，有助于提升企业、品牌形象。从硬件设施看，中国4S汽车品牌专卖店可以说在全世界都是有名的。即使经济十分发达的美国，其4S店也无法与中国某些4S店的硬件设施相比。在这样的环境里购车，再加上西装革履的销售顾问毕恭毕敬地为你服务，消费者一般都感觉很受用。

(3) 信息反馈及时，终端控制有效　由于4S品牌专卖店建立完备的信息反馈系统和客户管理系统，使厂商及时跟踪用户使用情况，改进产品设计；它将汽车销售与售后服务融为一体，可以为用户提供终身服务。汽车企业可以非常有效地控制物流和终端，信息的反馈快速有效，能够较好地根据市场销量和需求变化，进行生产调整，同时为车型改良和新产品的开发等提供丰富的市场依据。

3. 4S品牌专卖店的劣势

（1）要求高，投资大，风险大　目前，中国的汽车经销商获得品牌专卖权的市场，是一个严重的卖方市场。厂家要求高、可选择的对象多。4S店的固定资产投资动辄在1000万元人民币以上，流动资金也要求在1000万元人民币以上，由于经销商前期投资过大，会导致终端在面临市场竞争激烈时捉襟见肘，特别是市场行为不规范，同时也会使经销商为争夺代理权向生产企业分销部门行贿受贿。而在投资建店的过程中，厂家不承担任何风险。成都汽车市场曾发生过这样的怪事，某经销商2003年投巨资建成天津丰田汽车的4S店后，流动资金却无着落而不得不打出转让的广告。因此有人说4S店模式成了汽车制造商从渠道“圈钱”的利器。某些品牌的4S专卖店完全按照外国人提供的图纸来建设，甚至销售展厅及维修的设备也从国外采购。奇怪的是，这些外国公司在自己国家却不要求建这么豪华的专卖店。例如，日本389家各类品牌专卖店、5000多家汽车经销商中，有80%达到3S标准，但对其占地面积、工位数量并无要求。欧洲汽车专卖店也没那么高的门槛，并不是非得4S不可，2002年还以立法的形式禁止汽车销售采取特许经营的模式，以打破垄断，促进多品牌汽车同店销售。因此有经销商说，建4S店是用中国人的血汗钱给外国汽车打品牌。换句话说，就是外国人用中国人的钱建自己的销售网络。

（2）经销商营运成本高　一个普通的4S店一年的运营费用为500万～600万元，都要配备齐全的昂贵的检测维修设备和具备高技术水平的技工，这样动辄几千万元的成本投入对于销售商来说无疑是非常巨大的负担，一天就会消耗近2万元的成本。一旦车市持续低迷，得不到足够的汽车销量和维修量的支撑，对车价没有绝对控制力的经销商就只好“吃老本”。一旦将老本吃完，即面临被淘汰出局的危险。成都西汽集团旗下的几家品牌汽车一级代理包括上海大众、一汽大众、天津一汽、长安铃木、红旗轿车等就因不能度过2004年汽车市场的低迷而导致资金链断裂，成为汽车零售业洗牌的牺牲品。

（3）排他性　目前国内的4S品牌专卖店只能销售某一厂商的产品，甚至只能销售某一厂商的某一特定品牌，如中国吉利集团的吉利、美日、华普和吉利美人豹在四川的4S代理就分属不同的经销商。如果经销商要销售多个厂商的产品，就必须在不同地点设立由不同的管理者经营的多个独立销售实体。4S模式的排他性，必然导致车型品种单一、网点分散，无法满足消费者多样化选择和比较的需要，给消费者带来极大的不便，尤其对于喜欢“货比三家”的消费者，如果要在各种车型之间进行比较，就必须奔波于不同品牌的4S店之间。

（4）厂商地位不平等　汽车制造厂和4S店的地位，可以说从车商蜂拥争抢4S店的代理权开始，本应平衡的厂商关系就已经倾斜了。在车市持续升温的2001至2003年，众多资本潮水般涌入汽车品牌专卖，造就了一个个“4S神话”，几乎每一个品牌汽车一推出建4S店的计划，都会引来一阵哄抢。国产宝马在全国挑选24家经销商，让3000多个投资者挤破了头；2003年，北京现代准备建造100多家4S店的计划一出，报名竞标者达到了2300多家；即使在车市极端低迷的2004年，东风标致在全国建造80家“蓝盒子”的构想一出台，也很快招来800多家的竞标者。然而，在渠道建设中，厂家并不承担任何风险，却拥有整个网络，车商独自承受着资金投入的风险和压力，还得在市场低迷时按厂家指令吞下压库和亏损销售的苦果。

（5）消费者负担重，对品牌的忠诚度低　4S店的零配件和维修费贵，几乎每个消费者

都深有体会。曾有消费者在4S店换一个捷达车保险杠花了1700元，换一个制片片花了1300元。经销商如果到汽车厂的配套件厂进货，价格会低得多，然而汽车厂以保证零部件纯正性为由要求经销商必须在整车生产厂进货。由于4S店的维修服务及零部件价格远高于一般修理店，消费者往往不愿到专卖店修车，“保修期内专卖店，保修期外路边店”成为许多消费者无奈的选择。现阶段国人绝大多数是购置第一辆车，当其在某一品牌车型上受伤害后，在向朋友推荐车型或欲再购车时，往往容易转换品牌。

4. 汽车4S店的组织结构

汽车4S店的组织结构按照四位一体的特色，分为以下部分：

(1) 整车销售　整车销售是汽车营销工作的核心，是汽车4S店的基本职责。整车销售一般包括：进货、验车、运输、储存、促销、销售等环节。

① 进货。进货就是汽车销售公司通过某种渠道获得销售所需的商品汽车。一般来讲，第一手货源，也就是直接从生产厂或生产厂主管的汽车销售公司进货，进价较低。因此，最好减少商品车的中间流通环节，把从工厂直接进货作为主渠道。除从生产厂进货外，也可发展横向联系，从各地的汽车销售公司进货，这就是第二手货源或第三手货源。商品转手的次数越多，一般而言价格就越高，但这要根据本公司的具体情况，如地理位置、运输成本、与厂家和其他进货商的合作关系等，具体情况具体分析，其原则就是要控制商品车的进货价格。

另外，销售部门必须在前一年年底或当年年初，由整车销售部根据市场信息和顾客的需求，编制汽车年度销售计划，经总经理批准后，进行采购。同时每月根据年度计划和实际情况制订下个月的订车计划单。

进货订货时，供应和销售双方应充分协商，并签订供货合同。双方应履行合同条款的各项规定，按合同办事。

② 验车。销售公司根据合同票据规定的时间，计算车辆到达时间，做好接车的准备工作。

如果是专业运输商负责将新车运输到本公司，销售部在接车过程中要严格按照相应《车辆发运交接单》的内容进行检查，运输商确认，双方在《车辆发运交接单》上签字认可。检查出的在运输过程中产生的问题应由运输商负责修复或承担全部费用。

销售公司对供货方所提供的商品车进行检查和验收的工作，一般要由服务部门完成。因为服务部门的专门人员熟悉汽车技术，有经验。验收的核心问题是：对于第一手货源，检查质量是否有问题；对于第二手货源或第三手货源，主要辨别是真货还是假货，是新车还是旧车，质量有无问题，防止上当受骗。商品车主要做好以下各项验收工作：

- 核对发动机号、底盘号与合格证是否一致。
- 检查备胎、随车工具是否齐全。
- 检查随车附件、文件是否相符齐全。
- 检查全车漆面是否有损伤。
- 检查四门及前后玻璃是否完好。
- 检查各种灯罩是否完好。
- 检查轮胎、轮辋是否完好、统一、紧固。

现在世界各国的汽车公司生产的汽车大都使用了VIN(Vehicle Identification Number)车辆

识别代号编码。“VIN 车辆识别代号编码”由一组英文字母和阿拉伯数字组成，共 17 位，所以，又称 17 位识别代号编码，它是识别一辆汽车不可缺少的工具。按照识别代号编码的顺序，从 VIN 中可以识别出该车的生产国别、制造公司或生产厂家、车的类型、品牌名称、车型系列、车身型式、发动机型号、车型年款、安全防护装置的型号、检验数字、装配工厂名称和出厂顺序号码等。在汽车验收时要特别注意。

另外，还应核对说明书、维修卡等文档材料。若从第二货源或第三货源进货，还应逐车验收，验车应严格按有关手续进行，检查合格后，将商品车入库保管，填写相关商品车交接验收单据，并请发运人员签字。

③ 运输。汽车在从货源地运到销售公司所在地即为车辆的运输，用到的方法根据路途远近和具体情况可以是委托生产厂订铁路运输的车皮，并帮助发货。也有委托当地储运公司把商品车提出后，由储运公司订车皮，发货。此外，还有由生产厂派驾驶员或自雇驾驶员通过公路长途运送，还可以用汽车专用运输车辆，一次可装运 4 ~6 辆整车，经公路运抵目的地。无论采用哪种方式运输都要上保险，以防在运送途中出现问题，造成不必要的损失。

④ 储存。在储存移送车辆时，应注意采用合适的方法搬运移动车辆，防止因振动、磕碰、划伤而造成车辆损坏。销售部接车后应负责将车辆清洗干净，由仓库保管员将待售商品车驶入规定的区域有序停放。商品车入库后售出前的这一段时间为仓储保管期，这一期间应精心保管，防止意外情况的发生。车辆储存时，要做好维护保养工作，避免风吹、日晒和雨淋，还应进行定期检查，防止蓄电池失效。若保存期较长，则应对某些部件进行防锈养护，冬季还要注意防水防冻。车辆保管人员还应定期整备商品车，保证商品车处于最佳状态，可随时提出进行销售；在移动商品车过程中，应保证两人参与，确保商品车不受损伤；商品车按“先入先出”的原则排列有序，钥匙按次序放好，以便准确、及时地开启调出车辆。

汽车销售过程中，发现汽车的质量问题，经验证确实需要索赔时，应积极按照相关索赔管理的规定程序进行索赔。

要及时、准确编制商品车入库单。自己无储运仓库，则要租借储运库储存，事先要订好储存合同，预先约法三章，防止以旧换新，以假乱真，或运用商品车跑运输赚钱，或搞其他运输工作。

⑤ 销售。汽车销售有批发交易和零售交易两种。零售交易多为个人购车，要凭个人居民身份证，并要作一些项目的登记，以便联系。零售交易也有单位购车的，要凭单位介绍信，并留下作凭证。单位购车一般使用汇票，本市可使用支票。用支票一般都要交银行查验，并在划拨车款后，才能提车，以防支票有假或为废票。

批发交易时，客户必须有汽车营销许可证，应查验客户的营业执照，签订合同，并在合同中明确交易的车型、数量、价格、交货期、交货方式、付款方式等有关内容。这里要坚守一条，收款后方可交车，以避免不轨行为和“三角债”。

销售公司实施分期付款的方式销售车辆的初期，由于保障制度、手续等方面还不很严密，个别不法之徒，就钻了空子，把车提走后，转手销售，携款潜逃，使销售公司蒙受损失。目前，销售公司已有了规范的制度和保障措施，这种销售汽车的方式，已在全国各地开展，为汽车销售创造了很好的条件。通过分期付款的方式销售车辆，已经成为汽车销售领域

一项重要的销售形式和手段。它能够促使潜在客户转变为现实客户，提高销售量，为公司创造更大的经济效益。对需要分期付款购车的客户，销售顾问要为其详细讲解有关分期购车的利与弊，为其计算首付款、月还款，解释有关保证保险、律师费、验车费等全部费用的缴纳情况。客户在销售部认可报价并选定车辆后，由销售顾问带其到客户服务部办理后续贷款手续。

（2）零配件供应　零配件供应是搞好售后服务的物质基础。首先应保证汽车保质期内的零配件供应；其次，应保证修理用件。生产厂对零部件的生产量，要超出整车生产量的20%，以满足各维修部及配件商店的供应。配件定价要合理，按物价部门的规定定价，不得在配件供应紧张时涨价，借机捞一把，从客户身上获取不义之财。

（3）售后服务　售后服务包括两部分：一是客户付清车款之后销售服务店帮助办理上路之前各种手续的有偿或无偿服务；另一个就是汽车在使用中的维修和维护保养服务。4S中的售后服务更侧重于后者。因为汽车除价位较高外，还是一种高技术性产品，一般人较难全面了解和掌握。所以，售后服务就成了汽车营销过程中的一个重要环节，这也是4S汽车销售服务店利润的主要来源。

汽车是一种高附加手续费用的商品。客户付清车款之后到上路之前还要办理各种手续，如工商验证、办理移动证、缴纳附加税、上保险、验车、领取车牌照、交纳养路费、领取正式行车执照、交纳车(船)使用税等。绝大多数客户对此深感繁琐，所以各汽车销售服务公司实行了所谓的“一条龙”服务，即代办各种手续，从中也可以合理收取一定的费用。4S汽车销售服务店应该做好提车后的各种代办服务，使客户乘兴而来，满意而归。

客户在汽车使用过程中，还会出现这样那样的问题或故障，4S汽车销售服务店售后服务应着重维修服务。维修服务不仅要在车辆质量保证期内做好服务，而且还应在质量保证期外做好维修工作。当客户需要时，迅速到达服务现场，为客户解决问题，并主动走访客户，跟踪服务。现在很多4S汽车销售服务店开展了救援服务，客户一旦遇到车辆坏在路上，只要拨打救援电话维修救援人员就会尽快赶到，解顾客之所急。这样的售后服务更能体现出人文关怀，也只有这样周到的服务，才能够培养出忠实的客户，才能获取源源不断的利润。

4S汽车销售服务店的销售顾问在车辆售出后，要将客户车辆第一次进行维护保养的预约情况通知售后服务部，以编制首保计划。销售顾问还要协助接待首保的顾客，及时将客户档案资料移交售后服务部门，以便提供后续服务。

（4）信息反馈　信息反馈主要是指4S汽车销售服务店的工作人员向汽车制造企业反馈汽车各方面的信息。因为汽车整车销售、零配件供应、售后服务人员整天与客户打交道，了解车辆的实际情况，对汽车投放市场后的质量、性能、价位、客户评价和满意程度，与其他车辆对比的优势与劣势等都了如指掌，搜集这些信息并及时反馈给制造企业的产品设计部门、质量管理部门、制造工艺的设计部门以及企业的决策领导层，对提高产品质量、开发适销对路的新产品、提高市场占有率等都有重要意义。

此外，4S汽车销售服务店的工作人员也要将汽车制造企业和销售公司关于本品牌车辆的最新信息、促销活动开展等情况反馈给消费者。这对提高服务质量，进一步拓展市场，是十分有用的。

案例

当前主要发达国家汽车销售模式

• 美国

在美国，汽车生产商直接销售车辆是违法的，因此直销方式在美国是不存在的。专营代理即品牌专卖是美国最普遍的销售方式，这里说的品牌既可能是大品牌的概念，也可能是分品牌。比如一家规模较大的专卖店，取得了通用公司所有子品牌的代理权，就可以专卖通用公司所有品牌的汽车，而一家规模较小的专卖店只取得了通用雪佛兰的代理权，就只能专卖雪佛兰汽车。

美国汽车销售业非常发达，已经形成了一种买和卖都非常便利的“街区大卖场”模式，就是众多的汽车专卖店都集中在一条街道上或一个街区内，周围又有零部件、维修以及其他商业设施，形成一个巨大的汽车卖场，为买卖双方都提供了良好的环境和氛围。这些专卖店往往是新车和旧车一起卖，而且旧车的销量比新车还高。另外，在我国还处于雏形的租赁销售方式(用户按月付租金,租赁期满后可选择买下此车或另租新车)在美国很流行。

• 欧盟

欧盟各国不仅是汽车工业强国，也是汽车消费大国，汽车对欧洲的政治、经济、人民生活有着不可估量的影响，汽车销售作为流通的重要环节也因此受到各方的密切关注。

专卖店是欧盟大多数国家普遍采用的销售模式，这些专卖店不是孤立存在的，而是以集群形式出现在交通干道上、加油站旁边或高速公路出入口处，少则十几个扎堆，多则几十上百个聚在一起。专卖店标志醒目、特色简单、实用，绝大多数是4S性质，而且一般是新车、二手车同场销售。目前，大多数欧洲汽车经销商都只销售某一厂商的产品，这些产品可能是一个大品牌，也可能有几个不同的子品牌。如果经销商要销售多个厂商的产品，他就必须在不同地点设立由不同的管理者经营的多个独立销售实体。事实上，有关法律规定已经在很大程度上限制了多品牌销售。

从2002年10月开始，欧盟汽车销售服务新法规已正式实施，但旧法规有12个月的过渡期。新法规的主要内容有：汽车销售商可以选择采用区域销售(独家分销方式)或品牌代理(选择性分销方式)。区域销售是指：特许经销商应在指定营业区域内经营，不得在营业区域外从事主动销售业务，但被动销售是允许的；允许向汽车超市、互联网、其他独立经销商等转售产品；允许将售后服务业务转包。品牌代理是指：特许经销商可以在整个欧盟范围内设立二级销售网点，允许向所有最终用户进行主动销售，但不允许从事转售业务；允许从事多品牌销售业务，但必须设立单独品牌的展厅。汽车厂商可以在质量和数量上采取限制措施。在售后服务方面：对于授权维修商，汽车制造商不得限制其数量，不得限制经营地点；对于独立维修商，汽车制造商应提供所有相关的技术信息和培训，并允许使用所有备件用于维修和保养。在备件供应方面：允许维修企业使用质量相当的备件修理汽车。新法规对欧盟汽车大市场形成了巨大的冲击。

• 日本、韩国

日本和韩国由于国土面积都不大，汽车销售方式有相似的地方，直销方式在两国最普遍，都具有汽车生产商直接开设销售分店和销售员上门推销两大特点。在日本，这种

销售员上门推销的方式还被称作为“独立大队式”。当然，两国也有专门从事汽车经销的销售商，但数量不多，其销售方式也以销售人员上门推销为主。

日本和韩国的这种直销、上门推销方式是与其国情息息相关的，这种国情一是其国土面积小；二是国人对国产品牌非常信任、忠诚度高；三是其汽车社会化程度相当高，汽车在两国仅是普通消费品而已。这三条缺一不可，别的国家大概很难学习这种销售方式。

[案例思考题]

当前主要发达国家汽车销售模式对我国汽车销售有何启示？

本章小结

1. 汽车销售渠道是指在汽车产品从汽车生产企业向最终消费者转移过程中，取得产品所有权或帮助转移所有权的所有组织和个人。分销渠道的起点是制造商，终点是消费者或用户，中间环节包括批发商、零售商、代理商和经纪人。他们都成为分销渠道的成员，共同构筑起分销渠道。

2. 汽车分销渠道的职能包括：(1)收集、提供信息；(2)刺激需求，开拓市场；(3)减少交易次数；(4)服务；(5)资金结算与融通；(6)风险分担；(7)管理。

3. 汽车销售渠道的长度是指汽车从制造商流向顾客的整个过程所经过的中间层次。中间层次越多，渠道长度越长。汽车销售渠道的宽度是指组成销售渠道的每个层次中经销商的数量。同一层次的经销商越多，销售渠道就越宽。

4. 汽车销售渠道的模式可以分成5种类型：(1)由汽车生产企业直售型(零层渠道模式)；(2)由生产企业转经销商直售型(一层渠道模式)；(3)由生产企业经批发商转经销商直售型(二层渠道模式)；(4)由生产企业经总经销商转经销商直售型(二层渠道模式)；(5)由生产企业经总经销商与批发商后转经销商直售型(三层渠道模式)。目前我国汽车流通渠道以一级渠道、二级渠道为主。

5. 中间商是分销渠道的主体，企业产品绝大部分是通过中间商转卖给用户的。汽车销售渠道的中间商按其在汽车流通、交易业务过程中所起的作用，可分为总经销商(或总代理商)、批发商(或地区分销商)和经销商(或特许经销商)。

6. 我国轿车销售体制的发展可以分为个阶段：(1)严格计划控制下的汽车分配体制；(2)计划分配体制的松动和汽车生产企业自主营销体系的建立；(3)汽车生产企业为主导的销售体系的发展和完善。

7. 汽车4S店实质就是一套完善的汽车营销服务体系，包括销售制度、服务系统、零部件供应等，贯穿汽车销售售前、售中、售后的全过程，是以汽车厂家的品牌专项经营为主体，以整车销售(Sale)、配件供应(Spare part)、维修服务(Service)和信息反馈(Survey)“四位一体”为特色的综合性汽车营销模式。

8. 汽车4S品牌专卖店的优势有：(1)厂商的利益一致；(2)高质量的销售和管理；(3)信息反馈及时，终端控制有效。汽车4S品牌专卖店的劣势有：(1)要求高，投资大，风险大；(2)经销商营运成本高；(3)排他性；(4)厂商地位不平等；(5)消费者负担重，对品牌的忠诚度低。

复习思考题

1. 什么是汽车分销渠道？
2. 汽车分销渠道有哪些主要职能？
3. 汽车分销渠道有哪些类型？
4. 汽车销售渠道中间商有哪些？
5. 汽车 4S 店的优点、缺点分别是什么？如何理解？

第 7 章

汽车新型营销技术

学习目标：

- 掌握汽车网络营销的概念、优势及层次。
- 掌握汽车电子商务的功能、优势以及四个核心问题。
- 了解电子商务与网络营销的区别。
- 掌握汽车营销的客户关系管理的概念。
- 掌握汽车营销客户关系管理的作用以及如何实施汽车营销客户关系管理。

20 世纪发明的网络技术不仅推动了经济快速发展，而且改变了人们的生活方式。人们在信息的手段和方法上突破了传统限制，在世界各地的人们可以通过网络技术相互连接起来，形成了各种形式的开放性虚拟空间。这些开放性虚拟空间的存在，改变了传统市场营销环境，产生了全新的市场空间、消费者和竞争者，导致企业营销模式发生变革，致使汽车营销新技术应运而生。

7.1　汽车网络营销

计算机网络的普及与互联网技术的应用，使汽车企业营销活动的领域得到了极大的拓展。汽车企业除了设立自己的网站开展对外宣传，提高宣传效果，加强与顾客的沟通和联系外，还可以借助互联网拓展顾客资源，开展网上汽车交易。但是汽车消费额度大，交易的安全性是消费者首要考虑的问题。

7.1.1　汽车网络营销的概述

1. 定义

网络营销是企业营销实践与现代通信技术、计算机网络技术相结合的产物，是指企业以电子信息技术为基础，以计算机网络为媒介和手段进行的各种营销活动(包括网络调研、网络新产品开发、网络促销、网络分销、网络服务等)的总称。简单地说，网络营销就是以客户需求为中心的营销模式，是以互联网为营销环境，传递营销信息、了解消费者需求的信息化营销过程，是市场营销的网络化。

2. 汽车网络营销的优势

1990 年，罗伯特·劳特波恩教授首次提出“整合营销传播”理论(Integrated Marketing Communications)，即 4C 理论(Customer, Communication, Cost, Convenience)。其核心思想就是

以客户需求为中心并全面服务于消费者。该理论要求营销活动以统一的目标和传播形象，实现与消费者的双向沟通，迅速树立产品品牌在消费者心目中的地位，建立产品品牌与消费者之间的长期密切的联系。网络营销作为一个具有有效、快捷、方便、低廉等特性的营销方式，能够较好地满足4C理论的要求。

（1）面向顾客的需求　在汽车市场竞争日趋激烈的今天，企业比以往任何时候都更重视了解自己的客户是谁、客户需要什么样的产品等顾客需求信息。网络技术为汽车企业进行市场研究提供了一个全新的通道，汽车企业可以借助于它方便迅速地了解到全国乃至全球的消费者对本企业产品的看法与要求，随着上网人数的急剧增长，网上调研的优势将越来越明显。企业还可以借助互联网络图文声像并茂的优势，与客户充分讨论客户的个性化需求，从而完成网上定制，以全面满足汽车消费者的个性需要。与此同时，网络技术为汽车企业建立其客户档案，为做好客户关系管理也带来了很大的方便，汽车企业有了这样的基础平台，就可以致力于做好客户信息挖掘，定期或不定期地了解顾客的各类需求信息，从而赢得市场竞争的主动权。

（2）实现与顾客的沟通　汽车消费属于大件消费，虽然在短期内尚无法完全做到网上看货、订货、成交、支付等，但是网络营销至少能够充分发挥企业与客户相互交流的优势。企业可以利用网络为顾客提供个性化的服务，使客户真正得到其希望的使用价值及额外的消费价值。网络营销以企业和顾客之间的深度沟通、使企业获得顾客的深度认同为目标，满足客户显性和隐性的需求，是一种新型的、互动的、更加人性化的营销模式，能迅速拉近企业和消费者的情感距离。它通过大量的人性化的沟通工作，树立良好企业形象，使产品品牌对客户的吸引力逐渐增强，从而实现由沟通到顾客购买的转变。

3. 获取低廉的成本

相对传统营销方式而言，网络营销可以使得企业以较低的成本去组织市场调研，了解顾客需要，合作开发产品，发布产品信息，进行广告宣传，完成客户咨询，实施双向沟通等，从而有利于汽车企业降低生产经营成本，增强产品价格优势。同时，网络营销还具有信息传递及时，增强企业的信息获得、加工和利用的能力，使企业提高市场反应速度，避免机会损失和盲目营销的损失，从而改善营销绩效。总之，网络营销可以为企业节约时间和费用，提升营销效率，既使企业降低营销成本，又使客户获得实惠。

4. 便利用户的购买

由于汽车这样的高档耐用消费品的生产集中度和厂家知名度相对较高，产品的同质度也较高，企业比较注重市场声誉，服务体系较为完备，同时对企业营销的相关监督措施较为得力，在市场发育较为成熟后就特别适合于网络营销。顾客可以放心购买，不必过于顾虑产品质量等问题。顾客可以通过网络浏览网上车市，无需到购车现场就可以在网上完成信息查询、比较决策、产品定制、谈判成交乃至货款支付等购车手续，接下来客户只需等待厂家的物流配送机构将商品车（甚至已办妥使用手续）交到自己的手中，真正实现足不出户买汽车。此外，网上交易还不受时间和地域限制，这也从另一方面给广大汽车用户带来了便利。

7.1.2　汽车网络营销的层次

汽车网络营销已经成为不可回避的商业命题，它不仅仅是一种新的技术或手段，更是一种影响企业未来生存及长远目标的选择。根据汽车企业对互联网作用的认识及应用能力的划

分，网络营销可以划分为五个层次，即企业上网、网上市场调研、网络联系、网上直接销售和网络营销集成。

1. 企业上网

这是网络营销最基本的方式。互联网让企业拥有一个属于自己而又面向广大上网者的媒体，而且这一媒体的形成是高效率、低成本的，超越传统媒体的。企业网站信息由企业自己定制，没有像传统媒体那样的时间、版面等限制，也可伴随企业的进步发展不断实时更新；企业网站可应用虚拟市场、虚拟供求等多种手段吸引观众并与访问者双向交流，及时有效地传递并获取有关信息。企业上网是网络营销的起步和基础，也是目前大部分跨国企业网站的基本目标。以下是一些企业的网址：

http://www.honda.com/本田

http://www.guangzhouhonda.com.cn/广州本田

http://www.ford.com.cn/中国福特

http://www.futian.com.cn/北汽福田

http://www.mazda.com/马自达

http://www.toyota.com/丰田

http://www.toyota.com.cn/中国丰田

http://www.CSVW.com/上海大众

http://www.faw.com.cn/中国第一汽车

http://www.dpca.com.cn/神龙富康

2. 网上市场调研

调研市场是企业开展市场营销的重要内容。网络首先是一个信息平台，为企业开展网上市场调研提供了极大的便利。企业调研市场信息，可以从中发现消费者需求动向，从而为企业细分市场提供依据。

汽车企业可以在自己的网站进行市场调研，其网站的常客多是一些对该企业有兴趣或与企业业务有一定关系的上网者，他们对企业有一定了解，会提供更准确、有效的信息，这为调研的双向交流提供了便利。

3. 网络分销联系

网络营销的实质是变传统的迂回经济为直接经济。企业通过互联网构筑虚拟专用网络，将分销渠道的内部网融入其中，可以及时了解分销过程的商品流程和最终销售状况，这将为企业及时调整产品结构、补充脱销产品，以至分析市场特征、实时调整市场策略等提供帮助，从而为企业降低库存，采用实时生产方式创造了条件。而对于商业分销渠道而言，网络分销也开辟了及时获取畅销商品信息、处理滞销商品的巨大空间。

4. 网上直接销售

网上直接销售合并了全部中间销售环节，并提供了更为详细的商品信息，买主能更快、更容易地比较商品特性及价格，从而在消费选择上居于主动地位，而且与众多销售商的联系更为便利。这种模式几乎不需销售成本，而且即时完成交易，其好处是显而易见的。

但从目前看，国内的市场环境对之有较大制约，主要表现为：企业信用水平和个人信用水平能力较低；市场机制不健全，市场体系不完善；产品和服务质量难以保证；网络建设有待提高，配套的网络营销法规、银行、运输服务体系尚未确立；消费观念尚存差距；企业应用互联网的能力有待提高。

从网上直接销售的低成本优势看，由于大多数国内消费者对价格十分敏感，因此一般能够接受这一消费方式，但其发展的前提是应尽快完善上述环节和克服众多制约因素。

5. 网络营销集成

互联网络是一种新的市场环境，这一环境不只是针对企业的某一环节和过程，还将在企业组织、运作及管理观念上产生重大影响。一些企业已经迅速融入这一环境，依靠网络与原料商、制造商、消费者建立联系，并通过网络收集传递信息，从而根据消费需求，充分利用网络伙伴的生产能力，实现产品设计、制造及销售服务的全过程。

网络营销集成是对互联网络的综合应用，是互联网络对传统商业事例关系的整合，它使企业真正确立了市场营销的核心地位。企业的使命不是制造产品，而是根据消费者的需求，组合现有的外部资源，高效地输出一种满足这种需求的品牌产品，并提供服务保障。在这种模式下，各种类型的企业通过网络紧密联系，相互融合并充分发挥各自优势，形成共同进行市场竞争的伙伴关系。

7.2 汽车电子商务

电子商务(Electronic Commerce,简称 EC)是通过数字通信进行商品和服务的买卖以及资金的转账，包括公司间和公司内利用 E-mail、EDI、文件传输、传真、电视会议、远程计算机联网所能实现的全部功能(如市场营销、金融结算、销售以及商务谈判等)。

汽车电子商务的迅猛发展给社会带来全新的生产和商务模式，个性化服务和零库存改变了传统的生产经营管理模式。个性化服务活跃了汽车销售市场，汽车市场的活跃必将推动与汽车相关的配件、维修、加油和保养等一系列的相关产业市场的繁荣。汽车电子商务也会在降低汽车库存方面发挥积极作用，使大量资金用到再生产中去。快速的资金流动带来的是整个汽车行业的发展和生产成本的降低。

7.2.1 电子商务的功能

电子商务不仅可为客户提供更有价值的内容，而且也巩固了与客户的关系，提高了企业自身的价值和核心竞争力。电子商务可以提供网上交易和管理等全过程的服务，因此，它具有广告宣传、咨询洽谈、网上订购、网上支付、电子账户、服务传递、意见征询以及业务管理等各项功能。

1. 网上订购

电子商务可借助网站中的邮件或表单交互传送，实现网上订购。企业可以在产品介绍的页面上提供友好的订购提示信息和订购交互格式框，当客户填完订购单后，通常系统会回复确认，以保证订购信息收悉和处理。订购信息也可以采用加密的方式使客户和商家的商业信息不致泄漏。

2. 服务传递

对于已付款的客户，应将其订购的货物尽快传递到他们的手中。若有些货物在本地、有些在异地，可通过电子邮件和其他电子工具在网络中进行物流调配。适合在网上直接传送的信息产品，如软件、电子读物、信息服务等，则可以直接从电子仓库发给用户。

3. 咨询洽谈

电子商务可借助非实时的电子邮件、新闻组和实时的讨论工具来了解市场和商品信息，洽谈交易事务，如有进一步的需求，还可以用网上的白板会议来互动交流有关图形信息。网上洽谈与咨询能降低交易成本，而且往往能突破人们面对面洽谈时的一些限制，网络能提供多种方便的异地交谈形式，如三地、四地参加多方洽谈。

4. 网上支付

电子商务要成为一个完整的过程，网上支付是重要的环节。客户和商家之间可采用多种支付方式，保证交易的可靠性，节省费用，加快资金周转。网上支付需要可靠的信息传输安全性控制，以防诈骗、窃听和冒用等非法行为。网上支付必须由电子金融中介如网络银行、信用卡公司等，提供网上操作的金融服务。

5. 广告宣传

电子商务可凭借企业的 Web 服务器，在互联网上发布各类商业信息，利用网页和电子邮件在全球范围内做广告宣传，客户也可以借助网络检索工具迅速地找到所需的商品信息，与以往的各类广告方式相比，网上广告成本最为低廉，给顾客的信息量却相当丰富。

6. 意见征询

电子商务能十分方便地采用网页上的“选择”、“填空”等格式文件来收集用户对销售商品或服务的反馈意见，使企业的市场运营能形成一个快速有效的信息回路。客户的反馈意见不仅能提供售后服务的水平，更能使企业获得改进产品的宝贵信息，发现新的商业机会。

7. 业务管理

企业或政府机构的业务管理包括人、财、物等多个方面，涉及与相关部门和单位、个人的复杂关系，如企业和企业、企业和消费者及企业内部等各方面的协调和管理。电子商务技术为提高各项业务管理的效率创造了重要的基础条件。

7.2.2 汽车电子商务的优势

电子商务并不是要建立一个全新的商务，而是要疏通现有商务的各个环节，提高现有商务的动作效率，改善现有商务程序，开辟一个全新的交易场所。汽车电子商务对汽车厂家、销售商和顾客都具有优势。

1. 对汽车厂家和销售商来说，汽车电子商务具有的优势

(1) 减少汽车销售的中间环节，缩短汽车销售渠道　汽车生产厂家和销售商可以利用汽车商务网站快捷地、实时地、不受时空条件限制地直接面向世界任何一个角落、任何一个消费者，推销自己的产品和服务，中间商的作用已经微不足道甚至可以不复存在了。

(2) 降低交易成本，减少库存，提高产品竞争力　电子商务是在市场经济条件下提高经济效益、降低企业成本的有效途径。电子商务实际上是通过“网上运动”来代替“网下运动”，以此降低交易成本。在网上销售汽车，可以减少各种中间环节，为经销商节省大笔营销费用。有资料表明，电子商务可以使交易成本降低 20%~40%，节省的费用和时间分别为 11.61% 和 19.34%。据分析，汽车厂家迟早将甩开中间经销商做网上直销，直接在网上提供价格信息，由厂家和用户共同商定价格。

库存量的多少，可以反映企业的经营状况，库存管理水平也直接影响企业的营销。库存增多，会使运营成本增加，从而减少企业的盈利。高库存量并不能保证可向客户提供更佳的

服务。产品生产的周期越长，企业需要的库存量就越多，以便保证能够对付可能出现的交货延迟、交货失误，对市场需求变化的反应也就越慢。当然，库存过低，有时候也会因缺货使客户另寻他处。所以，适当的库存，不仅可以让客户得到满意的服务，而且可以为企业尽量地减少运营成本。这样，就要求提高库存管理水平，提高劳动生产率，提高库存周转率，降低库存总量。电子商务能够使企业在短时间内获取订单信息，从而便于企业及时地组织生产，及时地调整库存量。

(3) 网络广告能展示各种多媒体信息，价格又相对低廉，可以降低促销成本　网络广告能处理文字、声音、图片、动画、视频和色彩等多媒体信息，展示的内容丰富多彩，比传统媒介广告方便、快捷得多。与其他销售渠道相比，尽管建立和维护公司的网址需要一定的投资，但网上促销已经大大降低了成本。有研究表明，在国际互联网上做广告，进行网上促销，其结果是增加10倍的销售量，而花费的广告费只有传统广告预算的1/10。而且，一般来说，网上促销的成本只相当于直接邮寄广告费用的1/10。

(4) 促进汽车厂家改进技术，改善服务　由于网络具有时效性强、联系便捷的优势，汽车生产商和经销商可以根据网络市场反馈的信息不断调整产品结构，改进汽车生产工艺和制造技术水平，加强与消费者的沟通，更好地为消费者服务。

(5) 可向客户提供信息服务，与客户的交流反馈更加直接、快捷、有效，保持与客户的密切联系　客户是汽车企业重要的商业资源，与客户的广泛联系和接触对汽车营销十分重要。交易过程中很大一部分就是与客户打交道，联系、听取客户意见和建议。电子商务可以使汽车企业与更多的客户接触，保持密切的信息联系，可以在全世界范围内向客户提供远距离、低成本的访问。企业向客户提供商业信息是为客户服务的重要内容，电子商务可以使这项服务更加便捷、快速，使客户及时地获取新的商业信息。同时，客户也可以方便地通过网络向企业反馈信息。汽车企业可以把产品更新、经营政策、企业电子期刊等信息快速传送到客户的电子信箱中，进行客户跟踪；可以利用主页征集客户反馈信息，了解客户需求。为客户提供的信息服务越及时，企业与客户的沟通联系就越紧密，企业得到的商业机会就越多。在电子商务环境下，企业与客户之间只需要轻点鼠标就可以及时地沟通，传递信息。

(6) 用户对公司的忠实度大为提高　可以说，电子商务的应用使大公司对消费者的“锁定”越来越牢固，进一步拉大了与弱小企业的距离，从而使市场呈现“主流化”。网上直销汽车可能导致世界汽车巨头们进入一个新的竞争，对用户的争夺战将会白热化，而用户对公司的忠实度将会影响公司的市场份额。电子商务手段的应用，使用户与公司的沟通联络更加便利、快捷和密切，用户对公司的了解更加直接和丰富，从而促使用户更加忠实于其选择的公司。

2. 对购车客户而言，汽车电子商务具有的优势

1) 网上购车可以排除汽车推销员的干扰，自主决定购车品种和意向。

2) 消费者可坐在家中通过网络仔细比较各种车型的性能和价格，然后从中作出最佳的选择。

3) 消费者可以根据自己的喜好就汽车颜色、发动机、空调等方面提出设想，订制一辆真正属于自己的汽车，实现个性化购车。

4) 网上购车大大节省了时间，人们足不出户即可了解汽车公司最新车型的情况。

通过互联网，一辆辆三维汽车图像呈现在用户面前，用户可根据各款的性能报告进行

“个性化”购车选择，当用户把需求信息通过网络反馈给厂家后，可以在最短的时间内得到厂家的信息反馈。目前国外及国内，汽车消费者的个性化需求及对厂家生产的影响越来越明显，个性化、小批量、柔性化的“量体裁衣”式生产正在成为现实。厂家必须和用户进行交互式的信息沟通，并得到大量个性化需求信息，而这种个性化需求信息交互的实现，只有网络可以提供。可以设想，不久的将来，在国内汽车行业、汽车网络自身成熟完善，信用体系、金融防范机制等因素逐步健全下，在中国成功地实现 B to C(企业对消费者)式的汽车电子商务，不再是幻想。

7.2.3 汽车电子商务的四个核心问题

为了使得电子商务顺利进行下去，汽车企业必须考虑以下四个核心问题。

1. 信息流

电子商务摒弃了传统商务花费大量人力、物力的信息沟通，降低了交易成本。特别是像汽车这样一种复杂而昂贵的商品，消费者需要大量而详实的信息帮助他们作出判断，因为它不是普通的商品，而是涉及人身安全以及环境保护等社会问题的高价值商品。生产商同时需要随时了解市场需求，把握消费者动态，不断改进，不断推陈出新，生产出符合市场需要的车型。对于这样的商品，互联网成为了一个很好的、超大容量的，而且是互动式的信息交流平台。最重要的是，直接对话使得信息更为真实和有作用。强大的信息流是电子商务最大的优势。

2. 资金流

作为电子商务，必须很好地解决电子货币或是网上银行的问题，否则一切只能是“雾里看花，水中望月”；对于汽车这样的商品，仅有安全、方便的支付方式是不够的，还必须解决网上贷款的问题。因此，资金流是电子商务发展最大的挑战。

3. 物流

对于有形的产品，电子商务固然可以越过传统的中间流通渠道，直接面对最终用户。但是这种行为的成本以及压力将大大超乎想象，周转环节固然少了，但是所有成本和压力却要企业独自承担。很难想象一家汽车生产商摒弃所有的中间商，直接承担包括销售、维修、售后服务所有的市场行为。如何控制物流，建设低成本的物流系统，是电子商务真正的问题。如果未能形成优化而低成本的物流系统，电子商务的其他优点将随即被抵消，反而不如传统商务的迂回经济。

4. 安全性

电子商务必须解决“不见面的交易如何获得保障安全”这样的问题，特别是汽车这样的“大买卖”。其中需要解决的具体问题有：①社会身份的确认以及信用系统；②电子货币的安全性。当一宗买卖在网际间发生，厂家会担心消费者的身份是否真实，银行户头是否确实有效，买卖会不会中途变卦，消费者会担心账号是否会被盗用，商品是否能如期交货。这些问题都需要有一整套保障体系来确认。

7.2.4 电子商务与网络营销的区别与联系

电子商务与网络营销是两个既有联系又有区别的不同概念。

电子商务是指利用互联网进行的各种商务活动，是一个较广泛的概念。全程性的电子商务必须解决与电子支付技术相关的技术、安全等问题，同时还要有高效、低成本的物流配送系统为支撑。而网络营销的开展并不要求这些问题全部得到解决，它完全可以仅仅把互联网作为一种新的高效的传媒，一旦时机成熟再和电子商务融为一体。

电子商务包含网络营销，没有网络营销就没有顾客，没有顾客就不会有交易，也就没有了电子商务，所以网络营销是电子商务重要的组成部分。从这一点来说，并不是只有商务网站需要网络营销，任何利用网络从事某种活动都需要网络营销，通过网络营销提高网站知名度和美誉度。另一方面，网络营销并不排斥传统的营销方式，通过传统营销手段，把顾客吸引到网上来，吸引到自己的网站来，是许多网站的重要营销策略。

所以，网络营销是指如何有效地利用网络这一现代信息工具，达到企业经营目标的各种活动，它既应用于电子商务，也应用于传统商务。网络可以利用的营销工具有：网络市场调查、网络广告、企业网站、网络论坛、电子公告板、超级链接、电子邮件和搜索引擎等。

因此，网络营销和电子商务是互相联系的两个不同概念、方法和活动，网络营销既服务于电子商务，也服务于传统商务；网络营销既依赖于电子商务，又独立于电子商务。

7.3 汽车营销的客户关系管理

客户关系管理(Customer Relationship Management,CRM)源于“以客户为中心”的新型商业模式，是从改善企业与客户之间关系的基础上发展起来的，它通过搜集、整理和分析客户资料，建立和维护企业与客户之间卓有成效的“一对一关系”，使企业在提供更快捷周到的服务、提高客户满意度的同时，吸引和保持更多高质量的客户，从而提高企业绩效，并通过信息共享和优化商业流程有效地降低企业经营成本。

7.3.1 汽车营销客户关系管理的概述

客户关系管理(CRM)，是指企业通过与客户进行富有意义的交流沟通，理解并影响客户行为，提高客户忠诚度和保有率，实现客户价值持续贡献，最终实现企业发展的长期目标。“客户关系管理”是未来汽车行业营销服务的重要代名词，是营销服务的大趋势，是消费者、经销商和厂商共赢的重要工具。

CRM营销和传统营销的不同之处在于，CRM的营销方法是靠口碑传播，把同样的营销费用更多投入在老用户身上，实现用户关怀并提升老用户的客户满意度，最后通过老用户的传播，达到使老用户再次消费或老用户推荐新客户购买的目的。

需要注意的是，客户关系管理不是一套系统软件，实际上，真正的客户关系管理是流程、战略和系统的结合。客户关系管理营销方法与流程都非常重要。如果不是一套有体系的客户关系管理系统，只上一套CRM软件没有任何意义。

7.3.2 汽车客户关系管理的作用

汽车客户关系管理的作用很多，从业务角度来看，它具有以下作用。

1. 潜在客户的开发

对于汽车企业来说，有两类人是自己的潜在客户：第一类是从来没有买过车的人或者单

位，现在打算买汽车，他们有可能购买本企业的汽车；第二类是没有买过本企业汽车的人或者单位，通过做工作可以争取在他们购买新车时选择自己的产品。潜在客户开发的目标是要增加销售漏斗中潜在客户的流量，只有进入销售漏斗中的潜在客户数量增加了，从潜在客户转变为客户的数量才会增加。而且，增加潜在客户的流量，是一个循环往复的工作，不应该是阶段性的，或者是随意性的。

2. 潜在客户的管理

增加销售漏斗中潜在客户的流量，只是万里长征的第一步。将潜在客户成功地转化为客户，管理十分关键。例如，上海通用将客户的购车时间分为：立刻购买、3 个月内购买、6 个月之内购买、1 年之内购买这样几种类型。根据客户选择购买时间的不同，分门别类地采取不同的对应方法。对于一个立即购买的客户，系统就将这个信息送给销售人员，由销售人员及时地进行跟踪服务；对于 3 个月内购买的客户，系统会给销售人员提示，是不是可以将这个客户转化成立刻购买，提前客户的购买时间；对于 6 个月购买的客户，系统会提供比较详细的资料；对于 1 年之内购买的客户，系统只提供普通的资料。

3. 客户忠诚度的管理

汽车的生命周期决定了汽车消费的周期性。买了新汽车的客户过几年就会回到汽车市场中来重新买车。统计数据显示，对企业而言，新客户与老客户的比例为 7:15。因此客户购买新车一个月之内，销售人员必须对客户进行拜访，与客户沟通，倾听客户的意见。拜访与沟通的情况都应详细地记录在 CRM 系统中。在客户购车以后的 4 ~ 5 年当中，系统将不断地提示销售人员以及服务人员，要求他们不断地与客户进行联系和沟通，为客户提供各种服务和关怀，从而使得客户在下一次购车中继续选择本企业的产品。

7.3.3　汽车客户管理的实施

客户在购买汽车时面对的是零售商，但是完成购车程序后面对最多的就是维修服务站。当然也有零售商同时也是维修服务站的，但是在这里处理维修与服务问题的是维修人员。所以客户既要与销售人员打交道，还会与维修人员打交道。客户还有可能会通过“800”电话与企业呼叫中心的座席服务人员打交道。此外客户还会通过网上自助的方式，或者是通过电子邮件的方式与企业网站打交道。因此，CRM 方案的制订，始终应结合“以客户为中心”这个根本点来展开。

零售商、维修服务站以及呼叫中心、网站等所有与客户进行接触的点上，如何能够通过彼此协作，共同处理和完成客户的各种请求、投诉、询问，是至关重要的问题。为此，客户的资料要集中化，销售人员的任何变化都不会影响零售商以及服务站给客户提供的服务。同时，车辆的信息也要集中化。下面介绍汽车客户管理(CRM)的实施。

1. 集中管理客户信息

(1) 汽车数据要详尽　汽车是耐用商品，它的使用寿命一般都在 10 年甚至更长的时间。对厂商而言，汽车处于动态过程中的信息比购买信息更为重要，因为这种信息是提供服务的基础。因此，汽车厂商不但要有客户购买汽车时的数据，包括客户的姓名、地址、电话、邮政编码、所购汽车的型号、车辆的发动机号码以及机架号码，而且还得有客户购买车辆后的状况数据，如汽车有没有进行过修理，如果进行过修理，在哪个维修站修理了哪些内容、更换了什么零部件，是哪个工人来操作的等数据。缺乏这些汽车动态过程的数据，就无法对车辆进行完整的了解，也无法向客户提供更有针对性的服务。

（2）客户数据记录要科学　企业在进行电话营销活动时应当有科学的记录，例如在客户生日到来时寄个贺卡表示关怀有记录，但是客户对产品或者是服务的投诉也要有记录。由全国各地的零售商以及维修站提供的数据，以及分布在企业内部各部门之间的数据都应及时上传。

2. 提高机构内部协同工作的效率

与客户接触的企业客户服务中心、大客户销售代表以及零售商、市场活动和售后服务站等四个部分，应既能协同工作，又能提高效率。原来汽车生产的信息是在工厂内，但是汽车的库存则可能在各地的零售商那里，汽车在途的信息可能又会在运输公司那里，而车辆维修的信息又放在不同的维修站。所以，提高机构内部协同工作的效率非常重要。

3. 开拓新的客户接触渠道

新的客户接触渠道有很多，例如开通“800”免费咨询电话呼叫中心，全新的中文网站在线导购栏目等。它们都能为客户提供新的个性化的接触渠道。

客户呼叫中心由以下三个部分构成：

（1）客户支持中心　这个中心对所有人开放，客户可以通过“800”免费咨询电话呼叫中心、全新的中文网站在线导购栏目等方法寻求帮助。座席服务人员都应有丰富的从业经验，并经常接受相关的培训，他们的任务主要是解答客户的咨询，处理客户的投诉问题。

（2）技术支持中心　这个中心只对维修站开放。如上海通用技术支持中心专门配备了汽车维修经验丰富的工程师，负责解答来自全国各地通用维修站的各类问题，以帮助维修站的工程师及时有效地解决客户的汽车维修问题。这个用于内部技术支持的中心，同样是通过CRM软件平台来完成工作的。企业应当将很多年积累起来的各种型号汽车维修问题的解决方案放置在数据库之中，中心的工程师在接到维修站的问题时，就可以将数据库里的解决方案调出来，根据系统的提示来处理提问。例如上海通用维修站提出客户的一部别克车制动系统不是很好，中心的工程师就把别克车制动系统问题的解决方案调出来，系统会自动提示工程师还应该问维修站几个问题，以便将问题进一步确认，系统还会根据结果给出已经设定好的处理方法及步骤。

（3）操作平台　这个平台只对零售商开放，是为零售商下汽车订单而设置的，按照区域来进行管理。通过这个平台，可以掌握零售商所订购汽车的动态情况。零售商只要在系统中输入所订购汽车的号码，就清楚地知道这部汽车目前的状况，信息可以具体到装配流水线的每个部分。

4. 对客户进行细分

对客户进行细分是实施CRM的最后一步。通过使用数据仓库与数据挖掘工具对客户信息进行细分，分析客户对汽车产品以及服务的反应，分析客户满意度、忠诚度和利润贡献度，以便更为有效地赢得客户和保留客户。这是CRM真正能够发挥作用的阶段。

案例

通用汽车公司电子商务的发展

美国通用汽车公司是世界500强中的佼佼者，也曾是世界汽车行业的龙头老大之一。通用汽车公司已有百年的历史，在营销方式、管理模式，以及企业文化等方面有着自己鲜明的特色。然而，互联网革命使得这家百年老企业也不得不进行彻头彻尾的变革。

近年来，互联网的高速发展使得越来越多的人认为：传统企业必须在营销、管理等方面进行彻底的改革，建立跨骑在现实和虚拟两个世界的“鼠标加水泥”式企业。这一理想的模式，目标是利用强大的网上业务建立起一种新的品牌形象。然而，转型是痛苦和艰难的，它不仅要求企业彻底重建基础设施，而且需要进行企业文化的深刻变革。不过，在已经完成和正在进行这一转变过程的企业中，美国通用汽车公司就是其中极具代表性的转变得较为成功的公司之一。

目前，通用汽车公司正在利用 Internet 重新设计他们的商务战略，公司业已利用 Web 支持他们的后台办公过程。这家公司的整个机构，上至最高执行官下至普通雇员，都已被互联网技术所浸透，更为深刻的一个变革则是“企业到企业”和“企业到客户”的新商务模式的建立。

通用汽车公司是世界上最大的汽车公司之一，年工业总产值达1000多亿美元，它是由威廉·杜兰特于1908年9月在别克汽车公司的基础上发展起来的，成立于美国的汽车城底特律，现总部仍设在底特律。通用汽车主要面向汽车市场，其经销商遍布全球各地，每年在全世界销售的汽车达数百万辆。从汽车产量看，该公司占美国汽车产量的一半左右，而小轿车则占60%左右。除生产销售汽车外，公司还涉足航空航天、电子通信、工业自动化和金融等领域。通用汽车公司在美国最大的500家企业中居首位，在世界最大工业企业中位居第二。它在美国及世界各地雇员达800万人，分布在世界上40个国家和地区，通用家族每年的汽车总产量达900万辆。

通用汽车公司正在进行着由传统的营销模式向电子商务模式的变革。并试图利用 Internet 增加市场份额、提高销售收入、降低生产成本，优化供应链系统。

1998年下半年，当通用汽车正忙于埋头改造其整个基础设施时，Szygenda 和当时通用汽车北美总裁，即现任通用汽车 CEO Rich Wagoner 就意识到了互联网将要产生的影响，并开始着手建立一个名为 eGM 的“企业到客户”的子公司，以及许多正在实施的在线业务。

eGM 是通用汽车公司的一个独立的业务部门，这一部门的建立，旨在改进企业与客户之间的关系，并促进企业产品的销售。目前这一部门已经与 AOL 和 Kelly Blue Book 联盟，以吸引更多的客户访问其 Buy Power 等站点，加速其汽车的销售。在新世纪伊始，Buy Power 每月的访问者已过百万。

目前，在所有以在线形式购买汽车的客户中，75%都访问过通用汽车公司的 Web 网点。2000年，通用汽车公司还开始提供其“根据订单制造”的在线服务，和针对客户与经销商的在线车辆跟踪服务。

通用汽车公司卓有远见的 Internet 战略还体现在他们与经销商的合作上。尽管通用汽车公司转向了“根据订单制造”的在线销售，但仍需利用经销商网络把汽车提交给客户，并提供相应的售后服务。这将要求通用汽车公司与其经销商之间有密切的合作。

1999年早些时候。通用汽车公司与“经销商管理系统”提供商 Reynolds and Reynolds 公司的合作，不仅提高了经销商与通用汽车公司之间共享信息的能力，而且还使通用汽车公司把它的供应链系统与8000多个北美经销商的清单管理系统成功地加以集成。

然而，对于通用汽车公司来说，在其电子商务改革中仍受到一些限制。因为美国的特许权法规定：汽车制造商不能直接向消费者销售他们的产品。所以在汽车购买过程中，经销商仍然要发挥重要的作用。至少今后若干年中，零售商和经销商仍将是整个汽车销售供应链中不可缺少的重要环节。然而，随着经销商更多地转向售后服务，并由于今后的消费者将可以绕过经销商，通过网络直接了解到汽车的产品价格，以及其他与他们所购车辆相关的信息，所以对于消费者来说，在线讨价和选择产品已指日可待。或许有一天人们将不再受到特许权法的限制，最终将可通过 Web 直接购买到他们的汽车。

现在，为了与其他在线汽车网站(例如 Autobytek. com)进行竞争，通用汽车公司正在与其经销商合作，开发一个在线消费者市场。这一市场将向消费者提供由第三方提交的“通用汽车公司与非通用汽车公司汽车性价比较”分析报告，并实现与各经销商的连接。通用汽车公司认为，在电子商务中，制造商、信息提供商、经销商，以及服务公司必须互相合作，但他们也担心其中的不必要竞争。不过到目前为止，还没有任何人能够夺走通用汽车公司的任何—笔生意。

[案例思考题]

1. 通用汽车是如何转向电子商务的?
2. 在转型过程中，通用汽车公司面对的问题有哪些？如何解决?
3. 试讨论网络信息时代对汽车营销将带来哪些冲击以及存在的机遇?

本 章 小 结

1. 网络营销就是以客户需求为中心的营销模式，是以互联网为营销环境，传递营销信息，沟通与消费者需求的信息化营销过程，是市场营销的网络化。

2. 汽车网络营销的优势包括：(1)面向顾客的需求；(2)实现与顾客的沟通；(3)获取低廉的成本；(4)便利用户的购买。

3. 根据汽车企业对互联网作用的认识及应用能力的划分，网络营销可以划分为五个层次，即：企业上网、网上市场调研、网络联系、网上直接销售、网络营销集成。

4. 电子商务(EC)是通过数字通信进行商品和服务的买卖以及资金的转账，包括公司间和公司内利用 E-mail、EDI、文件传输、传真、电视会议、远程计算机联网所能实现的全部功能(如市场营销、金融结算、销售以及商务谈判等)。

5. 汽车电子商务对汽车厂家、销售商和顾客都具有优势。

对汽车厂家和销售商来说，汽车电子商务具有的优势包括：①减少汽车销售的中间环节，缩短汽车销售渠道；②降低交易成本，减少库存，提高产品竞争力；③网络广告能展示各种多媒体信息，降低促销成本；④促进汽车厂家改进技术，改善服务；⑤提供客户信息服务，保持与客户的密切联系；⑥用户对公司的忠实度大为提高。

对购车客户而言，汽车电子商务具有的优势：①网上购车可以自主决定购车品种和意向；②消费者可坐在家中作出最佳的选择；③消费者还可以订制，实现个性化购车；④大大节省时间。

6. 为了使得电子商务顺利进行下去，汽车企业必须考虑的4个核心问题是信息流、资金流、物流和安全性。

7. 客户关系管理(CRM)，是指企业通过与客户进行富有意义的交流沟通，理解并影响客户行为，提高客户获得、客户保留、客户忠诚和客户创利，最终实现企业发展的长期目标。

8. 从业务角度来看，汽车客户关系管理(CRM)的作用包括：①潜在客户的开发；②潜在客户的管理；③客户忠诚度的管理。

9. 汽车客户管理(CRM)的实施包括：①集中管理客户信息；②提高机构内部协同工作的效率；③开拓新的客户接触渠道；④对客户进行细分。

复习思考题

1. 如何理解网络营销的优势？
2. 电子商务与网络营销有什么关系？
3. 汽车客户关系管理的作用如何？
4. 怎样实施汽车客户管理？

第 8 章 汽车用户购买行为分析

学习目标：

- 掌握汽车私人消费用户购买行为的决定因素。
- 了解汽车个人购买行为的类型。
- 对消费者购买行为进行分析。
- 掌握汽车私人消费用户购买决策过程。
- 了解汽车集团组织用户购买行为特点。
- 掌握影响集团组织购买行为的主要因素。

按照购买汽车的动机，可以把消费者分为私人消费用户和组织消费用户。用户从需要的产生到得以满足，要经历一个复杂的购买过程。企业如果重视对购买者购买过程的研究，掌握其中的规律和特点，将有利于企业实施有效的营销组合策略，提高市场营销的效率，在满足各类用户需要的前提下实现企业的发展目标。本章将对汽车私人消费用户和汽车集团组织用户的购买行为进行分析。

8.1 汽车私人消费用户购买行为分析

汽车私人消费就是为了个人生活消费需要而购买汽车和服务的全部个人和家庭。企业为私人消费用户服务并实现其营销目的的过程，就是最终实现汽车价值和使用价值的过程。对汽车私人消费用户的研究是对整个汽车市场研究的基础。

8.1.1 私人消费用户购买行为的决定因素

购车者买车行为是随着社会经济、政治和文化的发展而不断发展的，尽管受各种因素的影响而千变万化，但总是存在着一定趋势和规律性。企业为了更好地满足消费者的需求，必须分析认识购车者的特点，以便更好地开展汽车市场营销活动。对于企业来说，最重要的是了解消费者购买行为是以什么方法决定的，其决定要受到哪些因素的支配和影响。因为只有了解了消费者购买行为是由什么原因引起的，企业才能更加科学地解析和预测消费者的购买行为，其结果将会给各种市场营销活动带来不可估量的利益。

消费者购买行为的决定框架由两大部分构成，即消费者个人的内在决定因素和外在决定因素(图 8-1)。内在因素与消费者购买决定直接相关，而外在因素只是对内在因素施加影响，也就是说，外在因素会间接地影响消费者的购买决定。

1. 内在决定因素

内在决定因素也可称基本决定因素，包括消费者的需求、动机、个性、知觉、学习、态度等。

（1）需求　需求是人类行为和消费者行为之母，是人类所具有的生理或心理上的欠缺和不满足。一般生活需求可以通过对产品、服务的使用来得到满足。按美国著名心理学家马斯洛(Abraham Madow)的“需求层次论”，人类是有需要和欲望的，随时等待满足。此外，人的需要是分层次的，只有当低级的需要得到满足后，才会产生更高级的需要，而需要程度的大小则与需要层次的高低成反比。“需求层次论”把人类的需要分为五个主要层次，如图 8-2 所示。

图 8-1　内在决定因素与外在决定因素

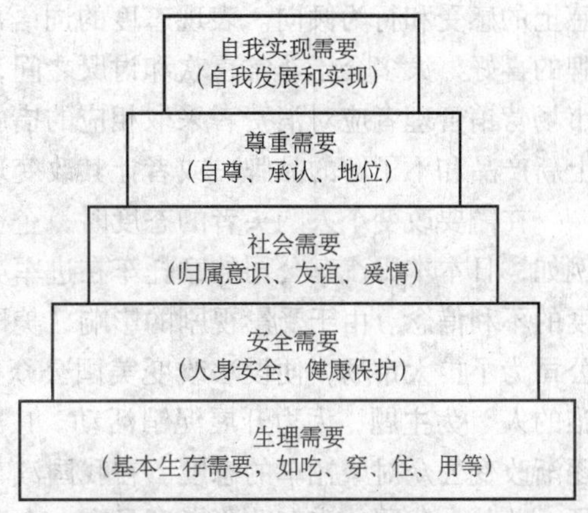

图 8-2　马斯洛的“需求层次论”

此外，人的需求还有对知识的需求，即与好奇心、实现欲、自我完成相关的需求和审美性需求，即追求美、协调和秩序的需求。

由此可知，消费者的需求具有多样性和层次性的特点。通过调查发现，假如顾客说想买一辆“不贵”的汽车，其中至少存在五种需求：①表明了的需求：一辆不贵的汽车；②真正的需求：低廉的总购买成本和运营成本；③未表明的需求：期望从销售处得到好的服务；④令人愉悦的需求：购买汽车时意外地获得相关地区或国家的交通地图册；⑤秘密的需求：想找到一个以价值导向的理解顾客心思的朋友。

（2）动机　动机是所有消费者行为的基本。根据马斯洛的“需求层次论”，人的需要的状况主要决定于已实现的欲望。已满足的需要不会形成动机，只有那些未满足的需要才构成动机。人类的行为受动机的支配，而动机则是由需要引起的。当个人的某种需要未得到满足，或受到外界刺激时，就会引发某种动机，再由动机而导致行为。在这种意义上，动机其实就是在一定程度上的需要。个人购买者的动机所支配的是个人购买者的购买行为，弄清个人购买者动机生成的机理，对于企业市场营销具有重要意义。

（3）个性　个性是指一种与众不同的、独特的心理特性。市场营销学认为，个性是影响消费者购买行为的主要因素之一。因此，企业必须了解消费者各自的个性，并开发出适合其个性的产品，以满足其需求。

（4）学习　学习是指各个人因行为、经验和心理联想所产生的在反应和行为上的变化。人们通过学习掌握了态度、价值观、兴趣和嗜好等，并与其购买行为密切相关。因此，如果了解了消费者的学习结构和性质，就有益于掌握消费者对产品的态度和价值观的形成以及广告等促销的认识和记忆。

通常情况下，学习并非一次性全部完成，而是随经验和试行不断加强。学习曲线告诉我们：假设消费者购买特定品牌产品，在购买三次后，第四次购买同一品牌的概率约为62%，第六次重复购买该品牌的概率达76%。

（5）知觉　知觉是指个人因受到外在环境的刺激后创造一定意义或从自身的内在因素中引发出一定意义的过程。人们要经历三种知觉过程，即选择性注意、选择性曲解和选择性记忆，所以，即使对同一刺激物，其知觉也会因人而异。

（6）态度　态度是指个人对某些事物较长期持有的喜欢与讨厌等的认识上的评价、情感上的感受和行为倾向。表现态度的词语常用信念、意见、倾向、偏好、感情等。人们对品牌的喜好，大多介于非常喜欢和讨厌之间，还有一种就是消费者对品牌不完全了解。于是，市场营销管理者应对消费者采取相应的措施：或者强化现有的喜好态度；或者让消费者喜欢上新产品和不了解的品牌；或者让其改变现有态度，提高喜欢的程度。

在需要改变个人购买者的态度时，企业必须有强大的广告宣传手段和有力的促销方式。例如，日本本田汽车公司的摩托车在进军美国市场时，一开始就面临公众对摩托车持否定态度的不利信念。由于受影视剧的影响，美国人常把摩托车同流氓犯罪活动联系在一起，本田公司为了扩大市场，便设法改变美国公众的态度。该公司以“你可以在本田车上发现最温雅的人”为主题，大力开展促销活动。广告画面上的骑车人都是神父、教授、美女等，才逐渐改变公众对摩托车的态度。在我国汽车界，也不乏品牌被砸导致企业蒙受巨大损失的例子。此外，我国的汽车购买者还具有一个明显的特征，即某个地区的购买者对每种车型一般只倾向于一个品牌，这也表明同一地区的购买者对某种产品具有相似的信念。

2. 外在决定因素

外在决定因素又称环境决定因素，主要有社会因素、家庭因素、集团因素、文化因素、经济因素和企业因素。

（1）社会因素　私人消费者购买行为要受到一系列社会因素的影响，如消费者关连群体、社会阶层等。

1）关连群体是那些直接或间接影响人的看法和行为的群体。人们的购车方式和偏好不是天生的，而是后天形成的。对购车者生活方式和偏好有影响的各种社会关系就称为关连群体。一般可分为如下三类：

① 紧密型体。即与购买者个人关系密切、接触频繁、影响最大的群体，如家庭、邻里、同事等。

② 松散型体。即与购买者个人关系一般、接触不太密切、但仍有一定影响的群体，如个人所参加的学校和其他社会团体等。

③ 渴望群体。即购买者个人并不是这些群体的成员，但却渴望成为其中一员，仰慕该类群体某些成员的名望、地位，而去效仿他们的消费模式与购买行为。这类群体成员主要是各种社会名流，如文艺体育明星、政界要人、学术名流等。

关连群体对个人购买者购买行为的影响是潜移默化的。因为人类天生就具有趋同性和归属感，个人购买者往往要根据关连群体的标准来评价自我行为，力图使自己在消费、工作、娱乐方面同一定的团体保持一致。在这种意义上，关连群体对汽车产品个人购买行为的影响

主要表现在：第一，为团体成员提供某一特定的生活方式和消费模式，促使群体内的成员根据特有的消费模式采取购买行为；第二，运用团体力量影响个人购买者的购买态度，改变已有的观念；第三，影响个人购买者对产品及品牌的选择。研究表明，汽车个人购买者的购买行为易受到关连群体的影响。

2）社会阶层，即具有类似的价值观、兴趣和生活方式的社会性同质集团。对社会阶层的判断并非收入单一要素，而是职业、收入、教育、财产及其要素的组合。不同的社会阶层有不同的生活方式和购买行为，尤其是在那些社会阶层明显的国家或地区，在其购买行为上反映出显著的差异性，所以，市场营销管理者在制订市场营销战略时应对社会阶层予以高度重视。

（2）家庭因素　家庭是影响私人消费者购买行为的首要参照群体之一，对其购买行为有着重要影响。家庭消费行为基本上可以分为四类：丈夫决策型、妻子决策型、协商决策型和自主决策型。私人汽车的购买，在买与不买的决策上，一般是协商决策型或丈夫决策型，但在款式或颜色的选择上，妻子的意见影响较大。从营销观点来看，认识家庭的购买行为类型，有利于营销者明确自己的促销对象。一般说来，处于不同阶段的家庭，其需求特点是不同的，企业在进行营销时只有明确目标顾客所处的生命周期阶段，才能拟定适当的营销计划。

西方学术界通常把家庭生命周期，划分为九个阶段，即：

① 单身期：指离开父母后独居的青年时期。

② 新婚期：指新婚的年轻夫妇，无子女阶段。

③“满巢”Ⅰ期：指子女在 6 岁以下，处于学龄前儿童阶段。

④“满巢”Ⅱ期：子女在 6 岁以上，处于已经入学的阶段。

⑤“满巢”Ⅲ期：结婚已久，子女已长成，但仍需抚养阶段。

⑥“空巢”Ⅰ期：子女业已成人分居，夫妻仍有工作能力的阶段。

⑦“空巢”Ⅱ期：已退休的老年夫妻，子女离家分居的阶段。

⑧ 鳏寡就业期：独居老人，但尚有工作能力的阶段。

⑨ 鳏寡退休期：独居老人，已经退休的阶段。

一般说来，处于不同阶段的家庭，其需求特点是不同的，企业在进行营销时只有明确目标顾客所处的生命周期阶段，才能拟定适当的营销计划。对汽车营销而言，面临的家庭阶段主要是处于“满巢”期的各类顾客。

（3）文化因素　文化是指“后天、历史形成的外在和内在的生活方式的体系，由集团全体成员或特定成员共同拥有的财产”，是“人类为适应其环境所使用的知识、信念、价值观、习惯、艺术的综合”。文化因素包括核心文化和亚文化。文化因素之所以影响购买者行为，其原因有三：一是文化的存在可以指导购买者的学习和社会行为，从而为购买行为提供目标、方向和选择标准；二是文化的渗透性可以在新的区域中创造出新的需求；三是文化自身所具有的广泛性和普及性使消费者个人的购买行为具有攀比性和模仿性。所以，营销者在选择目标市场和制订营销方案时，必须了解各种不同的文化对于企业产品的影响，了解购买者对企业产品的实际兴趣阶段。文化对消费者行为具有广泛和深远的影响。文化体现在购车中主要有以下变化：

① 知识化趋势：当前随着人们尊重科学知识意识的增强，高知识背景的人越来越多，

并且知识和他们的财富成正比，教育程度高的群体收入会越高，他们购车的欲望也就越大。

② 个性化趋势：中青年一代喜欢表现自己的个性特点，他们喜欢按照自己的生活方式、观念、爱好来选择他们喜欢的车型。

③ 休闲娱乐趋势：随着经济生活水平的提高，人们喜欢在空闲之余去旅游，可能就会考虑买车，并会挑选空间大一点的车子，能满足全家一起外出的需要。

(4) 集团因素　家族是个人所属的最基本的集团。家族既是影响消费者购买行为的主要因素，又是购买行为者。理解家族的构成和作用对了解家族的决定方法和理由大有帮助。如美国在20世纪60年代末到70年代初，家族的构成发生了变化，即规模变小，数目变多，每个家族集团的收入减少。这种变化影响到家庭对汽车的购买行为，即购买小型轿车和廉价轿车的消费者增多。日本汽车行业取得进入美国汽车市场的成功，正是因为他们抓住了这一家族构成变化所提供的环境机遇。

(5) 经济因素　经济因素，既指整体经济环境、集团经济状况，又包括个人收入条件。不言而喻，无论哪种情况都会对消费者购买行为给予极大的影响。

经济状况实际上决定的是个人和家庭的购买能力。它对于企业营销的重要性就在于，有助于了解个人购买者的个人可支配收入变化情况，以及人们对消费开支和储蓄的态度等。当企业对经济发展形势估计有误时，则应按实际经济状况重新调整企业营销策略，如重新设计产品、调整价格，或者减少产量和存货，或者采取一些其他应变措施。

(6) 企业因素　企业因素是指企业提供的产品、企业本身的形象、企业的广告宣传等对消费者购买行为形成的刺激和影响。

8.1.2　汽车个人购买行为的类型

研究汽车的个人购买行为时，一般需要从不同角度进行相应的分类，但较为普遍的分类方法是以购买态度为基本标准。因为购买态度是影响个人购买行为的主要因素。按照这种标准划分，汽车的个人购买行为可分为理智型、冲动型、习惯型、选价型和情感型等几种。

1. 理智型

这是指以理智为主作出购买决策的购买行为。具有这类行为特点的消费者，其购买思维方式比较冷静，在需求转化为现实之前，他们通常要做广泛的信息收集和比较，充分了解商品的相关知识，在不同的品牌之间进行充分地调查，慎重挑选，反复权衡比较。也就是说，这类消费者的购买过程比较复杂，通常要经历信息收集、产品和品牌评估、慎重决策和购后评价等各个阶段，属于一个完整的购买过程。现阶段，我国的私人汽车消费者的购买行为多属于这种类型。因为他们多数是初次购买私人轿车的用户，购买汽车要花费他们较多的资金，且汽车结构复杂，专业性较强，普通消费者的汽车知识较少等。对于这类顾客，营销者应制订策略帮助顾客掌握产品知识，借助多种渠道宣传产品优点，发动营销人员乃至顾客的亲朋好友对顾客施加影响，简化购买过程。

2. 冲动型

这是容易受别人诱导和影响而迅速作出购买决策的购买行为。冲动型的购买者，通常是情感较为外向，随意性较强的顾客。他们一般较为年轻(30多岁者居多)，具有较强的资金实力。对于冲动型购买者来说，易受广告宣传、营销方式、产品特色、购买氛围、介绍服务等因素的影响和刺激，进而诱发出冲动性购买行为。这种需求的实现过程较短，顾客较少进

行反复比较挑选。但是这类顾客常常在购买后会认为自己所买的产品具有某些缺陷或其他同类产品有更多的优点而产生失落感，怀疑自己购买决策的正确性。对于这类购买行为，营销者要提供较好的售后服务，通过各种途径经常向顾客提供有利于本企业和产品的信息，使顾客相信自己的购买决定是正确的。

3. 习惯型

这是指购买者个人对有某种品牌偏好的定向购买行为。这类购买行为较少受广告宣传和时尚的影响，其需求的形成，多是由于长期使用某种特定品牌并对其产生了信赖感，从而按习惯重复购买。所以，这种购买行为实际上是一种"认牌型"购买行为。

4. 选价型

这是指对商品价格变化较为敏感的购买行为。具有这类购买态度的个人，往往以价格作为决定购买决策的首要标准。选价型购买行为又有两种截然相反的表现形式：一种是选高价行为，即个人购买者更乐意选择购买高价优质商品，如那些豪华轿车购买者多是这种购买行为；另一种是选低价行为，即个人购买者更注重选择低价商品，多数工薪阶层的汽车用户以及二手车的消费者主要是这种购买行为。

5. 情感型

这里指容易受感情支配作出购买决策的行为。持有这类购买态度的顾客，其情感体验较为深刻，想象力特别丰富，审美感觉灵敏。在情感型购买的实现过程中，较为易于受促销宣传和情感的诱导，对商品的选型、色彩及知名度都极为敏感，他们多以商品是否符合个人的情感需要作为研究购买决策的标准。国外家庭以女性成员为使用者的汽车用户多属于这种购买行为。

总体上讲，我国现阶段的汽车个人消费者，其购买行为类型以理智型占主导，其余类型只是在西方经济发达国家才经常见到，这也说明汽车营销者在开发国内国外两个市场时，应采取不同的营销模式。

8.1.3　汽车消费者购买行为的要素

汽车消费者的购买行为是指汽车消费者在一定的购买行为支配下，为了满足汽车的需求而购买汽车的活动过程。研究消费者购车行为，就是要掌握汽车购买者如何作出决定，把他们的资金(金钱、时间、精力)用于有关购买汽车的事项上，了解他们购买何种车、何时购买、何处购买、由谁去买、为何购买、如何购买等问题，也就是5W2H，从而掌握消费者购买行为的规律性。5W2H，即Who、Which、Why、When、Where、How、How often。

1. 购买何种车(Which)

这是对消费者购买客体或购买对象的分析，汽车营销者可以通过市场调查，研究了解汽车消费者市场需要什么样的汽车，尽量在外观、品种、质量、性能、价格等方面满足消费者的需求，一般情况下，汽车购买者总是喜欢物美价廉、式样新颖、富有个性的汽车。

2. 何时购车(When)

这是对汽车消费者购买时间的分析。表面上看汽车消费者购买汽车没有时间规律性，但是从深层来分析，还是有一定规律可循。一般情况下，购车者都是喜欢工作之余或是在周末的时间去看车，季节性购车也有一定的趋势。

3. 何处购车(Where)

这是对消费者购买地点的分析，主要从两个方面来分析：①汽车购买者决定在何处购车？②汽车购买者实际在何处购买？不同的汽车在决定购买和实际购买地点上是有所区别的。有些商品，消费者可能在购买地点就会作出购物的决定，而且选择就近购买。选择购买汽车则不同，可能由家庭成员共同商量决定，然后到信任的汽车销售中心购买。

4. 由谁购车(Who)

这是分析汽车购买主体，也就是汽车由谁购买的问题。由于汽车购买者年龄、性别、收入、职业、教育、性格等方面的不同，因而在需求与爱好方面也存在着很大的差异。由谁购买汽车，实际上是有好多人参与购买的活动，包括以下 5 种人：发起者、影响者、决策者、购买者和使用者(表 8-1)。

表 8-1 消费者在购买行为时的角色

角 色	描 写	角 色	描 写
发起者	首先提出购买汽车的人	购买者	实际从事的购买者
影响者	对最终购买汽车有直接或间接影响的人	使用者	实际驾驶汽车者
决策者	对整个或部分购买决策有最后决定权的人		

传统的观念认为，汽车购买的重要角色是决策者，但是从现在的家庭状况来分析，由于独生子女的特殊情况，在一定程度上打破了传统的“权威”，从而影响了购买者的决策。在家庭购车决定过程中，五种角色地位不同，心理状态也不相同，满足他们需要的方法也不相同。因此，企业营销人员必须有自主性地制订与汽车营销工作相关的营销策略和方法。

5. 为何购买(Why)

这是对汽车购买者购买欲望和动机的原因分析，是消费者购买汽车的初始原因和原动力，当购车的欲望强烈到一定程度，就会产生购买的动机。没有购车的欲望和购买动机，购车行为几乎是不存在的。因此，分析“为何购买汽车”的关键是对欲望和动机的分析。企业应通过对消费者的调查和预测，准确地把握和弄清楚消费者为何购车这一问题。

6. 如何购车(How)

这是对消费者购买方式和付款方式的分析，购车者采取什么方式购车，是现场付款还是分期付款，会影响企业营销计划的制订。企业应根据汽车消费者的不同要求，制订出相应的汽车销售策略。

7. 购买的频率如何(How often)

了解了购买时机之后，还必须清楚消费者多久才购买一次，即购买频率。对于汽车经销商来说，了解客户在什么时候可能有购买新车的需要以及什么时候出现更新换代的要求是很重要的。这是对消费者购买汽车能力的分析，一般情况下，汽车购买者总是喜欢性价比较高的汽车，用有限的金钱买到满意的汽车，企业应根据汽车消费者的不同要求，制订出相应的汽车价格策略。

8.1.4 汽车私人消费用户购买决策过程

当购买汽车的时候，消费者一般经历图 8-3 所示的消费者决策 5 个过程：确认需求、信息搜寻、评估选择、购买选择、购买后的行为。这 5 个步骤代表了消费者一项从认识商品和

服务到评估的购买的总体过程。这个过程是研究如何作决策的指导原则。

图 8-3　消费者决策的 5 个过程

1. 确认需求

购车者决策过程的第一阶段是对汽车需求的确认。当消费者面对内部或外部的刺激时，就会有购车的需求。内部刺激如上下班不方便，需要汽车作为代步工具；汽车的颜色、包装设计、有朋友提起的品牌名称、电视上做的广告、别人用车的性能状况等被认为是外部刺激。需要是消费者从事购买活动的驱使力，而消费者的大部分需要是由于外部刺激的影响而产生的，即使是代步等内部刺激引发的需要，也往往要在外部刺激的影响下才会引起购买汽车的强烈需求。因此汽车企业应有意识地安排一些诱因(广告、展销会等)，激发消费者对本企业汽车产品的需要。

营销人员能够创造消费者需要。当某人有未实现的需求并知道某一特定的汽车能满足该需求的时候，就存在着需要。例如，年纪较大的消费者想拥有方便、舒适、安全的汽车。遥控设备、售后服务、座内空间等都是为舒适和方便而设计的。类似地，如果佩带信号发射装置，在紧急情况下可以使救护车或警察及时赶到，这为年纪较大的消费者提供了安全保障。

消费者是以不同的方式认识到未实现的需要的。两种最常见的情况是当现有汽车不完全适用或消费者感觉缺少应该常备的东西时，如果消费者听到或见到性能比当前汽车优越的产品，就可能认识到未实现的需要。这些需要通常由广告或其他促销活动创造出来。例如，一个白领在销售店看到刚上市的新品牌汽车，他就很可能产生想要一辆的愿望。

在全球市场销售产品的营销人员必须仔细观察不同地区的消费者的需求。通用汽车公司曾对日本汽车购买市场进行调研，希望了解向日本消费者销售该公司的骑士轿车（Cavalier)，他们应该做些什么。调查发现，对日本的轿车购买者来说，轿车看起来怎么样(包括内外两个方面)比它开起来怎么样更重要。因为日本风格的小房子无法容纳很多的物品，很多日本人把汽车视为他们基本的身份象征，甚至对于低档汽车的标准要求也非常高。它们的外表必须没有瑕疵，金属薄片焊接要细致完美，喷漆要像镜子一样光滑，内部装饰可以与最好的居室家具相媲美。车内的豪华地毯是必备的，因为这可以减少后排颠簸的感觉。由于街道狭窄，日本人喜欢可以折叠起的侧视镜。另外，自动空调系统、计算机控制的导航设备、顶级的立体声音响等也经常是必备的装置。只有了解了不同地区消费者的需求，才能更好地开发汽车的消费市场。

2. 信息搜寻

在确认需求之后，开始收集解决问题所需的信息。信息搜寻可以从内部、外部或内外部同时产生。内部信息搜寻是回忆记忆中原有信息的过程。这种信息很大程度上来自以前购买汽车产品的经验。例如，消费者购买时遇到以前曾经熟悉的某种汽车，通过搜寻记忆，很可能记起它是否好用，是否受欢迎以及驾驶性能是否良好。

与此相对，外部信息搜寻是指从外部环境中搜寻信息的过程，有两种基本类型的外部信息源：非营销控制的与营销控制的。非营销控制的信息源与营销人员对汽车的促销无关。例如，一位朋友可能因为他或她买过且喜欢而推荐某汽车。非营销控制的信息源包括个人经验（试用或观察新汽车）、个人信息源（家庭、朋友、熟人、同事）以及公共信息源，如承保人实验室、消费者报告和其他的评级组织。

营销控制的信息源对某特定汽车有一种偏向，因为它产生于营销人员对汽车的促销活动。营销控制的信息源包括大众媒体广告、促销、推销员以及汽车标志与外观。很多消费者对他们从营销控制的信息源得到的信息存在一定的戒心，认为大多数营销公司强调汽车的特性而不提它的不足之处。这些观点在受到良好教育与有较高收入的人群中体现得更为明显。

个人进行外部信息搜寻的范围依赖于他们对风险的预期、先前的经验以及对汽车或服务感兴趣的程度。通常随着对购买风险预期的增加，消费者会扩大搜寻范围，并考虑更多的可供选择的品牌汽车。如果消费者想买一辆价格昂贵的新车，由于费用高，所以这是一项风险较高的决策。于是他会搜寻有关的信息，如型号、装备、耗油量、耐用性、乘坐空间等。他也可能决定搜寻更多的有关情况的信息，因为查找资料所需的精力和时间比买一辆不称心的车的成本要低得多。相对来说，消费者在选择合适的浴室香皂上就不太可能付出这样大的努力。一项关于影响消费者对通过计算机订购商品的风险预期水平的研究表明，与那些风险预期较低的人相比，那些认为风险较高的人会在信息搜寻方面付出更多的努力，并参看大量的不同类型的信息源。

消费者对汽车或服务的认识也会影响其对外部信息搜寻的范围。如果消费者对潜在的购买了解很多，他就不需要另外搜寻信息。另外，消费者了解得越多，搜寻的效率就越高，花费的搜寻时间就越少。另一个影响消费者外部搜寻范围的因素是对自己决策能力的信息。一个有信心的消费者不仅对汽车拥有足够的信息，而且对作出正确的决策感觉非常自信。相反，缺乏这种决策信心的人，甚至在对汽车已经了解很多的时候也会继续进行信息搜寻。有购买汽车经验的消费者，与没有经验的消费者相比，对信息搜寻的预期较低，因此他们会花费较少的时间搜寻，并将他们考虑的汽车数量范围缩小。

另一个影响外部信息搜寻的因素是汽车经验。对于某种产品曾有过肯定的先前经验的消费者，更可能把他们的搜寻范围缩小到与该经验相关的项目上来。

消费者信息搜寻应该产生一组品牌，有时称作购买者的唤起组合（或考虑组合），它们是消费者最喜欢的选择。从这个组合中，购买者会进一步评估各种选择并作出决策。消费者并不考虑某一类汽车的所有品牌，但是他们非常认真地考虑一个较小的组合。例如，在美国有近200种汽车，然而大多数的消费者在需要购买决策时，仔细考虑的只是5种汽车。

3. 评估选择与购买选择

在获得信息和形成可选择的产品组合之后，消费者准备作出决策会使用记忆中存储的和外界信息源获得的信息，并形成一套标准，这些标准帮助消费者评估和比较各种选择。一种缩小唤起组合中，选择范围的方法是选择一种汽车特性，然后把不具备这种特性的汽车排除在外。例如，张某想买一辆新的汽车，他想要一台带遥控功能并能同时放几张CD（产品特性）的，于是他把不具备这种特性的所有产品都排除在外。

另一种缩小范围的方法是“截止点”，即确定可供选择对象的特性不超过某一最低或最高水平。假设张某还要从一系列的带遥控和多碟CD功能的汽车中选择，他再确定另一种产品特性：价格。在他积蓄允许的额度之内，张某决定花费不超过12万元买车，因此他把价格在12万元以上的所有车排除在外。最后一种缩小选择的方法是把所考虑的特性按重要性

排序，并且评估汽车最重要的性能。为作出最终决定，张某可以挑选最重要的特性。例如，带有遥控设备或同时具备自动制动的能力，并权衡每种特性，然后按这些标准评估来可供选择的汽车。

如果在该组合中增加新的品牌，消费者对该组合中现存品牌的评估会发生变化。于是，对最初组合中的某些品牌的需求会变得更高。例如，假设张某看到两种汽车，标价为 10 万元和 15 万元。此时他会认为 15 万元的那台太贵而不准备购买。然而如果他在选择范围中增加另一种标价为 25 万元的车，他会认为 15 万元的那种车不算太贵而决定购买。

营销经理的目标是决定哪些特性在影响消费者的选择方面是最重要的，哪几种因素可能共同影响消费者对汽车的评估。车辆某种单一的特性，如价格，可能不足以使消费者从他们的唤起组合中选择某车，而且营销人员认为重要的特性对消费者来说不一定重要。例如，一项研究表明，汽车保证范围是影响消费者购买决策最不重要的因素，但是汽车的颜色也在很大程度上影响购车者的决策。当购车者买车时，首先考虑的是车的品牌、类型、性能、质量等，一旦决定了这些后，面临的就是如何选择颜色的问题。也许，当购车者选择颜色时，考虑的仅仅是“我喜欢什么颜色”。不过以下这些问题购车者可能没有考虑到：什么颜色的汽车发生交通事故最少？什么颜色能使汽车显得大一些？什么颜色能使汽车显得结实而厚重？什么颜色是流行色？什么颜色的汽车在卖二手车时能保值？其实，汽车颜色的选择已经不是一个美观和个人偏好的问题，而是一个颇有说法的有意思的问题。

在对各种选择进行了评估之后，消费者会决定购买哪种汽车或干脆不进行购买。如果他决定进行购买，在这一过程的下一阶段是购买后对汽车的评估。

4. 购买后行为

在购买产品时，消费者期望从购买中产生某种结果，这些期望的实现情况会决定消费者对购买是否满意。一个购买二手车的人对于车的实际性能的期望较低，让人吃惊的是这辆车却成为他曾拥有的车中最好的一个。这样，这个消费者就得到了较高的满足，因为这超出了他原来比较低的预期。另一方面，如果一个购买新车的消费者期望车辆的性能非常好，但是这辆车的实际性能不好，他就会非常不满意，因为这没有达到他的高期望值。

对于营销人员来说，购买后评估的一个非常重要的内容是减少购车者对决策合理性的任何怀疑。当人们认为他们的价值观或想法与他们的行为不一致时，会感到一种内在的压力，称做认知不一致。例如，假设一位消费者将他的储蓄的一半用于购买一台新的高性能汽车，如果他想一下他花了多少钱，他很可能感到这种不一致。这种不一致的出现是因为这位消费者知道他所购买的产品有优点也有缺点。

消费者试图通过将他们的感觉合理化来减少这种不一致。他们可能搜寻能使他们坚定购买信心的新信息，避免与他们的决策相反的信息。刚买了一辆新车的人会阅读有关他刚买的这辆车的广告，而且比其他有关车的广告更多，来减少这种不一致。在有些情况下，人们会故意搜寻相反的信息并驳倒以减少这种不一致。营销人员可通过与购买者的有效沟通来帮助减少这种不一致。例如，顾客服务经理可能在包装中放一张便条祝贺购买者作出了一个明智的决策。展示该汽车优于其相竞争品牌的广告或保证书也能帮助已购买该汽车的客户减少可能产生的不一致感觉。例如，英菲尼迪汽车的经销商最近向新车购买者提供了在三天之内如果不满意可以退款的活动。经销商还提出了一项价格保护计划：如果英菲尼迪新车价格下调了，则在此之前 30 天内支付比新价高的人，可以找回差价。

8.2 汽车集团组织用户购买行为分析

汽车产品的购买者不仅仅有私人消费购买者，还有各种形式的组织或集团，这些组织或集团构成汽车的集团组织市场。由于汽车产品本身的使用特点，决定了汽车的集团组织市场是一个涵盖面很广的市场，既包括工业、农业、建筑等生产部门，也包括贸易、金融、保险、商业等经营服务单位，在现阶段，甚至在我国的汽车市场上占据主导地位(至少主导部分车型的市场)。因此，集团组织市场是我国汽车市场重要的组成部分，这个市场的购买者是汽车企业重要的营销对象，企业应当充分了解他们的特点和购买行为。

一般来说，汽车集团组织用户购买与私人消费者购买的主要区别在于两者购买产品的用途和目的上。

8.2.1 汽车集团组织用户购买行为特点

1. 购买者少

一般来说，汽车营销人员面对的顾客比消费品营销人员顾客要少得多。在商业汽车市场中，汽车企业命运的关键取决于来自汽车使用商的订货单。但是，当它出售更多的汽车给消费者的时候，它面临的是一个地区所有的人群。

2. 购买量大

许多商业汽车市场的特点就是较高的购买比例，许多重型运输车被少数运输公司运用，但是正是这部分少数公司购买了其中较大部分车辆。

3. 衍生需求

对商业用车的需求最终来源于对消费品的需求。如运输煤炭，是因为消费者要取暖或可能是炼钢用，如果这些消费需求疲软，那么对运输这些产品或原材料的汽车的需求也将会下降。

4. 供需双方关系密切

由于商业购车人数较少，大买主对于供应商来说极为重要。所以，在商业市场上，顾客与供应商有密切的关系，供应商被要求提供商业用车的规格和特殊性能，并提供特别服务。他们通常签订常年供货合同，如不出现意外，这种相互间的供需合作不会中断。

5. 需求缺乏弹性

相对私人汽车消费者而言，集团组织购买者的需求价格弹性小得多，特别是短期内需求受价格变动的影响不大。例如，为了满足运输或其他商业用车需要，商业企业在购车时，车价的高低对他们的购车行为影响都不会太大。他们不会因为车价在一定时期较高或较低就停止购买，需求在一定时期的弹性不大。有的组织购买者面临的选择机会不多，例如，地方政府或行业协会规定组织的本地用户只能选购本地产汽车；或者由于产品的特殊性，供应商数目有限，等等。这些原因都使得需求弹性减小。

6. 专业采购

商业市场上的采购是由经过专业训练的人员来执行的，它和消费者市场的最大不同是消费者对所购商品并不熟悉，而商务市场上的业务人员通常了解所购买产品的特征，甚至了解生产工艺，并且有较强的选购和比较能力。

7. 影响购买的人多

同个人购买者的购买决策相比较，影响集团组织购买决策的人员更为众多，通常由若干技术专家和最高管理者阶层共同领导采购工作。有鉴于此，汽车厂家应当派出训练有素的、有专业知识和人际交往能力的推销代表，与买方的采购人员或决策者打交道。

8. 购买的行为方式比较特殊

汽车集团组织用户购买的方式有多种：①直接购买指集团组织购买者直接向生产厂家采购所需的产品，不通过中间商环节。②互惠采购是指在供应商与采购者之间存在互购产品项目时，各自向对方提供优惠，实施互惠采购。③租赁是指在不占有产品所有权的条件下，通过支付租金来取得某些产品使用权的采购方式。例如，某些特种汽车、专用汽车等产品的单价很高，用户又不是经常使用，租赁方式可以解决用户的资金困难。业务购买者通常直接从生产商那里购买产品，而不是从中间商那里购买。

9. 需求的波动性较大

集团组织购买者对汽车的需求要比个人购买者的需求具有更大的波动性。根据现代社会生产的供应链管理原理，存在一种“牛鞭效应”或者需求的“加速原理”，即处于供应链下游企业的需求，会因为供应链上的企业层层放大或缩小，最终导致供应链上游企业销售的剧烈波动。此外，组织市场的需求可能会因整个经济形势的影响产生较大波动，如宏观经济形势不好，政府会削减财政开支，将直接减少政府机构和部分事业单位的汽车需求，同样企业和运输部门也会因为经营状况下降而减少或者推迟汽车购买，最终形成汽车集团组织的市场需求大幅减少。

8.2.2　影响集团组织购买行为的主要因素

集团组织购买行为是一种理性行为，所以集团组织购买行为实际上要受到经济和个人双重因素的影响，影响生产者购买决策的基础性因素是经济因素，对不同供应商，当产品的质量、价格和服务存在较大差异的情况下，采购人员会首先考虑此因素，并做出理性选择。但在上述经济因素基本没有差异的情况下，其他因素就会对购买决策产生重大影响。

美国学者韦伯斯特和温德将影响生产者用户购买决策的主要因素概括为四大类：环境因素、组织因素、人际因素和个人因素，见图 8-4。供应商应了解和应用这些因素，引导买方购买行为，促成交易。

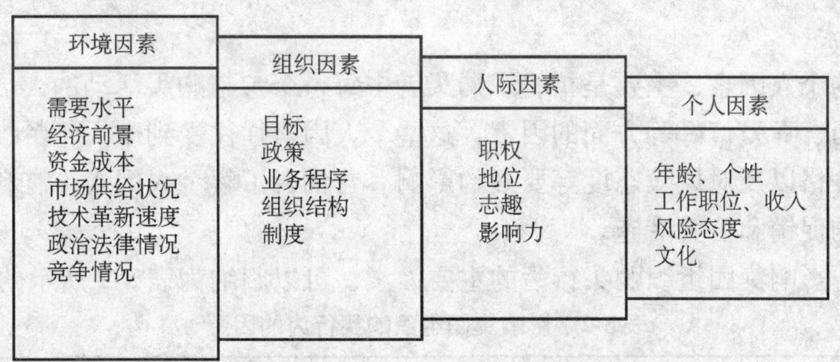

图 8-4　影响集团购买的主要因素

1. 环境因素

集团组织购买行为不可避免地要受到各种环境因素的影响，如经济运行状况、政治环境、社会舆论监督、科技进步作用等。例如，当时和预期的经济环境好，就可以促进组织市场增加需求，反之则会减少需求；政策环境和舆论监督宽松，也有利于组织市场增加需求，这类因素对政府需求和部分事业单位需求的影响尤其明显；科技进步有利于提高产品更新换代的步伐，从而增加市场的需求。

2. 组织因素

组织因素系指购买者内部采购部门自身的目标、政策、程序、结构、制度等方面的设置状况。在现代市场经济中，组织因素的变化大体呈现出以下趋势：

（1）采购部门地位上升　在传统的组织结构中，采购部门在管理层次上一直居于不重要的位置，但随着市场经济发展，无论何种机构对运行成本的控制越来越重视。这促使采购部门在组织中的地位得以提升，具体表现在采购部门级别提高，采购部门专业人员比例增加等。

（2）采购权力集中　传统的集团组织中，采购权是下放的和分散的。例如，在多事业部的企业里，采购活动是由企业下属的各事业部分别执行的，政府采购也是由政府各部门分别进行部门所需物品的采购。但目前的趋势是向着集中采购的方向发展，即设立独立的采购部门，专门负责集团组织所需的各种物资、物品或货物的采购，实现专业化采购。这种机制有利于提高采购的专业化水平，有利于对采购环节进行集中监督，有利于形成规模采购，增加对供应商的谈判力量，节约采购成本。

（3）合同长期化　组织购买者越来越注重同那些信誉较好的供应商保持长期的合作关系，同他们签订长期的购销合同。这种方式的优点是可以将组织的运行成本保持在一个较稳定的水平上，从而有助于其产品或服务的价格具有稳定性。

（4）加强采购绩效评估　相当多的组织正在试图通过制订奖励制度来激励那些成绩斐然的采购人员，以促使他们关心组织的总体利益，努力为组织争取较好的供货条件。

3. 人际因素

集团组织购买行为的人际因素，是指集团组织内部各机构不同的人员之间的关系，其主体是不同地位、不同职权、不同情趣、不同说服力的各类参与者之间的关系。对于营销者而言，应当充分了解客户组织的人际关系状况，确定每个人在购买决策中扮演的角色及其影响力的大小，利用这些因素促成交易。

4. 个人因素

这里所指的个人因素，主要是指组织购买者中每一个参与购买活动的人员，各自在购买动机、个人经历、喜爱偏好等方面的因素。这些个人因素往往受到个人年龄、收入、受教育水平、职业、性格以及对风险态度等要素的影响。营销者了解个人因素，有利于其对不同参与者采取不同的促销和公关措施。

综上所述，影响集团组织购买行为的主要因素，可以归纳为表 8-2 所示的内容。

表 8-2　影响集团组织购买行为的因素

环境因素	组织因素	人际因素	个人因素
市场基本需求水平	目标	职权	年龄
经济发展前景	政策	地位	收入
利息	程序	情趣	教育水平

（续）

环境因素	组织因素	人际因素	个人因素
技术革新水平	组织结构	说服力	工作职位
政治与法律状况	制度		性格
市场竞争趋势			风险态度

8.2.3　汽车集团组织购买行为类型

集团组织购买行为模式不同于个人购买行为模式，其复杂程度高得多。从购买活动的类型看，主要包括如下三种基本类型：

1. 直接重购

所谓直接重购(Straight Rebuy)，是指采购部门根据过去的一贯性需要，按原有订货目录和供应关系所进行的重复购买。在这种类型的购买行为中，集团组织的采购人员做出购买决策的依据是过去的经验，是对供应商已往的满意程度。由于这种购买行为所涉及的供应商、购买对象、购买方式等均为往常惯例，因而无需做出太多新的采购决策，它属于一种简单的购买活动。

直接重购的优点是便于供应商保持产品和服务的质量，并在这一过程中努力简化购销手续、节省购买者时间、稳定供应关系。但对于新的供应商来说，这无疑加大了其进入组织市场的难度，因而其营销活动应注意先从零星的小额交易打开缺口，再逐渐扩大市场占有率。

2. 修正重购

所谓修正重购(Modified Rebuy)，是指用户为取得更好的采购工作效果而进行修正采购方案、改变产品规格、型号、价格等条件或改变新的供应商的情形。这种购买类型下的采购行为比直接重购复杂，它要涉及更多的购买决策人员和决策项目。

修正重购有助于刺激原供应商改进产品和服务质量，还给新供应商提供了竞争机会，从而有助于用户降低采购成本。

3. 新购

所谓新购(New Ask)，是指购买者对其所需的产品和服务进行的第一次购买行为。这是所有购买情形中最为复杂的一种，因为它通常要涉及多方面的采购决策。

新购时，面对的采购金额和风险越大，采购决策的参与者就会越多，制订采购决策所需的信息就越多，决策所花费的时间也就越长。但对于所有的市场营销者来说，这都是一个很好的机遇，可以充分利用组织购买者新购的机会，努力开辟组织市场。供应商可以派出自己的专业推销人员，接近对购买决策具有影响作用的重要人物，向他们提供各种相关的信息帮助，促使用户减少顾虑和疑问。对于大型的新购业务机会，许多供应商都要派出自己的推销使团，大公司还往往设立专门机构来负责对新购用户的营销。

另外，对于企业的市场营销来说，辨识新购过程的不同阶段是非常重要的，它可以帮助营销者实现与购买者的沟通。一般情况下，任何新购都要经历认识、兴趣、评估、采购、使用等几个阶段。在不同阶段上，信息源对于购买者的决策影响各不相同。在认识阶段，大众媒体的效果较好；在兴趣阶段，推销人员的影响较大；而在评估阶段，反映技术状况的信息更为重要；而在采购和使用阶段，服务的作用就相当大了。

8.2.4 汽车集团购买用户的购买决策

汽车集团组织购车用户的购买属于理性购买，采购活动包括使命各不相同的八个阶段，见表 8-3。

表 8-3 汽车集团组织购车用户采购决策过程阶段表

购买阶段	购买		
	新购	修正重购	直接重购
1. 提出需要	是	可能	否
2. 确定需求内容	是	可能	否
3. 决定产品规格	是	是	是
4. 寻求供应商	是	可能	否
5. 我们征求报价	是	可能	否
6. 选择供应商	是	可能	否
7. 发出正式订单	是	可能	否
8. 审查履约状况	是	是	是

对于新购业务类型来说，一般包括表 8-3 所述的八个采购阶段，属于完整的采购过程。对于修正重购和直接重购两种业务类型而言，所包括的决策过程的阶段要少一些，尤其以直接重购包括的决策阶段最少，这两种决策过程都属于不完整的采购决策过程。

汽车产品的集团组织购买行为与个人购买行为很不相同，市场营销人员必须了解客户的需求、采购决策的特点等，然后在此基础上按客户的具体类型设计出合适的营销计划。

案例

一名济南人的购车行为

邵雁今年 31 岁，小两口都是济南市一家商业银行的职员，家距上班地约有七八公里，看到这些年身边许多亲朋好友纷纷跻身有车一族，心中不禁也怦然而动。但是，前些年受经济收入制约，小两口只能羡慕别人。2002 年，小两口买到了一套面积逾百平方米的住房，孩子也渐渐长大，不仅终于可以攒钱买汽车，而且汽车似乎自然而然地成了小两口上下班以及接送孩子上学的“必需品”了。这位漂亮的银行女职员说，“近几年的收入提高了，有了一些经济条件，我们两口子月收入三千多元，买一辆家庭轿车并养活它，基本可以承受。不然，还是只能在一边瞅着别人驾着爱车从你身边风驰电掣而去。”平常上班很忙，难得有时间到车市细细打量那些铮光瓦亮的各型家庭轿车。利用春节放假的机会，邵雁一早从家里来到位于离家不大远的车市看车。她说春节她看了车展，先看看有没有中意的，如果有，打算春节后把车订上。邵雁说，她和丈夫都喜欢二汽出产的富康系列，但在车型上略有区别，她更喜欢“爱丽舍”，而丈夫则比较喜欢“小富康”。可能是由于时间比较早和天气有些不太好，车市的顾客不多，偌大一个车市显得有点冷清，主要的展厅并没有富康车。在旁边一个较小的展厅看见有两辆，但玻璃门锁着进不去。邵雁决定到专营“富康”系列的“都市车迷”去看看。“都市车迷”不大的展厅里全是富康系列，有“爱丽舍”，有“毕加索”，还有普通富康。一见到有顾

客，促销小姐马上迎上来介绍他们销售的各型车辆。考虑到丈夫的爱好，邵雁还是认认真真地询问小富康的情况，从色彩、价格、燃油节省、安全性、舒适性一直问到车辆的内饰以及美观性。导购小姐则不厌其烦地回答她的咨询。有意思的是，可能是经验不足，邵雁问的几个问题都是较为幼稚的问题，比如，她问人家这种车省不省油，导购小姐马上斩钉截铁地回答道："省。"为了货比三家，邵雁决定再到城西边的某车市去看看。在这个销售店，邵雁将主要注意力放到她最钟爱的"爱丽舍"上。在这儿负责销售的公司代表邓先生一边详细介绍这种车的各种优点，一边打开一辆样车的车门，让邵雁坐进去感受感受。"爱丽舍"比丈夫喜欢的富康贵3万元，不过邵雁认为，这种车行李箱比小富康大多了，有双安全气囊，有CD唱机，内饰也比小富康气派。"我特不喜欢小富康的那个头，没有爱丽舍的气派，但老公又特别喜欢小富康，你说咋办?"邵雁自己也感到挺棘手的。最后销售代表邓先生递了一张名片给邵雁，让她回去考虑。那么，邵雁是最后怎么打算的呢，她说："消费是一种心情，经济状况允许，工作生活也需要，我已经想好了，学完车，暑假里就先去预订一辆，干脆一次到位，做做老公的思想工作，一咬牙买辆爱丽舍得了。"

[案例思考题]

上述案例说明了汽车消费者是一种怎样的购买行为?

本 章 小 结

1. 影响消费者购买行为的因素包括内在决定因素和外在决定因素。其中内在决定因素是基本决定因素，包括需求、动机、个性、知觉、学习、态度等；外在决定因素是环境决定因素，主要有社会因素、家庭因素、集团因素、文化因素、经济因素和企业因素。

2. 汽车个人购买行为的类型可分为理智型、冲动型、习惯型、选价型和情感型等几种。我国现阶段的汽车个人消费者，其购买行为类型以理智型占主导。

3. 汽车消费者购买行为的要素有5W2H，即Who(由谁购车,包括发起者、影响者、决策者、购买者和使用者)、Which(购买何种车)、Why(为何购买)、When(何时购车)、Where(何处购车)、How(如何购车)、How often(购买的频率如何)。

4. 消费者购车行为是一个复杂的过程，是受一系列相关因素影响的连续行为。一般来说，由于购车首先受到某种(内部或外部)刺激而产生某种需要，并由需要产生各种需求，进而产生购买的动机，最后产生了购买的行为。

5. 当购买汽车的时候，消费者一般经历五个决策过程：(1)确认需求；(2)信息搜寻；(3)评估选择；(4)购买；(5)购买后的行为。

6. 汽车集团组织用户购买行为的特点包括购买者少、购买量大、衍生需求、供需双方关系密切、需求缺乏弹性、专业采购、影响购买的人多。一般来说，汽车集团组织用户购买决策过程的参与者可以分为以下几类：发起者、使用者、影响者、购买者、决策者和控制者。

7. 集团组织购买行为模式不同于个人购买行为模式，其复杂程度高得多。从购买活动的类型看，主要包括三种基本类型：直接重购、修正重购、新购。

8. 汽车集团组织购车用户的购买属于理性购买，采购活动包括使命各不相同的八个阶段，提出需要、确定需求内容、决定产品规格、寻求供应商、征求报价、选择供应商、发出正式订单和审查履约状况。对于新购车，一般包括这八个采购阶段，属于完整的采购过程，而对于修正重购和直接重购两种业务类型而言决策阶段少一些，属于不完整的采购决策过程。

复习思考题

1. 汽车私人消费用户购买行为的决定因素提示汽车营销人员在汽车销售过程中应注意什么问题？

2. 举例说明影响汽车私人用户购买行为的因素主要有哪些？

3. 汽车私人用户购买决策过程的每一阶段各有什么特点？

4. 商业购买行为与消费者购买行为相比有哪些特点？

第 9 章

汽车整车销售实务

学习目标：

- 了解整车分销的概念。
- 掌握汽车厂商的整车销售流程。
- 掌握汽车经销商的整车销售流程。
- 了解汽车销售服务的作用和主要环节。
- 了解汽车销售人员的作用和对汽车销售人员的要求。
- 掌握接听电话的技巧。
- 掌握汽车销售过程中的销售技巧。

9.1 汽车厂商的整车销售

汽车销售的主要业务通常包括整车分销、售后服务管理、网点管理和信息管理四部分。

整车分销指的是汽车厂商将汽车产品批发或供应给经销商(含代理商)，以及经销商将汽车产品销售给最终用户，并提供相关附属服务的整个流程，因此，整车分销业务可以分为两部分：汽车厂商的整车供应和经销商的汽车零售。

这里的汽车厂商是指其销售公司或总代理商的统称，前者隶属于制造商本身，后者属于独立核算的经营者，一般与汽车制造商同属于一个企业集团。不管经营模式如何，基本功能都是负责汽车制造商所有产品的销售工作，完成整车销售的整个流程，包括进货、验收、运输、存储、定价、销售等环节。

1. 进货

汽车厂商的计划部门汇总经销商的月订单、周订单等指导性订单，并根据实际库存资源以及市场环境、同期对比等指标，制订出具有指导生产性质的月度计划订单、周计划订单传送给汽车制造厂商的生产部门。生产部门根据订单汇总信息，调整物料和生产节拍，生产出产品提供给汽车厂商的销售部门。对汽车经销商而言，进货主渠道就是生产厂或其主管的汽车销售公司，还可从各地汽车销售公司进货。

2. 验收

汽车制造厂商制造出的产品下线后，一般直接送往汽车厂商的仓库。入库前，销售部门的质检人员要进行车辆新车交车前的全面检查(Pre-delivery Inspection，PDI)，各汽车厂商PDI检查的项目和指标差别很大，但大致包括车辆外观、动力性、舒适性、随车物品等方面的检查。PDI 检查合格的车辆才能入库，不合格的车辆如只有小毛病，则就地修理后入库，其他有明显缺陷的车辆，注明原因后返回生产部门，同时，清点入库数目，做到账实相符。

汽车经销商的验收主要是查看真假货、新旧车，有“四看一开”：

1）看外表是否完好。

2）看车内情况是否正常。

3）看汽车性能是否良好。

4）看汽车手续是否齐全。

5）亲自试开。

3. 运输

生产厂商销售部门根据经销商（或少数大客户）的订货数量和需求时间，组织商品车的运输（具体实施运输作业的通常是社会上专业的运输公司或物流机构），将商品车运送到指定地点。由于市场竞争日益激烈，为了加快对市场的反应速度，汽车厂商有开始在全国各地建立分销中心或中转库的趋势，以使各地经销商能够就近提车，减少用户或经销商的提车时间。

我国汽车厂商通常采用的运输方式有铁路运输和公路运输两种。随着物流业的发展壮大，一些大的轿车供应商开始实行第三方物流，即委托专业的物流公司进行运输，这样可以节约人力成本和运输成本，使资源得到合理的运用。

4. 存储

汽车运送到目的地后，接收员首先要核对运输凭证，根据凭证清点数目，同时，检查每辆车的外观是否有破损、刮伤等，验收无误后才能办理汽车入库手续。入库后的汽车，应按车型摆放在一起，有条件的要做到“一车一位”。出库时，提车人必须持有提货单、发票等凭证，经核对所提车辆与提货单一致才可放行。另外，入库后的汽车要做好维护保养工作，如避免日晒雨淋；蓄电池定期充电，防止失效；上油防锈，放水防冻等。

5. 定价

价格是价值的体现，确定产品的价格是市场营销中一个非常重要、敏感的环节，它直接关系到产品被市场接受的程度，影响着市场需要量、销售量和企业利润的多少，它涉及生产者、经销者、用户等多方面的利益。我国汽车厂商的定价模式通常是：根据核算的产品生产成本，加上适度的利税，确定出厂价格，并按此价格提供给销售部门。销售部门再考虑物流费用、各种营销费用以及销售环节利润后，确定销售价格，并按这个价格将车辆销售给经销商。同样，经销商也大体按此模式，确定出最终用户的零售价格。当然，汽车在各环节的最终价格，是一个复杂的形成过程，需要考虑种种因素。

6. 销售

销售是汽车厂商整车销售流程的主要环节，是汽车厂商的最终目的。一般汽车厂商销售业务有如下步骤：

1）经销商将需要立即执行的订单（临时需求订单）传真给各大区的办事处（也有的汽车厂商采用网上下订单的方式），由办事处汇总或双方协商后稍做修改传递给汽车厂商销售总部的计划部门。同时，经销商需将汇票原件直接送给办事处，由办事处确认后，将汇票复印件传真给计划部门，作为分车时的财务依据之一。

2）分车是指将某一车型、数量且存储于某一车库的车辆具体分配给指定的经销商。如

果经销商的财务状况在合同规定的范围内，且当天库存情况能够满足其订单要求，计划部门就根据订单进行完全分车，所分车辆的存储地要力争是离经销商最近的中转库。如中转库库存不足，就拆分总部的库存资源，如果当天库存资源不能完全满足所有订单的需要，则计划部门就需根据经销商所在市场的重要程度、经销商等级以及订单先后次序等因素综合考虑，再和经销商进行协商是否可以更换车型或数量，如经销商同意，则分车给经销商，否则暂停该订单的执行，请制造部门安排生产。所有的分车结果，应由计划部门主管核准签字同意。

3）分车后的结果由财务部门核实车价，然后开票，同时，打印提货单，提货单上主要打印车型、数量、购货单位、送达地址等信息。有的汽车厂商在分车时可以做到分给某一经销商某一车位、VIN码或VEN码(企业自己编制的一种描述车辆配置的编码体系)的车，则提货单上还需打印车位、VIN码或VEN码等信息。

4）提车员根据提货单的信息入库找车，将提货单上指定的车辆提走。如提货单上的送达地址不在本地，还需要填写运输凭证，以委托运输商进行运输。运输商将货送达后，经销商应在运输凭证上签字，运输商凭此回执向汽车厂商结算运费。

9.2　汽车经销商的整车销售

经销商整车销售是指汽车经销商在顾客选购汽车产品时，帮助顾客购买所进行的所有服务性工作。在整个销售过程中，做好汽车销售服务至关重要。

9.2.1　销售服务是销售成功的关键

“一切以服务为宗旨”是现代销售服务的出发点和立足点。服务是产品功能的延长，有服务的销售才能充分满足顾客的需要，缺乏服务的产品是半成品。未来企业的竞争主要是非价格竞争。非价格竞争的主要内容就是服务。

良好的商品形象是销售活动的物质基础，良好的企业形象影响顾客的购买行为，是现实的和长远的购买前提。销售服务不仅能够消除顾客的抱怨，增强顾客的满足感，巩固与顾客的关系，为企业争取更多的客户，而且有利于树立企业形象，增强企业的竞争能力。

汽车销售服务的环节如下：

(1) 售前服务　发现潜在客户并售前跟进；有选择地联系老客户，走访新的潜在用户，特别是对重要的大客户要定期走访；向客户介绍新产品、新款车型和新政策；认真了解客户需求，听取客户对产品和服务质量的意见，帮助顾客确认需求；为顾客提供尽可能多的选择；为顾客购买决策提供必要的咨询。

(2) 售中服务　为顾客提供买车咨询、融资贷款、保险、上牌、办理各种手续方面的帮助。

案例

通用汽车顾问式销售——售中服务

通用汽车顾问式销售的售中服务流程：接待和顾客甄别→车辆介绍→车辆演示→车辆选购→销售核准→交车。

要求销售人员对客户热情接待，对产品技术性能、使用特点、价格构成、一条龙服务、售前售后服务项目以及质量担保和索赔等进行介绍；设立购车咨询热线电话，为不方便上门的客户提供购车咨询服务；特约销售服务中心还免费为用户提供代办工商验证、车辆检测、临时移动证，代缴购置附加费、保险费、上牌费等一条龙服务；销售人员根据用户的需求提供试乘试驾服务；在交车前对车辆进行PDI(售前检查)检查，在交接过程中销售人员提醒、帮助用户填写用户档案卡，及时向用户解释今后的服务范围和优惠条件，提供用户售后服务的联系方式。

(3) 售后服务　为顾客进行产品的安装、调试、维修、保养、人员培训、技术咨询、零配件供应、其他承诺兑现。

9.2.2　销售人员的作用及要求

在汽车营销领域，经销商是客户与汽车品牌之间最重要的联系人。在客户看来，经销商是汽车品牌的代表，经销商的所作所为都会通过与客户的直接接触和交流影响汽车品牌，所以客户在经销商处获得的满意度是建立强大的汽车品牌的关键。在这个环节上，销售人员会产生主要的影响，应遵循一定的服务规范为顾客提供全方位、全过程的服务，在销售工作中满足顾客要求，确保顾客有较高的满意度，提高顾客的品牌忠诚度，而不能不负责任地把产品推给顾客，甚至欺骗顾客。这是执行品牌战略的重要策略。

1. 销售人员的作用

(1) 代表企业形象　销售人员是企业与外界(特别是顾客)接触最多的人员(最先知道市场变化的是销售人员)，代表着企业的形象。销售人员的一言一行都关系到企业的声誉，因此作为企业的代表，行为举止应当得体。

(2) 创造需求　例如，销售人员不仅仅要找到需要轿车的人，还要使那些对轿车没有真正兴趣的人确信拥有轿车的好处(快捷、方便、充满乐趣和优越感)，从而激发购买欲望。

(3) 帮助市场研究　科学技术发展加快，产品生命周期变短，生产能力过剩，竞争激烈，顾客需求变化加快令企业的销售面临巨大挑战，汽车销售人员通过了解基本市场区域内用户的需求、市场竞争对手动向等，可以更好地开展销售活动，同时，还可将市场信息进行反馈，为开发出市场需求和用户需要的产品提供一手资料。

(4) 获得利润　企业的产品依靠销售实现价值转换，从而达成利润最大化(办企业的直接目标)的目标，而销售员是其中重要的实施者。没有销售，生产出来的产品将在仓库中等待报废。

2. 对销售人员的要求

一般对销售人员的要求是着装整齐、有自信、态度和蔼、专业知识丰富和专业销售技巧高明。进行销售工作前要事先做好各项准备，让自己的情绪达到巅峰状态，销售中与顾客建立信赖感，了解顾客的问题和需求，针对销售中存在的问题提出解决方案并塑造产品的价值，还要做竞争对手的分析，以便销售中有所应对、解除反对意见，并且还要提供良好的售后服务等。

销售人员要做好心理准备，相信自己、树立目标、把握原则、创造魅力。

相信自己会成功，这一点至关重要。并不是每个人都能明确地认识到自己的推销能力，但它确实存在，所以要信任自己。人最大的敌人之一就是自己，而超越自我则是成功的必要

因素。推销人员尤其要正视自己，鼓起勇气面对自己的顾客。即使有人讥讽你不是干这行的材料也没有关系，关键是你自己怎么看待。如果连自己也这么说，那么一切就都将失去意义了，而这正是关键之所在。因此，在任何时候都要相信自己。

树立一个适当的目标，是销售员上岗前必要的心理准备之一。没有目标，就永远不可能达到胜利的彼岸。每个人，每一项事业都需要有一套基本目标和信念。一位成功的销售员介绍经验时说："我的秘诀是把目标数表贴在床头，每天起床、就寝时，都把今天的完成量和明天的目标额记录下来，提醒自己朝目标奋斗。"可见有志者事竟成。定下目标，向着目标奋斗、前进，就会无往而不胜。

一名优秀的销售员在树立了信心，明确了目标，走出门去面对顾客之前，还应该把握住作为一名销售员应遵循的原则。

（1）满足需要原则　现代的营销观念是汽车销售员要协助顾客，使他们的需要得到满足。销售员在营销过程中应做好准备去发现顾客的需要，极力避免"强迫"销售，假若让顾客感觉到你是在强迫他接受什么时，那你就失败了。最好的办法是利用你的销售使顾客发现自己的需要，而你的产品正好能够满足这种需要。

（2）诱导原则　营销就是使根本不了解或根本不想买这种商品的顾客产生兴趣和欲望，使有了这种兴趣和欲望的顾客采取实际行动，使已经使用了该商品的顾客再次购买，当然能够让顾客成为我们产品的义务宣传员则更是成功之举。这每一阶段的实现都需要销售员把握诱导原则，使顾客一步步跟上汽车营销的思路。

（3）照顾顾客利益原则　现代营销术与传统推销术的根本区别在于，传统推销带有很强的欺骗性，而现代营销则是以"诚信"为中心，汽车销售员从顾客利益出发考虑问题。顾客在以市场为中心的今天已成为各企业争夺的对象，只有让顾客感到企业是真正站在汽车消费者的角度来考虑问题，自己的利益在整个购买过程中得到了满足和保护，这样汽车营销企业才可能从顾客那里获利。

（4）保本原则　一般来说，汽车销售员在与顾客面谈时可以根据情况与时机适当调整价格，给顾客适当的折扣或优惠，这里有一个限度问题，各企业对此要求不同，但一般来说不能降到成本线以下。这就要求销售员在出发前不仅要详细了解产品的功能、特征，还应该了解产品的成本核算。

汽车销售员在营销产品中，实际上是在自我销售。一个蓬头垢面的销售员，无论他所推销的商品多么诱人，顾客也会说："对不起，我现在没有购买这些东西的计划"。汽车营销员的外形不一定要美丽迷人或英俊潇洒，但却一定要让人感觉舒服。在准备阶段，销售人员应预备一套干净得体的服装，把任何破坏形象、惹人厌恶的东西排除，充分休息，准备以充沛的体力、最佳的精神面貌出现在顾客的面前。

9.2.3　经销商整车销售的销售流程

经销商整车销售的一般销售流程有：顾客开发、接待、销售咨询、产品展示和介绍、试乘试驾、异议处理和协商、成交、交车验车、跟踪服务。厂商不同，销售流程略有不同，图9-1为一汽丰田的汽车标准销售流程。

1. *顾客开发*

销售的数量因销售人员所拥有的潜在顾客及可能成为潜在顾客数量的不同而不同，销售

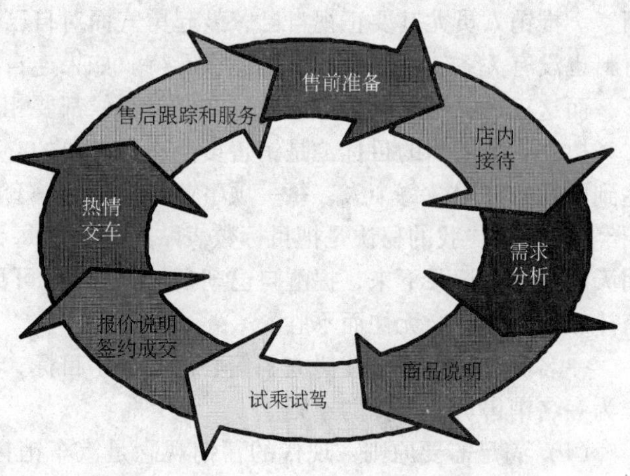

图 9-1　一汽丰田的汽车标准销售流程

人员为达到销售目标，应该充满热情并找到足够的潜在顾客，然后通过产品推介、推销等方法使潜在顾客变成最终用户。一般潜在顾客具有三个前提，即购买能力、购买欲望和购买的必要性。潜在顾客有如下四个来源：

① 新结识者　展示厅参观者，在展示厅或电话中首次接触的顾客。

② 发展的顾客　在发展顾客中接触的人。

③ 顾客推荐者　通过介绍接触的顾客。

④ 用户　已购买本公司产品的人。

(1) 发展潜在顾客的方法　发展潜在顾客可以通过如下方法进行：

① 散发宣传资料，如在经销商的市场区域内，至少每月散发一次传单。

② 拜访顾客，收集潜在顾客的信息并上门拜访或电话交谈，尽可能地促使他们参观展示厅。

③ 按照发展顾客的名单发送邮寄材料，特别是一些名人，促使他们来展示厅参观。

④ 举办展示会或其他活动。

⑤ 建立顾客发展档案(如顾客发展卡)。

⑥ 顾客推荐促销是销售活动中最重要的因素之一。顾客推荐资料一般由经销点的销售经理管理和控制。

(2) 潜在顾客管理　拥有潜在顾客及可能成为潜在顾客的顾客是销售网点最重要的客户资源，应建立必要的顾客管理制度以保障潜在顾客不至于流失，便于进一步发展。

顾客管理的内容包括如下方面：

① 潜在顾客的识别和分类。潜在顾客的识别，通常根据在销售活动中收集的关于个人和车辆状况的信息，判断或识别顾客的购买意向(感兴趣的车辆、购买的意向以及对所销产品的兴趣)、购买能力(职业、收入、资产、资金的储蓄)或者需求(家庭情况变化、年款车型的淘汰、车辆老化或损坏)。为使销售会谈更顺利地展开，应将潜在顾客按其可能转化的程度和预计的购买时间进行分类，然后，确定拜访频次。

② 拜访顾客。经常性的拜访顾客可以建立人际关系，推销自己，提供信息(邀请参观展览、所经营产品的介绍、公司介绍、新产品介绍和其他有关信息)，发现与潜在顾客共同感兴趣的话题，然后将其引入销售的话题，还可以进一步收集顾客的信息(现有车辆、车款、车型、家庭组成、雇主、购买决定者、购买行为动机等)，发现顾客的需求。通常，人们期望在第三次拜访时，能够签订销售合同。对于像汽车这种较昂贵的商品，在签订销售合同之前，推销员可能还需进行多次拜访，这样的拜访也被视为再次拜访。

2. 接待

接待要向顾客树立一个正面的第一印象。由于顾客通常会对其购车经历抱有负面的想

法，殷勤有礼的专业人员的接待将会消除顾客的负面情绪，为其购买经历设定一种愉快和满意的基调。顾客一到来，销售人员即应以微笑迎接，即使正忙于帮助其他顾客也应如此，避免顾客因无人理睬而心情不畅。销售人员在迎接顾客后就应立刻询问能提供什么帮助，了解顾客来访的目的，并进一步消除其疑虑不安的情绪。由于客户消除了疑虑，他就会在展厅停留更长时间，销售人员也就有更多时间可和他交谈。

经验证明要成为专业的和成功的销售顾问要具备三个主要技巧，见图9-2。

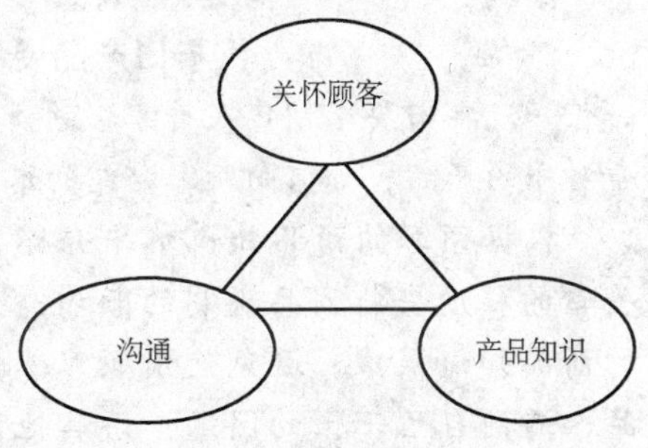

图9-2　成功销售顾问具备的三个技巧

3. 销售咨询

销售咨询的重点是建立客户对销售人员及经销商的信心。对销售人员的信赖会使客户感到放松，并畅所欲言地说出他的需求，这使销售人员更容易确定所要推荐的车型，客户也会更愿意听取销售人员的推荐，这是销售人员和经销商在咨询步骤通过建立客户信任所能获得的最重要利益。此时，销售人员应仔细倾听客户的需求，让他随意发表意见，而不要试图去说服他买某辆车。如果销售人员采取压迫的方法，将使客户对其失去信任。销售人员应了解客户的需求和愿望，并用自己的话重复一遍，以使客户相信他所说的话已被销售人员所理解。

现代汽车营销提倡顾问式销售，销售的过程就是为顾客提供良好的买车咨询过程。从顾客进入销售环节的第一步起，销售和服务人员就力求让顾客感觉到，销售员不是在卖车而是在帮顾客买车，顾客对销售人员的信任会使他畅所欲言地道出购车动机。

4. 产品展示和介绍

产品展示和介绍是销售过程的核心环节，在这一阶段，销售人员要指出所有与顾客需求有直接或间接关系的车辆特性及配备，可采用环车介绍方式让顾客了解车辆，提供专业的建议。产品展示和介绍流程的重点是针对顾客进行汽车商品介绍，从而建立顾客的信心。

产品展示和介绍的一般流程为：与顾客交流，对顾客需求进行分析，感谢顾客提供了足够的信息，征得顾客允许进入汽车商品说明步骤，开始进行说明，然后再次感谢顾客，用提问的方式结束。

案例

一汽丰田产品展示和介绍技巧

针对顾客需求：销售人员必须通过传达直接针对顾客需求和购买动机的相关产品特性，帮助顾客了解丰田车是如何符合其需求的。

重点绕车介绍：车前方、驾驶座、车后座、车后方、车侧方、发动机室。

以顾客为中心的语言："您要是开达路特锐，更能体现青春活力的风采，与您的个性、打扮都十分匹配。"、"你如果拥有了这台丰田花冠，同时也拥有了我们服务站优秀技师专业和热心的服务，绝对无后顾之忧"。

要重点说明车辆配备和特性的优势、顾客所能得到的利益和好处。

案例

一汽丰田产品展示和介绍时，对销售人员的要求

一汽丰田要求销售人员掌握的商品知识包括：汽车构造、发动原理等基本知识；竞争对手的产品；如何向顾客介绍的本公司产品。

根据顾客的商品知识水平介绍商品：与顾客交谈时做到灵活应变，可根据顾客关心的程度安排商品说明的顺序；介绍商品时避免贬低竞争对手的商品；结合顾客的商品知识层次，避免使用顾客不懂的技术词汇，用简明、通俗易懂的方式介绍商品；遇到自己不懂的问题，请其他的同事配合，提供顾客所需信息；诚心诚意地对待顾客的垂询；自己不明白的事情要想办法查清弄懂，给顾客一个正确、切实满意的答复。

案例

一汽丰田产品展示和介绍后是如何转移到试乘试驾的

“这台丰田车不仅发动机技术先进，动力强劲，而且底盘的调校也很见功力。如果您有兴趣，我们还有试乘试驾的活动，让您亲身体会……”

5. 试乘试驾

试乘试驾是让顾客感性地了解车辆有关信息的最好机会。顾客通过切身的体会和驾乘感受，可以加深其对销售人员口头说明的认同，强化其购买信心，激发购买欲望。在试乘试驾过程中，销售人员应让顾客集中精神进行体验，并针对顾客需求和购买动机适时地进行解释说明，以建立顾客的信任感，并且还可通过试乘试驾收集更多的顾客资料，便于促进销售。

试驾过程中应强调：安静性和行驶舒适性、加速性、稳定操控性、驻车性能、高速性能等。试驾后可询问顾客是否喜欢，寻求共识，顾客通过试乘试驾感受到车辆所能带给他的好处之后，如果符合他的需求，那么就可以进入到报价说明阶段。

6. 异议处理和协商

常见的异议有：竞争产品更便宜、比想象中的贵、我想讨价还价、我认为不需要、我负担不起、我做不了决定、未能使我信服。

处理异议时，销售人员可明确不同意见，也可适当表示认同，然后提出解决方案。

异议处理和协商时，销售人员应注意要本着兼顾本企业的经济利益和顾客利益的“双赢”原则来进行。为了避免在协商阶段引起顾客的疑虑，对销售人员来说，重要的是要使顾客感到他已了解到所有必要的信息并控制着这个重要步骤。如果销售人员已明了顾客在价格和其他条件上的要求，然后提出销售议案，那么顾客将会感到他是在和一位诚实和值得信赖的销售人员打交道，销售人员全盘考虑到他的财务需求和关心的问题。

7. 成交

成交应让顾客采取主动，并允许有充分的时间让顾客作决定，同时加强顾客的信心。汽车销售人员应对顾客的购买信号敏感。一个双方均感满意的协议将为交车铺平道路。

案例

一汽丰田的签约成交程序

一汽丰田签约成交程序为：让顾客明确所有的细节，也可以再次总结一汽丰田的优势；销售人员明确地请顾客作出承诺，也就是让顾客签约；当交易成功，销售人员一定要向顾客道喜，让顾客感觉到他(她)作出了正确的选择。

签约时，销售人员认真正确地填写合同中的各项内容，例如：车型、车身颜色、选购件、附属件、支付条件、支付金额、交车预定日期等，请顾客再次确认；记录下顾客与你谈定的事情，谨防遗忘，并进行确认；签约时，要向顾客表示感谢；当商谈进行得不顺利时，即便没能成交，也要一如既往地对待顾客，倾听顾客的意见，寻找出下次说服顾客的方法，努力以良好的态度结束商谈。

8. 交车

交车时顾客会感到兴奋，同时期望新车能按时交货，还需要有充分的时间来了解车辆的操作和维修的问题，因此希望得到销售人员的关心、承诺兑现和良好且诚实的建议。

如果顾客有愉快的交车体验，那么就为销售店与顾客之间建立长期关系奠定了积极的基础。在这一步骤中，按约定的日期和时间交付洁净、无缺陷的车是销售方的宗旨和目标。这会提高顾客满意度并加强他对经销商的信任感。重要的是此时需注意交车时间有限，销售人员应抓紧时间回答顾客的任何问题。

本流程可分为这样几步：

(1) 交车准备环节　要做好通知交车日期、检查车辆、确认必要的文件和安排付款等工作。

(2) 付款环节　可以提前支付或交车时付款，根据已签订的销售合同接受现金或支票。

(3) 交车环节　无论是在展厅内交车，还是送货上门交车，都要求做到将销售主管或用户联系人介绍给顾客、请顾客检查车辆和附件、说明正确的操作和驾驶方法（参阅用户手册)、介绍服务项目(检查、维修和保养等)、填写交车检查表。

(4) 其他工作　如为了保持客户资源，需要建立用户档案、进行顾客回访、调查用户满意度等。

案例

一汽丰田交车的步骤和内容(表 9-1)

表 9-1　一汽丰田交车的步骤和内容

<table>
<tr><th>步　骤</th><th>执 行 要 点</th><th>预 备 物 品</th></tr>
<tr><td>PDS 申请</td><td rowspan="2">● 即使是在交车日期不能预定的情况下，也定期与顾客保持联络
● 如果出现向顾客说明的预定交车日期发生延迟的情况，向顾客说明其原因及解决方案</td><td>—</td></tr>
<tr><td>联系交车日期</td><td>—</td></tr>
<tr><td>确认车辆</td><td rowspan="2">● 确保举行交车仪式的场地(交车场所)并做好清扫
● 交车日、交车时间决定之后，通知顾客并确认
● 确认是否有车牌板、登记材料、保证书、保险证书、行驶证、其他材料等，也提前检查妥当
● 确认顾客所要求的装备并检查此装备是否正常运作
● 销售人员在交车前，应对照“交车验收单”，对交付车辆进行验收、确认</td><td rowspan="2">登记材料
保证书
保险证书
行驶证
交车验收单
……</td></tr>
<tr><td>准备交车</td></tr>
</table>

9. 跟踪

第一次维修服务是新购车顾客亲身体验经销商服务流程的第一次机会。跟踪步骤的要点是在顾客购买新车与第一次维修服务之间继续促进双方的关系，以保证顾客会返回经销商处进行第一次维护保养。新车出售后对顾客的跟踪是联系顾客与服务部门的桥梁，因而这一跟踪动作十分重要，这是服务部门的责任。

案例

上海通用公司经销商售车标准流程(图 9-3)

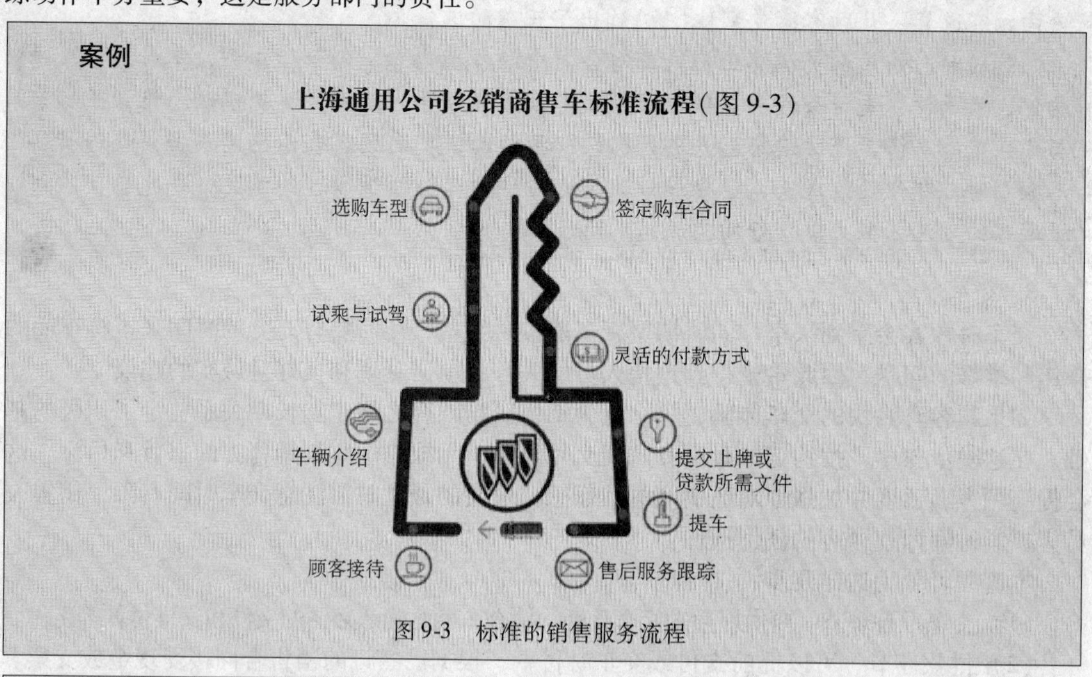

图 9-3　标准的销售服务流程

案例

上海名流汽车销售公司顾问式销售工作程序举例

第一步：询问顾客对产品的需求，填写订单，并交给上海通用确认。

第二步：上海通用将确认书传给上海名流，上海名流将确认书交给顾客。

第三步：顾客付预付款给上海名流，上海名流开出收据给顾客。

第四步：上海名流将预付款交给上海通用，并注明交款顾客的身份证号码。

第五步：上海通用开出收据和荣誉证书给上海名流。

第六步：上海名流寄荣誉证书给顾客。

第七步：上海通用宣布价格和交货日期。

第八步：上海名流与顾客签订合同，收回顾客收据。

第九步：上海名流汇余款给上海通用，并将原收据交还给上海通用。

第十步：上海通用开正式发票给上海名流。

第十一步：上海名流正式开发票给顾客。

第十二步：顾客向上海名流付清余款。

第十三步：上海名流交车给顾客。

第十四步：售后服务、售后跟踪。

9.3　汽车整车销售一线操作技巧

9.3.1　电话沟通技巧

与随意的电话交流不同，专业的电话沟通是以专业的方式接听电话，清晰、简练和温暖的电话沟通能增进与顾客的感情，这直接影响顾客对经销商的印象，并最终影响到顾客满意度和忠诚度。

1. 专业接听电话

专业接听电话分为3个步骤：准备、应答、介绍。

（1）准备　接听电话时务必在电话旁准备好笔和便笺簿，端坐将有助于接待人员清晰地发音，将电话放在不用来写字的那只手的旁边，将便笺簿放在用来写字的那只手的旁边。

（2）应答　三声铃响内接听电话，并将“微笑”融入接待人员的声音，注意音量、音调和速度，用不用来写字的那只手接听电话。

（3）介绍　礼貌地问候对方，介绍接待人员所在的公司和本人。

2. 销售人员接听购车咨询电话时，需牢记6个关键步骤：

1）应答并自我介绍。

2）询问顾客贵姓和顾客的要求、购车想法。

3）为顾客提供若干选择和建议。

4）如果可能，为顾客提供初步的价格和优惠。

5）确认顾客前来看车的具体时间。

6）感谢顾客。

3. 接听和转接电话的技巧

接听和转接电话分为3个关键步骤：

1）自我介绍　介绍接待人员的部门和本人，询问呼入者贵姓，确认呼入者的身份。

2）告诉呼入者正在转接，要转接给谁　要使用正确的表达方式，如“请您稍等片刻”或“我正在帮您转接”等。

3）转接前进行确认　要确认“第三人”是否能接听电话，然后转接：告诉第三人呼入者的姓名，用静音或音乐按钮将对话隔离，将电话置于柔软的平面上，不要置于接待台或坚硬表面上。

4. 记录留言的技巧

销售人员在记录留言时，应注意以下5个关键步骤：

1）立即接听无人接听的电话，将“微笑”融入自己的声音，并确认接听了哪位打来的电话，然后自我介绍。

2）提供选择：向顾客解释他(她)要找的人无法接听电话，确认自己在接听哪位顾客的电话，并主动要求留言、提供帮助，或请先前不在座位上的人回位接听电话。

3）将留言记录下来：要求留言并记录下重要的细节，如对方来自哪里、谁、日期、时间等。

4）向顾客复述留言内容：结束通话前，向顾客复述留言的主要内容。

5）感谢顾客：感谢顾客并等待顾客先挂断电话。

案例

丰田公司的留言贴样本

至：________________ 先生/夫人/女士

日期 ________ 时间 ________

您 的 留 言

来自 ________________ 公司

________________ 先生/夫人/女士

电话：________________ 住宅/公司/手机

来电		将再次来电	
亲自拜访		请给他/她回电	
给您的回电		无留言	

留言：________________

留言者：

TOYOTA

9.3.2 价格谈判的技巧

1. 车辆价格谈判时的注意事项

1）使顾客感觉舒适。

2）订单或表格上的备注应与顾客在车辆、装备和附件方面的意见达成一致。

3）开始价格谈判，介绍公司的管理规定。

4）确认成交，向顾客表示祝贺。

2. 七种价格协商的技巧

当客户压价时，可以运用下列战术：

（1）坚持价格　顾客是在试探销售人员的坚定性，所以应一口咬住销售的价格。

（2）改变产品组合　如果客户希望便宜一些，销售员可不降低价格，而是可以通过改变产品而不是降低价格的方法满足客户的预算要求，如随车赠品优惠等。

（3）固执一点　不要很轻易就让步，顾客越难得到妥协，就越会觉得现有价格来之不易，而不会再三要求降价。

（4）不要使价格降低太多　太大的价格让步会使销售方失去信用。客户会认为销售方开始时要价太高。

（5）每次只做少量的让步　每次只做极小的让步，这会使客户感到销售方已经接近极限。

（6）表示让步的困难　让客户相信每一个很小的让步都是十分困难的。

（7）不要强调汽车销售企业的得失　比如说："如果你……我就会……。"这样易引起顾客反感，使前功尽弃。

3. 价格谈判技巧

先给出一个价位，即销售的总价格；然后观察顾客的反应；若反应强烈，要求降价，可适当调整报价，并说明价值；也可建议顾客作选择；如果需要的话，可做适当让步，容许顾客保持自尊；避免限制让顾客作出决定的时间，如："一天之内答复好不好?"这种方式会令顾客不痛快。

9.3.3　顾客异议处理技巧

从接待顾客、车辆介绍、提供咨询到签约的每一个销售环节，顾客都有可能提出异议。懂得异议处理的技巧，销售人员就能冷静、坦然地化解顾客的异议。化解一个异议，就摒除销售人员与顾客的一个障碍，就愈接近顾客一步，成交的可能性就越大。

1. 什么是顾客异议

异议就是顾客与汽车销售员持不同意或反对的意见。例如，销售员要去拜访顾客，顾客推诿说没时间；销售员询问顾客需求时，顾客隐藏了真正的动机；销售员向顾客解说车辆时，顾客带着不以为然的表情等，这些都称为异议。实践中，80%的异议集中于下列的要素：价格、质量、服务、竞争、使用、交车、经验、信誉。

销售过程中，顾客表示异议而打断销售员的话，提出质问、疑问都是难免的事。销售员不仅要接受异议，而且要欢迎，因为顾客的异议是珍贵的情报。有许多企业花大量的人力、物力想了解顾客对本企业产品和产品销售有什么意见，还会定期委托调查公司进行顾客满意度调查，目的就是了解顾客的想法。因此，异议对销售员来说不一定都是坏事。

2. 来自顾客异议的含意

1）从顾客提出的异议中，能判断顾客是否有购车需要和有何种要求。

2）从顾客提出的异议中，能了解顾客对销售人员提出的建议接受的程度，从而能迅速修正销售战术。

3）从顾客提出的异议中，能获得其他更多的信息。

3. 异议产生的原因

了解异议产生的各种原因，销售人员就能冷静地针对原因来处理和化解异议。异议有的是因顾客而产生，有的是因销售人员产生。

（1）属于顾客方面的原因

1）拒绝改变：大多数顾客在作购车的决定之前，都对自己感兴趣的品牌、车型作了大量的了解。销售人员的建议可能会动摇顾客的初衷，使他们产生怀疑或不信任感，因此会提出异议。

2）情绪处于低潮：当顾客情绪正处于低潮时，有时会缺乏耐心，没有心情进行商谈，容易提出异议。

3）无法满足顾客的需要：顾客的需要不能充分被满足，不能引起其足够的注意及兴趣，因而无法认同销售人员提供的车辆。

4）预算不足：顾客预算不足会产生价格上的异议。

5）顾客抱有隐藏式的异议：顾客抱有隐藏异议时，会提出各式各样的异议。

(2) 属于销售人员方面的原因

1）销售人员无法赢得顾客的好感：销售人员的举止态度让顾客产生反感，如语调、姿态、态度等。

2）作了夸大不实的陈述：销售人员为了说服顾客，以不实的说辞哄骗顾客，结果带来更多的异议。

3）使用了过多的专门术语：销售人员说明车辆时，若使用过于高深的专门知识，会让顾客觉得自己无法胜任使用，而提出异议。

4）沟通不流畅：销售人员说得太多或听得太少都无法确实把握住顾客的想法，而产生许多的异议。

5）展示失败：展示失败会立刻遭到顾客的质疑。

4. 对待异议的态度

(1) 情绪轻松，不可紧张，认真倾听，真诚欢迎　当顾客提出异议时，销售人员不要与之争论或直接反驳顾客，不可采取敌对行为，要提供更多的令人信服的信息，还必须继续以笑脸相迎，并认真倾听、了解异议的内容及重点。一般多用下列语句作为开场白：“我很高兴你能提出意见”，“你的意见非常合理”，“你的观察很敏锐”等。当然，如果要轻松地应付异议，销售人员必须对车辆、公司政策、市场及竞争者都要有深刻的认识，这些是控制异议的必备条件。

(2) 审慎回答，保持友善　销售员对顾客所提的异议，必须审慎回答，应以沉着、坦白及直爽的态度，将有关事实、数据、资料或证明，以口述或书面方式送交准顾客。措词须恰当，语调须温和，并在和谐友好的气氛下进行洽谈，以解决问题。假如不能解答，就只可承认，不可乱吹。切记不可忽略顾客的异议，以避免顾客的不满或怀疑，使销售服务无法继续下去。

(3) 知难而退，保留后路　有经验的销售人员都知道，顾客的异议不是能够轻而易举地解决的。不过，销售人员与顾客面谈时所采取的方法，对于销售人员与顾客将来的关系有很大的影响。根据洽淡的结果，如果认为一时不能成交，那么在这个时候便应“知难而退”，不可稍露半点不快的神色，这样日后就有机会重新洽淡并获得这位顾客。

5. 处理异议的原则

(1) 事前做好准备　“不打无准备之仗”，是销售人员战胜顾客异议应遵循的一个基本原则。销售人员在未接待顾客之前就要将顾客可能会提出的各种异议列出来，然后考虑一个完善的答复。面对顾客的异议，事前有准备就可以胸中有数，从容应对，以免出现异议时不知所措，或是不能给顾客一个圆满的答复，说服顾客。

案例

加拿大的一些企业专门组织专家收集顾客异议并制订出标准应答语，要求销售人员记住并熟练运用。

具体程序如下：

步骤1：把大家每天遇到的顾客异议写下来。

步骤2：进行分类统计，依照每一异议出现的次数多少排列出顺序，出现频率最高的异议排在前面。

步骤3：以集体讨论方式编制适当的应答语，并编写整理成文章。

步骤4：大家都要记熟。

步骤5：由老销售人员扮演顾客，大家轮流练习标准应答语。

步骤6：对练习过程中发现的不足，通过讨论进行修改和提高。

步骤7：对修改过的应答语进行再练习，并最后定稿备用。最好是印成小册子发给大家，以供随时翻阅，达到运用自如、脱口而出的程度。

（2）选择恰当的时机　销售人员对顾客异议答复的时机选择有如下四种情况：

① 在顾客异议尚未提出时解答。防患于未然，是消除顾客异议的最好方法。销售人员觉察到顾客会提出某种异议，最好在顾客提出之前，就主动提出来并给予解释，这样可使销售人员争取主动，先发制人，从而避免因纠正顾客看法，或反驳顾客的意见而引起的不快。

销售人员完全有可能预先揣摩到顾客异议并抢先处理，因为顾客异议的发生有一定的规律性，如销售人员谈论车辆的优点时，顾客很可能会从最差的方面去琢磨问题。有时顾客没有提出异议，但他们的表情、动作以及谈话的用词和声调却可能有所流露，销售人员觉察到这种变化，就可以抢先解答。

② 异议提出后立即回答。大多数异议需要立即回答。这样，既可以促使顾客购买，又是对顾客的尊重。

③ 稍后再回答。有些异议需要销售人员暂时保持沉默，如异议显得模棱两可、含糊其词，让人费解；异议明显站不住脚、不攻自破；异议超过了销售人员的处理能力水平；异议涉及到较深的专业知识，不易为顾客马上理解等。急于回答顾客的此类异议是不明智的。经验表明：与其仓促答错十题，不如从容地答对一题。

④ 不回答。许多异议不需要回答，如无法回答的奇谈怪论；容易造成争论的话题；废话；可一笑置之的戏言；异议具有不可辩驳的正确性；明知故问的发难等。

销售人员不回答时可采取以下技巧：沉默；装作没听见，按自己的思路说下去；答非所问，悄悄扭转对方的话题；插科打诨幽默一番，最后不了了之。

案例

懂得在何时回答顾客异议的销售人员会取得更大的成绩

美国通过对几千名销售人员的研究，发现好的销售人员所遇到的顾客严重异议的机会只是差的销售人员的十分之一。这是因为，优秀的销售人员对顾客提出的异议不仅能给予一个比较圆满的答复，而且能选择恰当的时机进行答复。懂得在何时回答顾客异议的销售人员会取得更大的成绩。

（3）销售人员切忌争辩　不管客户如何批评我们，销售人员永远不要与顾客争辩。因为，争辩不是说服顾客的好方法。

（4）销售人员要尊重顾客的意见　顾客的意见无论是对是错，销售人员都不能表现出轻视的样子，如不耐烦、轻蔑、走神、东张西望、绷着脸、耷拉着头等。销售人员要双眼正视顾客，面部略带微笑，表现出全神贯注的样子。并且，销售人员也不能语气生硬地对顾客说："您错了"、"连这您都不懂"，也不能显得比顾客知道的更多，说"您没搞懂我说的意思，我是说……"。这样会挫伤顾客的自尊心。

案例

编造异议处理的说法

销售人员要精熟于推销说法，就得事先拟好标准说法。同理，要练就处理顾客异议的方法，必须事先准备一套回答用的说词，这种为异议而用的说词，是引发顾客购买意愿的利器之一。

1）写出销售人员在推销过程中可能会遇到的顾客异议的理由。请记住：每一项异议只能写一条理由。

2）分析异议的含意。写出每一项异议所含有的意义是什么，如：顾客的异议是太贵了。销售人员应当解决顾客的异议的如下含意：这个车辆有什么优点，开出的价格值得这么高？

3）写出销售人员处理异议的回答。针对顾客异议的含意，试着写出回答的说词。

4）增加对销售人员有利因素。

5）试着写出下列的事：使销售人员立场变得有利的回答方式；销售人员要在怎样的情况下举出反证；把顾客非买不可的理由井然有序地整理出来。

6）不断地检查、练习。

7）不断地研究、检查对所列异议的处理说法。当销售人员遇到未曾预期的异议时，应立刻记录下来；销售人员发现或是想到克服异议的好方法时，应立即把它补充上去，并对这些内容进行检查，不断练习，直到能够完全熟练运用为止。

6. 处理异议的步骤

（1）聆听　聆听是处理异议的关键一步。耐心聆听并体会顾客提出的异议，能帮助销售人员快速、准确地找到异议存在的根本原因，并可以决定如何适时、准确地处理顾客异议。

（2）表示理解、有效沟通　聆听之后，销售人员可以对顾客的异议表示理解，态度要真切诚恳，在心理上拉近与顾客的距离，并要与顾客进行沟通，多问"为什么"，了解顾客的想法，站在顾客的立场上考虑异议，以便进行下一步的说明工作。

（3）渐进式说明　渐进式说明就是让顾客逐渐接受销售人员的解释。在这一刻，销售人员应注意降低顾客和自己之间的紧张气氛，从而减少引起冲突的可能性。经过耐心的解释和说明，销售人员会获得一些顾客的认同，而对那些仍然存有异议的顾客，销售人员可视情况选择恰当的时机对顾客异议进行答复。

（4）选择恰当的时机，提供新的证据　经过耐心、细致的解释说明，顾客和销售人员之间的紧张气氛会得以缓解，销售人员可以在为顾客提供销售服务的过程中，找机会解决顾客的异议。

（5）征求订单　处理异议的最后一步是征求订单。在销售人员作出尽可能最佳的答复后，可以征求顾客意见，是否同意购买。

7. 处理异议的技巧

在处理异议时，销售人员应牢记尊重顾客的原则，为企业和企业经营的品牌赢得忠实顾

客乃至终生顾客。

(1) 变异议为一个问题　顾客提出的异议几乎都可以被转换成疑问的形式。如果销售人员引导顾客把异议看成是一个问题的话，那么交流沟通就简单多了。这时顾客就会等待对这个问题的答复。在销售人员作出答复后，顾客便只能对两种回答进行选择："是，这确实是个问题"或"不……"。销售人员就可从中收集到更多的隐含信息。如：

顾客："不，这倒不是个问题。"

汽车销售员："哦，是吗！那请你告诉我你主要的问题是什么？"

购买者："嗯，我想要的是……"。

(2) 在不同角色间转换　销售人员处理异议的时候应时刻从顾客的角度去体会顾客内心的想法，"己所不欲，勿施于人"，想象自己作为一名顾客时的所思所虑，然后考虑作为一名销售人员应采取的合理对应处理办法和预想顾客对此办法的反应等，并改进准备采用的处理方法。

用这种角色转换的方法来处理顾客的异议能有效地引导顾客接受销售人员的说法，同时也可避免发生冲突的潜在危险。

(3) 引进第三者的说法　有时销售人员在处理异议时，引进第三者能较好地缓和气氛，便于解决问题。如果仍然有异议，那问题在第三者身上；但如果达成一致，异议处理成功，就容易达成成交协议。如：顾客提出异议，销售员说："我能理解你的感觉……"（表示理解和同感），"其他人也觉得……"（引入第三者，帮助顾客不失面子），"……而且他们发现……"（准备提出新证据）。

8. 七种异议的表现及分析

汽车销售员是一项考验意志的工作，因为汽车销售员经常会遇到异议，甚至被顾客拒绝。现在来分析以下几种类型的顾客。

(1) 推脱型

① 销售员："王经理，您好，我是××汽车销售公司的业务经理……"。

顾客："哦，是××公司啊，我知道，价格也比较合理，但我们目前没有这方面的需要。这样吧，留个地址和电话，等我们需要了，再和你联系吧。"

这种类型的顾客是典型的"推脱"高手，他所说的是最常见的推脱话。

② 推脱型是异议理由中最常见的一种。汽车销售员通过电话联系潜在顾客，顾客告诉汽车销售员寄给他一些书面资料。大多数汽车销售员会用一种积极的态度对待顾客的异议，按要求把信件寄出去，并相信自己已经在销售进程中向前迈了一大步。事实上是，在大多数情况下，汽车销售员并没有取得进展。

推脱型的顾客可分为两种情况：一是顾客并不清楚汽车销售员所推销的车辆和所能提供的服务，只是习惯性地推脱；二是顾客可能真的没有需要。

③ 应对推脱型的两种办法：一是要求见面洽谈；二是通过和他地位相当的人推荐。

"我曾给您寄过一些资料，可能它们在邮寄过程中遗失了。3月26日我正好要到你们公司附近办点事，我很想在下午3：00来拜访您，您有空吗？……太好了！我会把这个约会记录在我的日程安排上，约见前一天我会再打电话跟您最后确定一下。"

首先，顾客只能用两种回答中的一种来回答。他可以同意会面或用其他的理由来拒绝。其次，销售人员询问顾客是否有空，并非仅仅送上车辆资料而已，通常，这种上门送材料的面谈至少不少于一个小时。事实上，这些约见无论从哪一方面而言，与潜在顾客他们自己安排的约见完全是一样的。

销售员："王经理，是这样的，我是××公司的杨经理介绍来的，他用了我们公司的车辆后感觉使用的情况很不错。我和他也成了很好的朋友，据他讲贵公司有这方面车辆的需求。所以这次我带了我们车辆的全套资料来了。如果您有时间的话，希望和您详细地交流一下。"

顾客："哦，是这样的啊，我们正在找类似的车辆。资料你都带了吗?"。

销售员："全部带来了，您看……"。

顾客往往会受和他地位相当的推荐人的影响，但需要注意的是，推荐人和顾客的关系，如恰巧是竞争对手，则可能会适得其反。

（2）没有需要型

① 销售员："您好，这是××公司的业务经理，您看，这是最新款式的商务车……"。

顾客："哦，我们已经有了商务车，凑合着还能用，目前我们不需要。"

② 世界上任何需求都是创造出来的，关键是怎样让顾客认识到自己的需求。作为汽车销售员的首要任务就是强化顾客需求，并让顾客强烈地意识到自己的需求，而不是拿顾客没有需求的观点来说服顾客。

③ 应对没有需要型顾客可运用询问法。

销售员："哦，是这样，那您用的是什么款式的商务车?"

顾客："嗯……"

销售员："它的使用性能如何?"

顾客："嗯，不错。"

销售员："您是不是对维修很烦恼?"

顾客："是的……。"

没有需要型的顾客很多情况下并不是真正没有需求，只是处于本能的防范心理，不愿意被销售人员缠住。但是汽车销售员如果提出他感兴趣的事情，他也愿意和汽车销售员交流。这时候要及时把握好顾客的关心点和注意点，以便有机会在和顾客沟通的过程中，掌握顾客的真正需求。使用渐进的询问，可在确认顾客有需求的基础上，给出一种满足顾客需求的办法。有时候不妨坦诚地询问顾客有无需求的真实情况，并站在顾客的立场，提出顾客可以接受的方案，以争取最后的成交。

（3）没有钱型(或者是钱不够型)

① 销售员："您好，欢迎您参观上海大众的汽车展厅，这是最新款的Polo轿车，1.6L，带主副驾驶双安全气囊、双角度电子液压助力转向、ABS防抱死等，而且您看，这款车的两个前照灯像不像两个大眼睛，整个车身也是流线型的设计，极富动感……我们作为上海大众的专业经销商，在此已经有多年了，您购买后可以享受到良好的服务。"

顾客："好是好，就是太贵了。我是自己买车，预算可没有这么高啊。"

② 一般来讲，人都有量入而出的习惯，所以碰到自称没钱的顾客，理论上讲还是有希望的。解决的办法主要是要摸清顾客的真实想法：是真的没钱？还是暂时钱不够？还是对车辆还有疑问？应多站在顾客的角度想想。

③ 应对没有钱型的顾客可采用适当奉承、反问，可以开开玩笑。

销售员："王老板，有打算买车的都是有钱的人哪！您都说没有钱我们这车都卖给谁去啊?"

顾客："呵呵，不要这样说，这Polo我是很喜欢，但价格确实贵了点儿。"

销售员："这点，其实我们公司也有考虑，我们可以为您提供多种付款方式，配合您的经济情况，绝对让您付得没有压力，相当轻松。您看在我们专卖店有××银行的按揭代办点，买我们的车是可以分期付款的。"

顾客："是吗？你带我过去看看，帮我好好咨询一下。其实我早就想买这款车了，呵呵，外形好看……"

销售员可以根据顾客的穿着、神态等外在表现进行初步判断。如果实在无法判断，就干脆放轻松点，开开玩笑。顾客一般也会抱以一笑，心情好的话很可能说出实情，如确实没有购买意图的话，大多也不会在意。

(4) 没时间型

① 销售员："请问您是杨总吗？我是××公司的，我们公司是经销运输车的……"。

顾客："哦，我知道了，今天很忙，没时间，下次吧。"（啪，电话挂断）

② 没时间型顾客是最常见的也是最难应付的一种异议，常常令汽车销售员产生无比的挫折感。显然，敢于这样说话的顾客是有一定决定权并自信可以对你毫无顾忌说不的人。销售员若一开始就被他的气势压倒，在随后的工作中将始终会有难以摆脱的心理阴影。应对这样的顾客，常见的客套话能省则省，单刀直入，直奔主题而去。如果能在开始的前3分钟引起顾客的兴趣，就还有希望。如果顾客确实没有时间，汽车销售员明智的选择是留下资料和联系方式，另约时间，以免引起顾客反感。

③ 应对没有时间型顾客：汽车销售员应在最短时间内使自己的话包含最有价值的信息。

销售员："杨总，您好，真不好意思，我也打过多次电话了，知道您很忙，所以只想占用您3分钟的时间，简单地谈一下商务车的事情。"

顾客："那好，就3分钟。我还有很多事情要去处理。"

销售员："据我了解，贵公司希望更换商务车。"

顾客："是啊。"

销售员："我们公司是主要经销商务车的，最近进了一批通用别商务车，该车在目前国内处于领先地位。所以我就再三和您联系，希望能和您面谈一次，那样您对我们的车了解得会更详细些。"

顾客："这样啊，那好，今天下午你过来吧，我在办公室。"

销售员："那我就下午两点半准时到您办公室拜访。"

顾客："记得带齐资料。"

销售员："一定！"

(5) 永远嫌贵型

① 销售员："王经理，您好，又来拜访您了。我这次来主要是想谈合同的事情。我们的资料您也看过了，车辆您应该是比较满意的。"

顾客："车辆是不错，就是太贵了，要知道××公司的同类车辆就比你们的便宜不少嘛。这样吧，把价格再降10%，我们可以考虑。"

② 随着这些年来生活水平的提高，人们对车辆质量也越来越重视了，所以从这个角度

来看，抱怨车辆贵肯定只是表面现象。自古就有“一分钱一分货”之说，之所以顾客这么讲，肯定是顾客认为车辆不值这么多钱，这个评估仅仅是顾客心理的评估。显然，如果顾客不能充分认识到车辆能给他带来的价值，他当然有理由认为车辆根本不值这个价钱，永远嫌贵那就是很自然的事情了。对这样的顾客，和他就价格反复讨论是最不明智的。顾客一旦认了死理无论销售员出什么价，他都会觉得贵。就价格论价格只会形成死结，而且可以利用汽车销售员急于成交的心理不断压价，汽车销售员将会处于很不利的地位。正确的应对是给顾客更多的他自己也认同的利益。

③ 应对永远嫌贵型的顾客，汽车销售员不能说：“价钱可以商量……可以向银行贷款……可以分期付款”这样的话，最糟糕的方式莫过于此了。

销售员要让顾客获得“买这辆车绝不会浪费”的理由，也绝不让他支付太多，如此，他可以很安心地买下这车辆，相信物有所值。

车是大件物品，买车嫌价钱贵，怕不合算，是顾客共有的心理。对这种顾客，汽车销售员千万不要说价钱可以商量的话，这是一种很糟糕的答话方式，这无疑于承认汽车销售员推销的车辆定价的确过高。怎样说才是恰当的呢?

假如某辆车定价是20万元，顾客嫌贵，汽车销售员不妨这样对他说：“你说得一点也不错，20万元的确不是一笔小数目。但是朋友，你想没想过，这东西不是一天两天，一年两年就能用坏了的。一般情况下，它能用个十年八年没有问题，而且这个品牌的旧车还能卖个好价格。”

在这段话中，汽车销售员先认同了顾客的异议，让顾客的心理得到满足；然后，又给顾客算了一笔账，化整为零，就不显得多了。

(6) 否定一切型

① 销售员：“陆经理，您好，我来过几次了，您好像对我们公司不是很满意。能了解一下是什么原因导致您有这样的看法吗?”

顾客：“同类的车我用过不少，没有一个我们满意的，我不相信你们能做得比他们好。”

② 这种类型的顾客产生了某种思维定式，要想改变他很难。面对这样的顾客，消极的回答如：“我们没有听过这样的情况啊?”、“其他的顾客没有反映啊?”、“不会这样吧?”，只会引起顾客的反感，因为这样讲无异于在怀疑他的人格。

③ 应对否定一切型的顾客，汽车销售员首先要清楚事情的原因，再针对顾客最关心的、最怀疑的问题提出解决办法。学会做个认真的倾听者，做顾客的“知心朋友”，这样才可能赢得顾客的信任。

(7) 反复考虑型

① 销售员：“王总，您好，我上次送来的资料您看过了吗?”

顾客：“材料我们是看过了。但是这件事情关系重大，我们还得再考虑考虑。”

② 反复考虑型的顾客也是汽车销售员经常碰到的顾客类型。此类型顾客往往在看过资料和样车之后，仍然说需要考虑。其实，此类型顾客有很明显的购买意图，但如果汽车销售员仅仅出于礼貌说：“那就这样吧，您再考虑考虑”，最后“考虑”结果一般是几天后再去时得到的答复是“不好意思，我们已经选择了别家的车辆了”。

③ 应对反复考虑型的顾客，销售员的办法是马上回忆和该顾客接触和交流的经历。实际上，最后的考虑阶段，汽车销售员已经和顾客完成了一个互动的过程，顾客对车辆有一定

的了解，他之所以没有下决心作最终决定，肯定是汽车销售员还有某一点没有打动他，所以销售员这时候必须当机立断，采取行动，可以直接询问他到底还有什么疑问，然后马上针对顾客的问题拿出解决办法。

以上这几种情况可以说是汽车销售员被顾客拒绝的典型，作为一名汽车销售员面对一而再，再而三的拒绝，自信心无疑会受到打击，影响到工作情绪。但这些情况并不是无法化解的，深入分析顾客心理，对症下药，完全可以把这些不利的局面扭转过来，使交易最终达成。

9.3.4　达成协议的技巧

1. 汽车销售员主动影响顾客作决定的技巧

（1）友好地提问　这是同顾客保持谈话并取得进展的最佳方法之一。提问可以帮助销售员澄清问题，验证顾客感兴趣的程度，以及引导谈话方向。汽车销售员可以在销售全过程中经常运用提问的方法。

（2）强调利益　强调车辆的利益而不单纯是车辆特征。

（3）运用专业知识　汽车销售员可以引用另一位顾客在同样问题上的解决方法，以此来解释顾客的异议。

（4）支持顾客，表示兴趣　同顾客分享他们担心的问题，在关键问题上支持顾客正确的论点。找出克服异议的方法，而不要用自卫的态度。

（5）建立关系　运用顾客的观点支持汽车销售员的论点。

2. 及时把握成交的信号

当顾客的态度有了变化的时候，要善于掌握时机。太快了，对方就跟不上，甚至引起戒意；太慢了，对方的购买意愿顷刻之间就消失殆尽。

最佳时机应是顾客已经在思想上接受了汽车销售员的车辆和服务。如果汽车销售员能将车辆和服务正确定位成顾客需求的满足物时，顾客将能够预见到他们的需求会得到满足，并会向销售员发出相应的信号。

汽车销售员必须把精力集中在顾客身上，以识别“购买信号”。要注意听顾客的话。购买信号就是顾客用身体与声音表现满意的形式。这也就是说顾客所说和所做的一切都在告诉汽车销售员他已作出了愿意购买的决定。在大多数情况下，购买信号的出现是较为突然的，有的时候，顾客甚至可能会用某种购买信号打断汽车销售员的讲话，汽车销售员应保持警觉性。

（1）把身体挪向前的时候　没有购买意愿的时候，顾客不可能特地移身向前。

（2）迷起眼睛，或是眨眼次数比原先显著减少的时候　顾客兴起购买意愿的时候，眼睛会下意识地紧张起来。

（3）对车辆的使用或是功用不断发问的时候　尤其当顾客强调“我想再听你说明一次”的时候，这表示他要做进一步的了解。汽车销售员此时千万不要犹豫，要立刻行动。

（4）眼神凝视某处的时候　这时候，他往往突然沉默，若有所思。此态度表示顾客正在盘算“得失”，这是最容易进攻的时机。

（5）认真杀价的时候　原是一直有拒意的顾客，开始向汽车销售员杀价。

（6）寻求助言的时候　顾客开始说：“糟糕……”，或是说：“每个月要付这些钱，恐怕有点困难……”。若毫无购买的意愿，顾客不会说“糟糕”，也不会说“有点困难”。此时，他正在寻求汽车销售员的助言。

(7) 与第三者商量的时候　顾客同第三者商量时，汽车销售员只要使第三者迅速成为自己的赞同者，交易就会成功。

销售员应密切注意顾客所说和所做的一切，也许获得订单的最大绊脚石是汽车销售员本人太过健谈，从而忽视了顾客的购买信号。

3. 达成协议的技巧

一般情况下，汽车销售员与顾客进行洽谈之后就进入了成交阶段。其实，成交的方法很多，这里仅介绍最常用的几种基本成交技巧。

(1) 利益汇总法　销售员把先前向顾客介绍的各项车辆利益，将特别获得顾客认同的地方，一起汇总，扼要地再提醒顾客，加重顾客对利益的感受，同时要求达成协议。

利益汇总法是销售员经常使用的技巧，特别是在做完车辆介绍时，可运用利益汇总法向关键人士提出订单的要求，另外书写建议书做结论时，也可以运用这项技巧。

(2) 本杰明·富兰克林法　取出一张纸，在中间划一条线，左边写上有利的方面，右边写上不利的方面，等待顾客的许可。

这项技巧由本杰明·富兰克林发明，多年来已经有无数的销售员成功地运用过。这项技巧简单、清晰、易于理解，所以每个人都理解它的效力。

本杰明·富兰克林法是一个非常有效的方法，特别是销售员与关键人士之间有多次接触，彼此间建立了一些人际关系后，采用此法能让顾客更容易坚定地下决心，特别是销售员书面写下这些信息时，能让顾客感觉到汽车销售员只是代表他把他的评估写在上面。

(3) 前提条件法　许多准顾客即使有意购买，也不喜欢迅速签下订单，他总要东挑西拣，在车辆颜色、规格、式样、交车日期上不停地打转。这时，聪明的汽车销售员就要改变策略，暂时不谈订单的问题，转而热情地帮对方挑选颜色、规格、式样、交车日期等，一旦上述问题解决，汽车销售员的订单也就落实了。

(4) 价值成本法　当顾客为改善工作效率、增加运输量或降低使用成本而购车时，汽车销售员可选择运用成本价值法作为成交的手法，它能发挥极强的说服力。

(5) 证实提问法　证实提问法就是提出一些特殊问题给顾客回答，顾客回答这些问题之后，就表明其更加感兴趣而且愿意继续深入下去。当汽车销售员提出证实性问题时，其实是在给自己寻找正面激励的答案。

(6) 直接询问法　很多汽车销售人员极度畏惧直接向顾客开口要求订单，因为他们害怕顾客会有异议。事实上，当汽车销售员对顾客有一定把握的时候，简单而直接地提出订单要求，让顾客有一个简单回答或处理的机会，这样就可以把订单签下来。如销售员可说：“王总，您是否在预约单上签下您的大名，好让我安排提车手续。”

(7) 缩小选择成交法　缩小选择成交法就是汽车销售员依据顾客的需求为顾客确定一个有效的选择范围，并要求顾客立即予以选择成交的方法。当摆在顾客面前的可供选择的车辆范围过大，顾客难以作出决定时应当使用此法。有时，顾客会被大批令人眼花缭乱的车辆搞得忧心忡忡，害怕在众多车辆中选错了目标，即使心中想买一辆也不得不退避三舍。优秀的汽车销售员要善于帮助顾客剔除那些不大合适的车辆，把顾客的注意力集中到需要购买的车辆上，并作出选择。这既可表示服务的优质，又可促使成交，增加业绩。

如“二选其一”法：这项策略是向潜在顾客提供两个选择，每个选项都对销售有利。这样比只是提出一项建议要好得多，因为一项建议有可能被对方一口否决。提供选择有助于顾客思考什么对自己有好处，以及他们实际上需要什么。

当准顾客一再出现购买信号，却又犹豫不决拿不定主意时，可采用“二选其一”的技巧。譬如，汽车销售员可对顾客说：“请问您要那部浅灰色的车还是银白色的呢?”或是说：“请问是星期二还是星期三提车?”此种“二选其一”的问话技巧，其实就是销售员帮顾客拿主意，下决心购买。

(8) 请教法　在汽车销售员费尽口舌，使出浑身解数都无效，眼看这笔生意做不成时，不妨试试这个方法。譬如说：“王经理，虽然我知道我们的车辆绝对适合您，可我的能力太差了，无法说服您，我认输了。不过，在告辞之前，请您指出我的不足，让我有一个改进的机会好吗?”像这种谦卑的话语，不但很容易满足对方的虚荣心，而且会消除彼此之间的对抗情绪。顾客可能会一边指点、鼓励销售员，有时会给销售员一张意料之外的订单。

案例

汽车销售员：“王总经理，我已经拜访您好多次了，总经理对本公司的汽车性能也相当的认同，汽车的价格也相当合理，您也听朋友夸赞过本公司的售后服务。今天我再次地拜访您，不是向您销售汽车的，我知道总经理是销售界的前辈，我在您面前销售东西实在压力很大，大概表现得很差，请总经理本着爱护晚辈的心怀，希望总经理一定要指点一下，我哪些地方做得不好，让我能在日后改善。”

王总经理：“您不错嘛，又很勤快，对汽车的性能了解得非常清楚。看您这么诚恳，我就坦白告诉您，这一次我们要替企业的十位经理换车，当然换车一定要比他们现在的车子要更高级一些，以激励士气，但价钱不能比现在贵，否则我短期内宁可不换。”

汽车销售员：“报告总经理，您实在是位好的经营者，购车也以激励士气为出发点，今天真是又学到了新的东西，总经理我给您推荐的车是由美国装配直接进口的，成本偏高，因此价格不得不反映成本，但是我们公司月底将从墨西哥进来的同级车，成本较低，并且总经理一次购买十部，我一定说服公司尽可能地达到您的预算目标。”

王总经理：“喔！贵公司如果有这种车，倒替我解决了换车的难题了!”

的确，当销售人员山穷水尽，无法成交时，由于多次的拜访和顾客多少建立了一些交情，此时，若面对的顾客在年龄上或头衔上都比你大时，你可采用这种策略，让顾客说出真正的异议。

(9) 限制成交法　限制成交是利用销售来制造购买机会，促使顾客主动成交，又称“机会成交法”。

利用“怕买不到”的心理，人们常对越是得不到、买不到的东西，越想得到它、买到它。汽车销售员可利用这种心理，来促成订单。譬如说，汽车销售员可对顾客说：

“这种车只剩最后一辆了，短期内不再进货，您不买就没有了。”

“今天是优惠价的截止日，请把握良机，明天您就买不到这种折扣价了。”

“该车的需求量非常大，如果您现在不马上订货的话，我就不能保证在您需要的时候一定有货。”

利用人们的“机不可失，时不再来”购买心理，促使顾客下定购买决心，及时成交。

限制成交法能给顾客造成一种心理恐慌，运用此法必须谨慎，最根本的一点就是要有商业道德，应当在完全符合事实的情况下，才能使用此法。这也是此法的局限性所在。

（10）启发式成交法　启发式销售就是汽车销售人员提醒顾客购买与他已购买的车辆相关的产品，如一些装饰、附件等，使顾客购买更多的产品，增加交易额。

启发式销售的途径如下：

1）量大优惠：告诉顾客，如果多买一些相关的车，可以给予某种优惠，如价格折扣、提供新的服务项目等。

2）建议购买相关产品：许多产品与车具有相关关系，顾客购买一辆车，要充分发挥其功能，客观上还需要其他产品，销售人员可以把顾客需要的这些产品一同出售，如附加配置、装饰类。

3）建议顾客购买能保护所购车辆经久耐用，发挥功能，保证其不受损失的辅助产品，如保养车辆的产品等。

4）销售人员在运用启发式销售方法时，要站到顾客的立场上，想顾客之所想，想想如果自己购买了这种车，还需要什么附属品？了解顾客的需求和要求，从顾客的角度进行启发式销售。

本 章 小 结

1. 整车分销指的是汽车厂商将汽车产品批发或供应给经销商（含代理商），以及经销商将汽车产品销售给最终用户，并提供相关附属服务的整个流程。整车分销业务可以分为两部分：汽车厂商的整车供应和经销商的汽车零售。

2. 汽车厂商负责汽车制造商所有产品的销售工作，完成整车销售的整个流程，包括进货、验收、运输、存储、定价、销售等环节。

3. 经销商整车销售是指汽车经销商在顾客选购汽车产品时，帮助顾客购买所进行的所有服务性工作。在整个销售过程中，做好汽车销售服务至关重要。

4. 汽车销售服务包括售前服务、售中服务和售后服务。

5. 汽车销售人员代表企业形象，可以创造需求，帮助市场研究，并获得利润。

6. 要求销售人员着装整齐、有自信、态度和蔼、专业知识丰富和专业销售技巧高明。进行销售工作前要事先做好各项准备，让自己的情绪达到巅峰状态，销售中与顾客建立信赖感，了解顾客的问题和需求，针对销售中存在的问题提出解决方案并塑造产品的价值，还要对竞争对手进行分析，以便销售中有所应对，解除反对意见，并且还要提供良好的售后服务等。

7. 经销商整车销售的一般销售流程有：顾客开发、接待、销售咨询、产品展示和介绍、试乘试驾、异议处理和协商、成交、交车验车、跟踪服务。厂商不同，销售流程略有不同。

8. 清晰、简练和温暖的电话沟通能增进销售员与顾客的感情，这直接影响顾客对经销商的印象，并最终影响顾客满意度和忠诚度。

9. 异议就是顾客对汽车销售员的意见和建议持不同意或反对的意见。异议对销售员来说不一定都是坏事。销售人员应本着“双赢”的原则，了解异议产生的各种原因，冷静地来处理和化解异议。

10. 汽车销售员与顾客进行洽谈之后就进入了成交阶段。汽车销售员应努力学习，善用

成交技巧来达成与顾客的购车协议。

复习思考题

1. 什么是整车分销？有哪些环节？
2. 简述汽车厂商整车销售的整个流程。
3. 汽车销售服务包括哪些内容？
4. 怎样做一名合格的汽车销售人员？
5. 经销商整车销售的一般销售流程中有哪些主要环节？
6. 简述经销商整车销售流程中各主要环节的做法。
7. 如何用专业的方式来接听电话？
8. 如何认识顾客异议？
9. 处理顾客异议应注意些什么？
10. 如何正确处理顾客异议？
11. 学习达成协议的技巧和办法。

第 10 章 汽车产品的售后服务

学习目标：

- 了解什么是服务营销观念和服务营销。
- 掌握汽车售后服务的实质。
- 掌握汽车厂商的售后服务内容。
- 了解丰田“七步服务流程”的优势。
- 掌握汽车经销商售后服务流程的操作。
- 了解处理顾客投诉和抱怨的方法。

10.1 认识汽车服务营销

现代市场营销将产品与服务紧密地联系起来，只卖产品没有服务的时代已经一去不复返了。特别是汽车这样的复杂产品，服务更是成为现代企业竞争的焦点，谁能够为广大汽车用户提供优质服务，谁就可能会在市场竞争中立于不败之地。服务不仅是汽车厂商的经营对象，还是汽车销售企业、汽车维修企业以及汽车物流企业的直接经营对象。这些情况表明，物质产品的营销和服务营销不是两种能够清晰分开的营销类型，制造商已深深卷入到服务之中，而服务商往往也需要通过产品来实现其服务。

10.1.1 服务

1. 服务的含义

现代市场营销在界定产品概念时，将产品定义为“活动过程的结果”或“活动过程本身”。其实，前者的概念是指实物产品，后者就是指服务(无形产品)。

关于服务的概念，学者弗雷德里克认为：“服务是为满足购买者某些需要而暂时提供的产品或从事的活动。”而 A · 佩恩则认为：“服务是一种涉及某些无形因素的活动，它包括与顾客或他们拥有财产的相互活动，它不会造成所有权的变更。条件可能发生变化，服务产出可能或不可能与物质产品紧密相连。”

由此可见，服务的含义应当包含以下要点：

1）服务提供的是一种活动，活动的结果可能是无形的，活动有时也与有形产品联系在一起。

2）服务提供的是产品的使用权，并不涉及所有权的转移。如提供了汽车维修服务，并不产生汽车所有权的改变。

3）服务对其需求者的重要性，并不亚于实物产品。例如，汽车发生故障后，对维修服务的需求就不亚于对汽车产品的需求。

2. 服务的分类

服务可从下面几个方面进行分类。

（1）根据服务活动的本质分类　即服务活动是有形的还是无形的，以及服务对象是人还是物，可分成如下四类：

1）服务对象是人的有形活动，如医疗、娱乐服务。

2）服务对象是物的有形活动，如货运、机械设备维修服务。

3）服务对象是人的无形活动，如教育、广播、信息服务。

4）服务对象是物的无形活动，如银行、保险、法律咨询服务。

汽车销售和售后服务应类属与第②类、第③类。

（2）根据服务供应与需求的关系分类　有些服务供应与需求的波动都较小，如银行、保险、法律服务；有的需求波动幅度大而供应基本能跟上，如电力、电话等；有的需求波动大，有时会超出供应能力，如交通运输、宾馆、饭店等。汽车类服务基本属于前者，即服务的供给和需求都不会波动太大。

（3）根据服务推广的方法分类　服务推广方法包括如下方面：

1）顾客在单一地点主动接触服务机构，如电影院、维修店。

2）服务机构在单一地点主动接触顾客，如直销、出租汽车服务。

3）顾客与服务机构在单一地点远距离交易，如地方电视台、信用卡公司。

4）顾客在多个地点主动接触服务机构，如公共汽车、连锁快餐店。

5）服务机构在多个地点主动接触顾客，如邮寄服务、应急修理。

6）顾客与服务机构在多个地点远距离接触，如电话公司、广播网等。

汽车服务，如果只考虑汽车厂家的特约维修服务，则属于第 1)类服务；而现代汽车服务的观念也在发生变化，即汽车厂家及其特约维修站主动服务的意识不断增强，这样的服务就演变为第 2)、5)类服务了。

由此可见，由于研究的出发点不同，某一特定的服务可以被划归不同的类型。

3. 服务的特征

（1）无形性　顾客在购买服务之前，一般不能看到、听到、嗅到、尝到或感觉到服务。因此，广告宣传不宜过多介绍服务的本体，而应集中介绍服务所能提供的利益，让无形的服务在消费者眼中变得有形。实际上，真正无形的服务极少，很多服务需要借助有形的实物才可以产生。顾客购买某些产品，只不过因为它们是一些有效功能的物质载体，这些载体所承载的服务或者效用才是最重要的。

（2）同一性　也称同步性。服务的供应者往往是以其劳动直接为购买者提供使用价值，生产过程与消费过程属于同一个过程，两个过程不可分离。如汽车维修过程，对车主而言是消费过程，对维修技师而言就是生产过程。这一特征表明，顾客只有而且必须加入到服务的生产过程中，才能得到服务。

（3）异质性　服务是以人(服务提供者)为中心的产业。由于人的个性、气质、修养与文化技术水平存在差异，不同的人操作同一服务，服务质量就很难达到完全相同；即使是同一人做同样的服务，因时间、地点、环境与心态的不同，服务效果也难以完全一致。因此，

服务须特别强调保持应有的品质，力求始终如一，维持高水准，建立顾客信心，树立优质服务形象。

（4）即时性　由于服务的生产与消费同时进行及其无形性，决定了服务不能进行储存，也不能进行退换，不能对服务再实施“售后服务”。而且很多服务的使用价值，如不及时加以利用，就会“过期作废”。如宾馆中的空房间、闲置的汽车维修设备等，均为服务业不可补偿的损失。因此，服务业的规模、定价与推广，必须力求达到人力、物力的充分利用。

4. 服务的有形展示

尽管服务具有无形与易逝性，使得顾客不能“实质性”地占有，但服务可以由企业通过各种方式有形展示，使得顾客获得更多“实质性”的感受。

（1）有形展示的类型　物质产品可以自我展示，服务则不能，顾客看不到服务。但是，顾客可以看到服务工具、设备、员工、信息资料、其他顾客、价目表等，这些有形物都是了解无形服务的线索。由此，在服务营销中，一切可以传递服务特色与优点的有形组成部分，均可称做服务的有形展示。有形展示可以从不同的角度加以分类。从构成要素的角度，有形展示可分为如下三种类型：

1）实体环境。实体环境包括三大因素：周围因素、设计因素和社会因素。

周围因素是指服务现场及周围的空气质量、噪声、气氛、整洁度等。这类要素通常被顾客视为构成服务产品内涵的必要组成部分，其存在虽不致使顾客格外地激动，但如缺少这些或是达不到顾客的期望，就会破坏顾客对服务的印象。

设计因素是指服务处所的建筑、结构、颜色、造型、风格等美学因素和陈设、标识等功能因素。这类要素被用以改善服务产品的包装，显示服务产品的功能，建立有形的、赏心悦目的服务产品形象。设计因素的主动刺激比周围环境更易引起顾客的积极情绪，鼓励其采取接近行为，有较强的竞争潜力。

社会因素是指在服务场所内一切参与及影响服务产品生产的人，包括服务员工和其他出现于服务场所的人士，他们的人数、仪表、行为等，都有可能影响顾客对服务质量的期望与认识。

2）信息沟通。信息沟通所使用的方法有如下两种：

① 服务有形化。在信息交流中强调与服务相联系的有形物，让服务显得实实在在。有形因素能使服务容易被感知，而不那么抽象。

② 信息有形化。通过鼓励积极的口头传播、服务保证和广告中应用容易被感知的展示，使信息更加有形化。很多顾客都特别容易接受其他顾客提供的口头信息，据此作出购买服务的决定。

3）价格。服务价格是营销组合因素中决定收入的主要因素。顾客之所以关注价格，是因价格可以提高或降低人们的期望。由于服务是无形的，价格是对服务水平和质量的可见性展示。价格能展示一般的服务，也能展示特殊的服务；它能表达对顾客关心，也能给顾客以急功近利的感觉。制订正确的价格能传送适当的信息，是一种对服务有效的有形展示。

（2）有形展示的作用

1）帮助顾客感受到服务所能带来的利益。有形展示可在顾客的消费经历中，注入新颖的、激动人心的、戏剧性的因素，消除顾客的厌倦情绪。采用有形展示的实质，是通过有形物体对顾客感观的刺激，让顾客感受到无形服务所带给自己的好处和利益，进而影响其对服

务的需求。

2）引导顾客对服务产生合理的期望。服务的无形化及不可感知性，使顾客在使用前难以对该项服务作出正确的理解或描述。通过有形展示，可以让顾客在使用服务前能具体地把握服务的特征和功能，从而对服务产生较合理的期望，避免因期望过高而难以满足所造成的负面影响。

3）影响顾客对服务产品的第一印象。有形展示作为部分服务内涵的载体，是顾客取得第一印象的物质因素。对于新顾客而言，在购买和享用某项服务之前，往往会根据第一印象对服务产品作出判断。有形展示的成败，最终会影响顾客的购买决策。

4）促使顾客对优质服务作出客观评价。服务质量高低由多种因素决定，可感知性是其中的一个重要特质，而有形展示正是可感知服务的组成部分。有形展示可使顾客对服务产生优质的感觉。

5）引导顾客识别与改变服务形象。有形展示能有形地、具体地传达最具挑战性的企业形象。服务企业或服务产品形象的无形性，增加了改善形象的难度。形象的改变不仅是在原来形象上加入新内容，而且要打破传统观念，利用有形产品作为新设计的形象的中心载体，使形象变更的可见信息迅速传送给顾客。

6）协助服务企业培训服务员工。在利用有形展示突出服务产品的特征以及优点时，也可利用有形展示作为培训员工的手段。员工作为“内部顾客”，通过有形展示深刻、具体地理解了企业所提供的服务，会有助于保证他们所提供的服务符合企业规定的标准。

（3）有形展示的管理　服务的有形展示，应考虑使服务更易为顾客所把握。因此，有形展示应选择顾客认为重要的有形实物，最好是他们在该项服务中所寻求的一部分；同时，必须保证此有形实物所暗示的承诺，在提供的服务中能完满兑现，即服务质量要与承诺的内容一致。

有形展示的最终目的，是建立企业与顾客之间的长期关系，首先是服务人员要取得顾客的好感。服务产品的顾客，常常被服务企业中的某一个人或某一集群所吸引，而不只是认同服务本身。服务人员直接同顾客打交道，不仅其衣着打扮、言谈举止影响着顾客对服务质量的认知和评价，而且服务人员同顾客之间的关系直接决定了顾客与企业关系的融洽程度。为此，企业必须确切了解目标顾客的需要，明确有形展示的预期效果，并确定独特的推销重点，将此重点作为该服务产品的组成部分。

10.1.2　服务营销

1. *什么是服务营销观念*

早在 20 世纪 70 年代，当时全球经济在二次世界大战结束后的几十年中得到了飞速发展，人民生活水平不断提高，服务业由此也得到迅速发展。营销理论界对服务营销的特性开始予以越来越多的关注。1981 年布姆斯和比特纳（Booms and Bitner）建议在传统市场营销理论 4Ps 的基础上增加三个服务性的“P”，即：人（People）、过程（Process）、物质环境（Physical Evidence）。7Ps 的核心在于以下方面：

1）揭示了员工的参与对整个营销活动的重要意义。企业员工是企业组织的主体，每个员工做的每件事都将是顾客对企业服务感受的一部分，都将对企业的形象产生一定的影响。应让每个员工都积极主动地参与到企业的经营管理决策中来，真正发挥员工的主人翁地位。

2）企业应关注在为用户提供服务时的全过程，通过互动沟通了解顾客在此过程中的感受，使顾客成为服务营销过程的参与者，从而及时改进自己的服务来满足顾客的期望。企业营销也应重视内部各部门之间分工与合作过程的管理，因为营销是一个由各部门协作、全体员工共同参与的活动，而部门之间的有效分工与合作是营销活动实现的根本保证。

7Ps 的后三个 P 正是服务营销观念的体现，对任何一个以赢利为目标的企业都适合，任何产品(不论是有形或无形的)都可视为企业向顾客提供服务的媒介。这就是服务营销观念基本原理。

服务营销观念是以服务为导向，企业营销的是服务，服务是企业从产品设计、生产、广告宣传、销售安装、售后服务等各个部门的事，甚至是每一位员工的事。售后服务也不是成本消耗部门，企业的产品在经过每一个部门都被赋予了新的增值。在服务营销观念下，企业关心的不仅是产品是否成功售出，更注重的是顾客在享受企业通过有形或无形的产品所提供的服务的全过程感受。因此企业将更积极主动地关注售后维修保养、收集顾客对产品的意见和建议并及时反馈给产品设计开发部门，以便不断推出能满足甚至超出顾客预期的新产品。同时在可能的情况下对已售出的产品进行改进或升级服务。

从服务营销观念来理解，顾客购买了企业的产品仅仅是企业的营销工作的开始，而不是结束。对顾客而言，产品的价值体现在服务期内能否满足顾客的需求。

服务营销观念对指导汽车厂商及其服务中间商做好服务工作具有重要作用。

2. 服务营销的组合要素

服务营销的组合要素依然是产品、定价、分销和促销，但每个要素的具体内涵却发生了很大的变化。

（1）产品　服务产品必须考虑的要素是提供服务的范围、质量、品牌、保证以及跟踪服务等。服务产品包括核心服务、便利服务和辅助服务。核心服务体现了企业为顾客提供的最基本效用，如航空公司的运输服务、汽车故障的维修服务等；便利服务是为配合、推广核心服务而提供的便利，如航空公司的订票送票、送站接站，汽车维修商前往用户故障地点拖拉故障车辆等；辅助服务用以增加服务的价值或区别于竞争者的服务，有助于实施差异化营销战略。

（2）分销　随着服务领域的扩展，服务销售除直销外，经由中间商销售者日渐增多。中间商主要有代理、代销、经纪等形态。汽车厂商通常是在全社会选择适当的维修厂店，建立一套维修服务网络进行服务“分销”的，有的维修企业也在异地设立服务连锁店。在分销因素中，服务地点的选择至关重要，要尽量贴近服务需求者，要有利于他们能够方便地得到服务。

（3）定价　一般而言，由于服务质量水平难以统一界定，特别是作用于人的服务，质量检验也难以采用统一标准，服务定价必须有较大的灵活性。而在区别一项服务与另一项服务时，价格是一项重要的识别标志，顾客往往能从价格感受到服务价值的高低。但有时对作用于物的服务，也可以尽量制订量化标准，如汽车维修服务商都有各种故障的维修工时定额、服务价目表等，维修完毕后也可以检查故障是否已排除，产品的性能质量是否复原等。

（4）促销　服务的促销方式也包括广告、人员推销、营业推广、宣传、公共关系等营销沟通方式。为增进消费者对无形服务的印象，企业在促销活动中要尽量使服务产品有形化。

10.1.3　服务质量的管理

1. 服务质量的内涵

服务质量取决于顾客对服务的预期质量同其实际感受的服务水平或体验质量的对比差距。整体感受质量不仅取决于预期质量与体验质量之比，也决定于技术质量和职能质量的水平。技术质量指服务过程的产出，即顾客从服务过程中所得到的东西，对此，顾客容易感知，也便于评价。职能质量则指服务推广的过程，即顾客同服务人员打交道的过程中，服务人员的行为、态度、穿着等都直接影响顾客的感知，如何提供服务和接受服务的过程会给顾客留下深刻的印象。

顾客对服务的预期质量，通常受到四个因素的影响，即市场营销沟通、顾客口碑、顾客需求和企业形象。由于接受服务的顾客通常能直接接触到企业的资源、组织结构和运作方式等方面，企业形象无可避免地影响顾客对服务质量的认知和体验。如果企业在顾客心目中的形象较好，顾客会谅解企业服务过程中的个别失误；如果原有形象不佳，则任何细微的失误也会造成很坏的影响。因此，企业形象被称为顾客感知服务质量的过滤器。

2. 服务质量的评价

通常，可以从以下五个方面去评价服务质量。

(1) 感知性　指提供服务的有形部分，如各种设施、设备、服务人员的仪表等。顾客正是借助这些有形的、可见的部分把握服务的实质。有形部分提供了有关服务质量本身的线索，同时也直接影响到顾客对服务质量的感知。

(2) 可靠性　指服务供应者准确无误地完成所承诺的服务。可靠性要求避免服务过程中的失误，顾客认可的可靠性是最重要的质量指标，它与核心服务密切相关。许多以优质服务著称的服务企业，正是通过强化可靠性来建立自己的声誉的。

(3) 适应性　主要指反应能力，即随时准确为顾客提供快捷、有效的服务，包括矫正失误和改正对顾客不便之处的能力。对顾客的各项要求，能否予以及时满足，表明企业的服务导向，即是否把顾客利益放在第一位。

(4) 保证性　主要指服务人员的友好态度与胜任能力。服务人员较高的知识技能和良好的服务态度，能增强顾客对服务质量的可信度和安全感。在服务产品不断推陈出新的今天，顾客同知识渊博而又友好和善的服务人员打交道，无疑会产生信任感。

(5) 移情性　指企业和服务人员能设身处地为顾客着想，努力满足顾客的要求。这便要求服务人员有一种投入的精神，想顾客之所想，急顾客之所急，了解顾客的实际需要，以至特殊需要，千方百计地予以满足，给予顾客充分的关心和相应的体贴，使服务过程充满人情味，这便是移情性的体现。

按上述评价标准，可通过问卷调查或其他方式对服务质量进行测量。调查应包括顾客的预期质量和体验质量两个方面，以便进行分析研究。汽车厂商的营销部门，每年都要花费较多的资金进行服务质量的调查和评估。

3. 服务质量的正确管理

顾客期望在顾客对服务的认知中起着关键性的作用，期望与体验是否一致已成为服务质量评估的决定性因素。因此，服务质量管理首要的就是能够对顾客期望进行正确的管理，并在实际服务过程中做到超出顾客期望，而不是低于顾客期望。为了达到这一目的，企业可以通过以下几方面进行工作。

（1）确保承诺能够实现　明确的服务承诺（广告和销售人员的推销）和暗示的服务承诺（服务设施外观、服务价格），都是企业可以控制的，对之进行管理是管理顾客期望直接而可靠的方法。企业应集中精力做好基本服务项目，通过切实可行的努力和措施，确保对顾客所作的承诺能够反映真实的服务水平，保证承诺圆满兑现。过分的承诺难以兑现，将会失去顾客服务的信任，破坏顾客的容忍度，对企业是不利的。

（2）重视服务的可靠性　在顾客对服务质量进行评估的多项标准中，可靠性无疑是最为重要的。提高服务可靠性能带来较高的现有顾客保持率，增加积极的顾客口碑，减少招揽新顾客的压力和再次服务的开支。可靠服务有助于减少优质服务重现的需要，从而合理限制顾客期望。

（3）坚持经常性沟通　经常与顾客进行沟通，理解他们的期望，对服务加以说明，或是对顾客光临表示感激，更多地获得顾客的谅解。通过与顾客经常对话，加强与顾客的联系，可以在问题发生时处于相对主动的地位。企业积极地发起沟通以及对顾客发起的沟通表示关切，都传达了和谐、合作的愿望，而这又是顾客经常希望而又很少得到的。有效的沟通有助于在出现服务失误时，减少或消除顾客的失望，从而树立顾客对企业的信心和理解。

（4）进行优质服务传递　在服务过程中，顾客亲身体验了提供的服务技能和服务态度，有利于保持更切合实际的期望和更多的理解。每一次与顾客的接触都是一次潜在的机会，可使顾客感到享受超出期望的服务，而对顾客冷淡的员工则是浪费了机会。

（5）加强力量，组织重现服务　虽然对完美服务的追求是优质服务的特征，但在第一次服务出现失误时，一流服务的重现显得十分重要。服务重现是一个超出顾客期望的绝好机会，也为企业提供了重新赢得顾客信任的机会。企业必须加强力量组织好服务重现，使服务中的问题得到令人满意的答复。虽然在服务重现期间顾客对过程和结果的期望都会比平时更高，但顾客将比往常更加注意服务的传递过程。企业以全身心投入来对待顾客服务的有效重现，能使顾客满意，并且当精心组织的服务重现超出顾客时会给顾客带来期望惊喜。

10.1.4　汽车售后服务的实质

汽车生产和销售企业，当顾客购买了企业的汽车时，就可看作营销工作的开始，因为顾客买汽车不是最终目的，而是买由企业提供的使交通便捷产品的服务，只是顾客已为这种服务预支了今后若干时间的服务费而已。在这里，车辆也只是汽车企业向用户提供服务的媒介。显然，这种观念与传统的市场营销观念有本质的不同。

此时，汽车销售服务非常重要的一个环节是顾客购车后的售后服务。汽车售后服务也是产生利润的工作，它将使企业与顾客建立长久的、良好的客户关系，为企业积累宝贵的用户资源，并可以使生产和销售环节的利润最大化。

汽车售后服务包括汽车厂商的售后服务和汽车经销商（或特约服务站）的售后服务两个层次。二者的工作内容是不一样的。

10.2　汽车厂商的售后服务

汽车厂商设有售后服务部门（通常称用户服务部、售后服务部或技术服务部等），主要进

行质量保修费用结算、售后服务纠纷的裁定、配件供应、售后服务宣传策划以及服务网点管理等。

10.2.1　质量保修费用结算

以特约服务站为例，其售后服务作业可以分为如下三类：

（1）有偿服务　向用户提供汽车维修、保养服务并向用户收取规定的服务费用。

（2）质量保修　在质量保修期内，按质量保修规定为用户进行的车辆保养、维护，以及由于产品质量问题而为用户进行的维修、更换零部件的服务，这些服务都是不收服务费的。

（3）活动服务　不在质量保修规定范围内，由于汽车厂商或服务商本身通过开展宣传活动，额外提供给用户的免费服务。

在质量保修和受汽车厂商委托的活动服务中，特约服务站付出的工时、人力和配件成本要凭相关单据由汽车厂商来付费，汽车厂商对整个付费过程的操作、监督称为质量保修费用结算。

结算步骤一般包括如下方面：

1）特约服务站定期将质量保修结算单据，包括用户签字的费用结算单、首保单或二保单、旧件标签(用以记载更换旧件信息的小卡片)，以及将更换下来的旧件，一并寄回给汽车厂商售后服务部的旧件仓库。

2）汽车厂商售后服务部的旧件验收人员验收寄回的旧件是否正宗、故障原因是否属于质量保修范围，如验收正常，则将单据及验收结果交给结算组，由结算人员予以结算；如发现旧件不属于本厂出品，或者旧件故障不属质量保修范围的，则该旧件的工时费、零件费不予结算。

3）结算组根据标准工时及零件费用结算，并由财务人员审核结算结果。

4）审核无误后，由结算员通知服务商开出发票，财务人员收到发票后，将费用划拨到服务商在汽车厂商售后服务部门设立的专项账户内。

10.2.2　配件供应

1. 配件的分类

按配件的使用性质，通常把配件分成以下几类：

（1）消耗件　在汽车运行中，一些零件自然老化、失效和到期必须更换的，如各种皮带、胶管、密封垫、电气零件(火花塞、传感器、继电器、白金、分火头、分电器盖等)、各种滤心、轮胎、蓄电池等。

（2）易损件　在汽车运行中，一些零件自然磨损而失效，如轴瓦、活塞环、活塞、凸轮轴瓦、缸套、气阀、导管、主销、主销衬套、轮毂、制动鼓、各种油封、钢板销及套等。

（3）维修零件　在汽车一定的运行周期，必须更换的零件，如各种轴、齿类、各类运动件的紧固件以及在一定使用寿命中必须更换的零件(一些保安紧固件、转向节、半轴套管等)。

（4）基础件　基础件通常是组成汽车的一些主要总成零件，价值较高，原则上它们应当是全寿命零件，但可能会因典型使用条件而造成损坏，通常应予修复，但也可以更换新件。如曲轴、机体、缸盖、凸轮轴、车架、桥壳、变速器壳等。

(5) 肇事件　汽车肇事通常损坏的零件，如前梁、车身覆盖件、驾驶室、传动轴、散热器等。

2. 配件供应的基本流程

配件供应的基本业务流程是：特约服务站通过网络、电话及传真向汽车厂商的售后服务部配件分部订购配件，配件分部收到信息，马上查询库存情况，如果数量充足，就立即出库。若某些配件库存不足，便立即向制造厂商或配件供应厂商发出订单。

配件供应是做好售后服务的物质基础。首先，要保证保用期内的用件及索赔零件供应；其次，应保证修理件供应；另外，应保证专业维修服务站的配件供应。

10.2.3　网点管理

我国汽车厂商根据自身的需要，在全国范围内建立了大大小小的销售网点和售后服务网点，组成企业的营销及服务网络。一些厂商的售后服务网点与销售网点保持相对独立。其中，大区管理/办事处一般隶属汽车厂商，代表汽车厂商管理经销商与服务商，处理疑难问题，监督经销商和服务商按照双方签订的合同和制订的业务模式经营，以达到“双赢”的目的。

汽车厂商都是广泛利用社会资源，在合适的地点选择合适的经销商和服务商，以此构建自己的营销与服务网络。因而管理好这些网点就变得非常重要。

1. 销售网络管理

(1) 选点依据　通过逐步建立和完善全国性的营销网络，可以扩大产品的覆盖面，增加产品的销售渠道。但如果一味追求“点多面广”，使销售网点过密，经销商将难以形成规模经营，从而导致成本上升，利润减少，竞争力降低，形成经销商之间的过度竞争。反之，如果销售网点过于稀少，又使顾客因购买不方便而放弃购买，降低了产品的市场占有率。因此，科学布点十分重要。

一般来说，汽车厂商首先会根据自己的发展战略制订一个网络发展规划，然后根据规划进行选点。选点主要考虑的是目标市场保有量、辐射周边城市的能力、物流的便利性、购买力等因素，有时也会对发展中的目标市场和主要竞争对手的重点市场略加倾斜。

(2) 建站条件　汽车厂商一般会根据经销商的综合实力、销售情况以及付款情况来对经销商进行分级，不同等级的经销商所享受的权利和履行的义务是不相同的。

(3) 建站程序　汽车厂商在发展网点时，一般要依据严格的程序，科学、合理地建设网点。这个程序一般是各地经销商申请、汽车厂商或其地区机构预审、经销商依据汽车厂商的规范建设、汽车厂商审批和双方签约等。

(4) 管理办法　网络管理通常是由培训、日常管理、考核三部分组成的。

1) 培训。培训的目的是帮助经销商认识所经销品牌的背景、销售体系的战略意义及目标，同时通过提高经销商管理层的管理水平及员工的业务素质，使经销商获得足够的、合格的人力资源，从而为经销商获得强大的竞争优势奠定基础。

各汽车厂商的培训内容不尽相同，一般可分为一次性培训和连续性培训。一次性培训通常针对的是新入网的经销商，内容包括所经销品牌的背景、销售体系的战略意义及目标、现代企业管理营销理念等。连续性培训是为全面提高经销商综合管理水平而持续开展的相关业务培训，内容一般有：会计制度与财务管理、销售业务管理与销售人员管理、产品促销、整

车质量检查与售后服务、信息系统、配件经营等，有时会根据业务的发展进行诸如二手车贸易、汽车租赁等新兴业务的培训，或者当有新产品推出时进行有关新产品的知识培训等。

2）日常管理。为保障经销商能够按照标准管理模式经营业务，汽车厂商的地区管理机构对辖区内的经销商要进行日常业务管理，并提供业务服务、协调和支持市场开拓。日常管理的内容有：销售流向、客户类型、会计信息反馈、车辆PDI（Pre-Delivery Inspection）检查以及经销商的销售台账、发票、报表，以保证市场销售价格的稳定，为经销商创造良好的商业环境。

3）考核。汽车厂商会不定期组织对经销商进行网点巡视和用户满意度调查，并每年进行一次全面的年度检查，将其结果作为对网点年终排名的主要考核依据，并按照优胜劣汰原则，对不合格的经销商进行整顿，甚至将其清除。

考核内容包括硬件设施考评及用户满意度考评等。其中，硬件设施考评是为了保证经销商能够向顾客提供全方位服务，是保障经销商服务设施标准化的重要措施。硬件考评体系的建立以顾客需求为核心，强调硬件投资的科学性、有效性，重点注重企业形象、产品形象、用户亲和力以及现代化信息手段在管理中的应用。

用户满意度考评是保障经销商服务质量标准化的重要措施，有利于经销商根据市场导向及顾客需求，进一步加强服务能力的管理，提高销售网络的竞争力。用户满意度一般采用市场调查的方法进行。考评内容包括以下方面：

① 用户档案。主要是对用户档案的内容和质量的考评。

② 售前服务。主要是对经销商的公众形象、售前联系的方式及内容、购车咨询热线的设立、质量及态度的考评。

③ 售中服务。主要是对销售人员接待礼仪、产品信息服务介绍的全面性、收费合理性、供货及时性、交车时车辆外观性能满意度、购车后相关信息传递的全面性的考评。

④ 售后服务。主要是对售后的跟踪联系情况、服务咨询热线的设立、质量及态度、维修服务人员的态度礼仪、维修服务的质量、维修服务的响应速度、维修服务营业时间的考评。

2. 服务网络管理

（1）建点依据　通常要求服务站的数目多于经销点的数目。服务站选点主要考虑的是目标市场保有量、辐射周边城市的能力，同时对发展中的目标市场和主要竞争对手的重点市场略加倾斜。

（2）建站条件　服务站必须具备一定的资质条件：

1）具备一定的组织机构条件。一般要求财务独立、维修场地独立，最好组织机构也独立。

2）硬件条件。要求具有足够的场地和专业的维修设备。

3）服务人员条件。维修人员数量必须符合汽车厂商的要求。

（3）建站程序　其程序与经销商网点建设基本一致。

（4）管理办法

1）培训。由于服务站服务能力的差异性和其功能的复杂性，培训内容应该较宽，可以是产品技术的，可以是某一专业技术的；可以是经营的，也可以是服务站专业人员技能（质量保修鉴定、财务、备品等）的。

2）日常管理。厂商的地区机构负责协助服务商搞好售后服务工作，监督服务站做好以下方面的工作：

① 以标准价格保养、维修汽车。

② 热情周到地为用户服务。

③ 按时按量完成报表和信息收集。

④ 积极配合汽车厂商的宣传、促销活动。

⑤ 保证服务站经营的配件都是由汽车厂商提供或认可的。

3）考核。各汽车厂商对服务站的考核项目不尽相同，基本的考核项目主要有以下几点：

① 服务站组织结构。主要考核服务站是否有独立的财务、人员编制和作业场地，人员配置是否达到汽车厂商要求。

② 人员培训和服务站形象建设。主要考核服务站的培训工作是否符合要求，服务站是否是统一的企业形象、标识、灯箱、宣传画等。

③ 服务站工作环境。主要考核服务站整体布局是否符合汽车厂商要求、出入口设计是否合理，维修车间、工具设备是否标准等。

④ 优质服务。主要考核服务站是否按照业务流程规定的要求来服务于用户。这一项目通常采用实地观察或秘密采购的方式完成。

⑤ 服务站内部管理。主要考核服务站着装、文具、文档是否符合标准，任职人员是否受过符合公司要求和有专业资质证明等。

⑥ 信息反馈与广告宣传。主要考核服务站对质量信息、当地市场信息等信息的反馈是否及时、准确，各类报表完成质量如何。服务站的广告、宣传工作是否符合要求，对统一安排的宣传、优惠活动配合度如何等。

⑦ 配件管理和索赔工作。主要考核服务站配件经营管理水平，服务站索赔工作是否符合规定，数据传递、索赔质量以及旧件的回收保管工作等。

⑧ 档案资料。主要考核服务站档案是否齐全，是否准时上报给汽车厂商。

⑨ 用户调查和访问。主要考核服务站的服务态度、服务水平以及整个服务体系在用户心目中的形象等。这一项目通常采用市场调查法完成。

⑩ 环境保护。主要考核服务站的消防灭火设施、绿化、废气排放、废油和废液的处理等。

考核结果可以作为对服务站评定或划分等级的依据。

3. 信息管理

企业的生存与发展一刻也离不开对信息的管理和利用。建立自己的信息管理系统使其为企业的经营决策服务是现代企业发展的必由之路。

由于信息技术的发展，计算机和网络的普及应用，很多汽车厂商开始在企业内部以及企业与经销商、服务商之间建立各种信息管理系统（ERP、MIS、DRP 等）。信息系统的建立要契合企业实际，立足现在，着眼未来，并且保证企业业务信息的完整性与安全性。我国整车汽车厂商由于规划时的目标各不相同，其信息系统功能也不完全一样。

经销商和服务商的信息通过网络由 Internet 传递给地区办事处所在地的代理服务器，经处理后，再通过网络由 Internet 传递给汽车厂商总部的服务器，然后企业员工通过 Intranet

(企业局域网)根据设定的权限访问数据。企业信息管理系统由以下子系统组成:

(1) 营销决策支持子系统 营销决策支持子系统为企业领导层服务,向企业领导层提供各种有用的决策信息,提高企业的决策水平,帮助企业领导了解企业内部各部门运作情况和外部经营环境。通过决策支持系统,领导层可以随时了解整个企业经营活动的动态统计信息,如当日企业本部经营情况、当日各营销网点销售情况、各地汽车市场信息等。

(2) 市场辅助预测子系统 该系统为企业市场研究服务,系统建立了市场预测和分析模型,其指标体系的各种指标参数可根据实际情况实时修改,使模型更为符合实际,并通过对竞争对手和本公司营销信息的动态监控达到较为准确地预测出市场变化趋势的目的。

(3) 计划与订单管理子系统 该系统为企业销售与计划业务服务,提供产销计划管理、自动分车(资源分配)、开票、信息统计(合同及其执行情况、销售汇总信息、各经销商销售信息、库存汇总信息、社会库存信息、经销商回款信息、用户信息等)功能;实现销售、计划、财务、储运等业务的数据共享。

(4) 财务管理与风险监测子系统 为企业财务业务服务,提供财务凭证管理、商务政策执行管理、经销商往来账目分析、经销商财务分析等功能,并且通过对财务凭证的分类统计,可以方便地统计经销商付款、欠款的情况、企业当日财务状况、经销商库存及挪用货款情况等有关企业财务方面的报表,同时该系统中的商务政策执行管理系统对销售折让和降价补贴统一管理和监控,通过核对本系统的销售发票凭证、社会库存信息以及储运部门发车信息,从而有效地控制和减少因销售折让和降价补贴所造成的额外损失。另外,该系统的经销商往来账目分析、财务分析可以对经销商的财务情况、欠款情况作出初步分析,从而对恶意拖欠的经销商及早提出预警,减少“呆账”、“坏账”情况的发生,有利于企业防范经营风险。

(5) 储运业务管理子系统 根据不同企业的现状,该系统提供了两套解决方案。对于还未实现第三方物流(The Third-part Logistics)的企业,该系统详细记录每一辆车的入库、出库、提车等情况,严格做到“先进、先出”,并根据每辆车的实际情况(目的地、送货方式、送货日期等),提供商品车配送的解决方案以供参考。同时,该系统还建立了库存分析,为企业的经营决策提供数据。对于已实现第三方物流的企业,系统可提供与物流企业管理系统的接口,储存每辆车的详细档案,为市场预测与分析服务。

(6) 售后服务质量分析子系统 该系统可收集售后服务质量信息,并对信息进行全面统计分析,按类别、分布区域、出厂时段、发生质量事故原因等方面,分析一段时间内发生质量问题的零部件,提供故障原因分析报告,为工厂的技术改进和提高采购工作质量提供依据。

(7) 质量保修费用结算与监控子系统 系统可实现售后服务费用本地或异地自动结算,并建立质量保修费用分析系统,对费用构成(零件费、工时费、走保费所占比例等)、平均年维修频次、年平均维修费用、平均每次维修费用、重大质量事故赔偿额进行分析,还可对相邻或路况特征相近的区域进行费用比较,以增加质量保修费用赔付的真实性。

(8) 配件供应、仓储与销售管理子系统 该系统为配件日常业务服务,可以实现自动制订月度配件采购计划,减少采购的盲目性;对仓库实现计算机管理,降低库存;提高对客户的满足率、缩短结算时间、减少客户购买配件时间,从而能改善和加强售后服务工作。

(9) 企业外派机构(办事处等)业务管理子系统 该系统是整个LAN上的一个节点,是企业本部管理系统的外延，可收集、分析所在区域内宏观与微观信息、汇总订单及监控本区域经营风险、售后服务质量及监督企业商务政策的履行。

(10) 企业人力资源管理子系统　为企业人力资源开发服务，它可以管理企业员工的档案、分析企业员工构成，为员工晋升、培训提供依据。

(11) 电子商务子系统　该系统可对企业整个贸易活动实现电子化，可实现网上售前、售后服务(提供产品和服务的细节、产品实用技术指南、回答顾客意见等)、电子支付(使用电子资金转账、信用卡、电子货币等)、运输调配和网上订购。

10.3　汽车经销商的售后服务

售后服务，是现代汽车经销商服务的重要组成部分。做好售后服务，不仅关系到本企业产品的质量和完整性，更关系到顾客能否得到真正的、完全的满意。随着我国私人购车市场的发展与形成，对汽车售后服务如修车质量、停厂车日、配件质量、价格成本、规范服务等，也提出了更高的要求，只有信誉好的服务站，才能赢得顾客的信赖。

目前很多汽车经销商在丰田成功的“七步法服务流程”基础上改进本企业的售后服务，提高了生产效率，而且维修与零件部门的协同工作能力、维修工作进程控制也得到加强，使服务标准化，从而提高了顾客满意度，减少了运营成本，获得了更高的利润。

丰田成功的“七步法服务流程”是：预约、接待、填写维修工单、维修进度管理、质量控制、交车和维修后跟踪服务。

10.3.1　预约

1. 预约的好处

有效的预约能控制顾客入厂时间，防止大量顾客集中在高峰期入厂，最大限度减少顾客在接受服务时等待的时间，以便使服务接待有更多的时间与顾客接触，使顾客获得物有所值的服务。

预约能使服务人员有足够的时间接待非预约客户或随到顾客。随到顾客是指没有预约但要求保养或维修工作马上能够完成的顾客。

预约后企业能提供给顾客快速的服务，进一步方便了顾客，并且减少了企业所需的停车位，可减少维修工单的堆积，提高车辆流动性。

通过预约还可以让企业提前确认零件库存，提高零件及时供应率；并有计划地调度车间生产，合理地给每位维修技师安排工作量，确保工作效率。

2. 预约处理流程

1）顾客来电进行预约，服务人员接到来电时先介绍部门和自己的姓名。

2）服务人员此时应询问或听取顾客和车辆详细资料：顾客姓名、联系电话、车辆车牌号、型号等。

3）确定顾客是保养还是维修。初步确认保养用零件或其他零件的库存，确定定购零件的到达时间。

4）根据顾客的要求，服务人员提供预约的日期和时间。根据收费标准介绍常规保养和基本维修工作的准确报价。注意：在对车辆进行检查前，无法对诊断或有难度的修理进行报

价。如果无法按顾客指定的日期进行预约，服务人员应立即建议其他可供选择的时间。

5）与顾客达成协议后，确认和复述工作要求、预约日期和时间以及顾客的联系电话。

6）服务人员在顾客接受预约后应感谢顾客惠顾并重复顾客名字。结束通话。

3. 预约准备

接受电话预约后，服务人员必须做好下面准备工作：

（1）记录预约　将预约记录到预约薄或计算机系统内，并从可用的预约时间中减去相应时间。注意：可预约时间总数不应超过可用人力时间的 80%，以满足临时随到顾客或紧急修理要求。

（2）确认零件库存　确认零件库存并填写零件需求单或填写计算机控制的零件定单和提货请求单。有库存的常用零件，服务人员要为每个预约提出零件申请，以保证订购零件及事前提取程序的实施。

（3）预约请求要存档　收到预约请求后，应将预约单或维修工单存放在预约存档柜中相应的预约日期栏中。如果是返修或投诉的预约，则将服务档案记录交给服务经理。

（4）预约确认　服务人员要在至少预约日期前一天向顾客确认预约。提醒顾客预约日期和时间可以减少顾客失约的发生。顾客失约的发生将影响车间的生产力和效率，也失去了由零件部门员工预先提取零件的意义。同时，要将预约单或维修工单移到当日工作栏上。

（5）重新预约　如零件延误，在零件到货后与顾客联系重新安排预约。

4. 宣传预约的方法

接触顾客时宣传预约是非常必要的。可用以下方法宣传预约：

1）在新车销售过程中。

2）在接待区宣传预约联系信息。

3）服务顾问的名片。

4）服务人员在与顾客交谈中推荐预约。

5）经销商的互联网页。

6）经销商直接的营销宣传册上。

7）账单上。

10.3.2　接待

在顾客来访的最初时刻，最重要的是使他放心。服务接待在顾客到来时应报以微笑，以缓解顾客的不安情绪，这能让服务接待更容易地和顾客进行交流并理解其要求。

1. 高效接待的特点

1）由一般服务人员负责接待过程，但在业务繁忙时段，服务经理也可参与到接待过程中。

2）接待工作必须有一个指定区域，在那里，采用环车检查方式与顾客一起检查车辆，服务人员可很快地完成维修工单的填写过程。

3）服务人员应穿着整齐的制服并佩戴名牌，便于顾客辨认。

4）服务人员需展示卓越的关怀顾客和沟通技巧，使用精确的价格指南，以简洁高效的方式完成接待程序。

5）在环车检查过程中，可向顾客指出必要的附加维修工作或车辆存在的损伤。提供专业的建议，清楚地说明工作内容和价格。

6）根据顾客的要求，决定维修需要。

2. 接待的一般流程

1）在准备维修工单的同时准备椅套、转向盘罩和纸制脚垫来保护顾客车辆。将这些物品准备好并放置在靠近接待服务区的架子上。如果特别订购的零件到货，需记录在预约单和维修工单上。

2）顾客到来时，向顾客问候，并自我介绍，然后询问顾客姓名。询问顾客是否有预约。如果顾客已预约，需重复其主要要求。例如："马先生，您预约了 30000 公里保养，对吗?"

如果顾客无预约，检查可用的人力资源并确认可以开始工作的时间。检查历史维修档案，如果必要，可进一步提出建议。检查和确认顾客的情况姓名、电话、电子邮件等，这有利于维修后跟踪服务。

3）通过提问和倾听，确认顾客的需要。一般采用 5W-2H 规则来确认顾客所描述的症状：谁(Who)、时间(When)、如何(How)、什么(What)、为什么(Why)、多少(How many/much)、哪里(Where)。

4）如果顾客描述的状况需要进行诊断或路试，应请求维修组长进行路试并体验车辆状况。如果难于确定或调正的故障，应使用预先诊断问卷获得更多信息，以便帮助技师做到一次性修复。如果是返修工作，需事先通知服务经理。

5）服务人员做环车检查一定要和顾客一起到车辆旁实施，以讨论顾客的需要并且确认其他所需的服务和维修。

10.3.3 填写维修工单

填写维修工单的目的是陈述顾客的要求并确认顾客的授权，以便维修技师能在承诺交车的时间内完成工作。

1. 维修工单的特点

维修工单是重要的法律文件。它是顾客与经销商之间的合约，它授权经销商根据顾客的要求完成维修工作。

维修工单应提供如下重要信息：

(1) 详细的顾客信息　顾客的姓名、联系电话、偏好的维修后跟踪服务方式(电话、电子邮箱或问卷)及顾客认可维修工单的内容后签名。

(2) 详细的车辆信息　车辆的行驶里程、剩余燃油量、车型代码、车架识别号、车牌、颜色等登记信息。

(3) 详细的作业项目及补充信息　进行维修工作的详细内容：顾客留言或主要要求、服务人员和维修主管或技师的意见、评价，估算维修、保养、润滑剂和零件费用，环车检查车身流程及结果，服务接待人员的姓名，承诺的交车日期/提车时间等信息。

2. 维修工单填写流程

(1) 零件缺货　如果是随到顾客并且零件缺货，应填写零件需求单，并将维修工单放入预约计划板上的零件订购栏。然后，根据预计的零件到达时间，与随到顾客安排新的预约。如果维修技师已开始工作，但是诊断后发现所需零件无货，应将维修工单移至维修工作

进程控制板中的“维修中断”/“等待零件”栏。

要立即将维修中断通知服务接待人员，然后服务接待人员会与顾客联系取得授权。授权后，可订购零件并确定零件的到达时间。

（2）向顾客清楚地说明维修工单的内容　服务人员应利用维修工单为顾客进行清楚的说明，如重复叙述顾客要求或主修项目，说明进行该项维修的益处，说明进行维修工作需要的时间，说明估算的费用，告诉顾客预期的交车时间，询问顾客是否愿意查看更换的零件并在维修工单上注明，再次确认顾客的联系电话号码，并将自己的名片交给顾客，将维修工单交给维修工作调度员或维修主管，以不延误分派和监控维修工作。

（3）诊断　若车辆需诊断故障，服务人员应请求维修工作调度员或维修主管支持。维修工作调度员或维修主管即委派合适的维修技师并准备需要的汽车专用维修工具。

（4）与维修技师沟通　维修工单是服务人员、维修技师和顾客之间重要的沟通工具。服务人员的描述和用词的准确性对技师的工作质量有很大影响。

（5）结束流程　最后，服务人员将名片交给顾客，以结束整个接待和填写维修工单的流程。

维修工作调度员或维修主管接到由服务人员传递过来的维修工单后，确认承诺的交车时间，并将工作分派给合适的技师。维修工作调度员或维修主管将一份维修工单副本放置在维修工作进程控制板上，并将另外一份副本交给维修技师。维修工作调度员或维修主管需决定最迟的开工时间和完成时间，以保证在承诺的交车时间前车辆维修完毕。

10.3.4　维修进度管理

1. 维修进度管理的目的

维修进度管理是由维修生产调度员和维修主管，有效地利用维修工作进程控制板、维修进度计划表或计算机维修管理系统，根据维修技师的技能水平，将保养、维修工作分派到技师手上，并在整个维修服务过程中，随时调控维修进度及质量，以保证在向顾客承诺的时间内及时交车。

2. 维修进度管理的好处

1）所有员工都能一目了然地看到每个维修工作目前的进度状态、是否超出工作负荷或延误。

2）可以确认每位维修技师的“下一个作业”。

3）还可监控维修中断，协调有关人员确认进展，及时联系顾客取得授权，确认更改的交车时间。

4）可以记录维修技师的有效工作时间，准确记录开/完工时间，统计生产能力和生产效率。

3. 维修进度管理的主要流程

（1）车辆当日入厂预定并等待维修　服务接待人员、维修生产调度员和维修主管准备好维修工单后，由服务接待人员在维修日的前夜将其移到“等待维修”栏中。

（2）工作分派　维修生产调度员和维修主管开始负责维修进度控制。维修工作被分派给合适的维修技师，并向技师说明顾客的要求和预期工作完成时间。如有需要，维修生产调度员和维修主管也将给技师提供技术帮助。同时，该维修技师的下一项工作放在“下一次作业”栏中。这能保证工作流畅并缩短空闲时间。

(3) 维修工作上工作计划板　工作计划板表示了每项工作的计划、实际开始时间以及预计完成时间。其上标明了技师名字和工位号，并显示分派给的每项工作的统一用时。该管理看板是一个有效的维修进度控制可视化管理工具，可用来确认停滞和延误的工作。任何员工都能看到每个工作目前的状态。

(4) 维修中断　如果某一项工作由于附加维修、零件供应或等待授权等原因而不能按时完成，维修技师要通知维修主管或调度员将维修工作放在相应的“维修中断”、“等待答复”、“等待零件”或“外加工”等栏中。技师必须及时与维修主管或调度员联系，避免沟通延误。

(5) 维修进度沟通　如果因维修中断而需要取得顾客授权或改变交车时间，维修生产调度员或维修主管将通知服务接待人员，服务接待人员会联系顾客取得授权，或通知其交车时间将会延误。维修主管向技师提供的技术指导，以确保按时交车。

(6) 等待质检和洗车　当技师完成工作后，将维修工作放在“等待质检”栏中。维修主管或维修质量控制检查员要利用检查表进行维修质量检查。完成检查后，维修主管将维修工作放在“洗车”栏中。这就是可视化维修进度控制。

(7) 等待清算和等待交车　车辆清洗后，维修主管或维修调度员将维修工作放在“等待清算”槽中。服务接待人员完成维修工单，并检查完成的工作和更换下来的零件。收到零件账单并为交车流程准备所有的文件。准备钥匙和服务手册前，要确认车辆已清洗和停放的位置。完整的账单放在“等待结账”栏中。

10.3.5　质量控制

1. 质量控制的目的

质量控制(质量检查)的目的是确定是否已按企业质量标准完成维修工作并达到了顾客的期待值。是否保证一次性修复，因为这最能表现优质服务的价值。通过质量检查，要将质量意识渗透到服务流程的每一步中去。

2. 质量控制的好处

1) 可以保证车辆“一次性修复”，体现企业的优质服务。

2) 可以减少返修次数，减少顾客抱怨、投诉的发生，提高顾客满意度。

3) 可以提高顾客的“回头率”，增加再入厂，变顾客为忠实顾客甚至为终生顾客。

4) 可以增加经营收入。

5) 可以提高员工满意度。

3. 质量控制的程序

(1) 初始质量检查　负责维修的技师要进行质量初检。维修主管主要负责检查维修的技术质量，必要的话还要进行“路试”。然后维修主管确认车辆是否可以准备清洗，然后交车。检查过程如发现有误或遗漏应马上返修，返修后务必重新全面检查。

(2) 维修主管填写维修质量检查表　维修主管需审查维修工单上技师的意见并检查和保留更换下来的零件。维修主管需填写维修质量检查表并签署维修工单，以确定已完成维修质量的检查。

(3) 维修工作的交接　维修主管准备更换下来的零件并交给服务人员，以便服务人员在

交车环节向顾客说明。同时，维修主管将维修工单和维修质量检查单一起放在“等待洗车”栏中。有时，维修主管会口头向服务人员说明所完成的工作，此时，服务人员应记录下来。

（4）服务人员检查车辆清洁情况　清洗车辆应包括外部清洗和内部清洗。前者即把车外清洗干净，包括玻璃、轮毂、车窗；后者包括仪表台、坐椅、地板、烟灰罐，必要时应对地毯进行吸尘处理。车辆清洗完、安全停放后，服务顾问要检查清洁情况并去除椅套和脚垫。服务人员还需检查车身和油漆工作，并与最初的环车检查结果相比较。之后，签署和安放质检挂签。

（5）准备文件　服务人员将维修工单从维修工作进程控制板中移走，并准备交车流程需要的文件。需要准备：零件账单、维修工单、维修质量检查表、服务/保修手册，钥匙和最终账单。

（6）服务经理参与　通常，针对返修或费用昂贵的维修或涉及安全性能的维修，服务经理需要在交车前查看账单和维修质量检查表。

（7）等待结账　维修质量检查流程完成后，服务人员将维修工单、维修质量检查单和账单放在“等待结账”槽中。同时还要准备迎接顾客的到来并说明所完成的维修工作和收费明细。

维修进度控制现已经成功完成。服务人员可以通知顾客已准备好交车。

10.3.6　交车

1. 交车的目的

交车流程的目的是确认顾客的要求已成功完成，还应向顾客准确说明所完成的维修工作和相应收费明细。

2. 特点

交车前，质量控制检查应已完成，并且椅套和脚垫已从车中去除（有些经销商会当顾客面去掉椅套和脚垫）。服务顾问以准备好所有的文件说明所完成的维修工作，还需保留任何更换下来的零件。有效交车程序的主要特点如下：

1）服务人员需称呼顾客名字，热情友好地问候顾客。

2）向顾客出示更换下来的零件以建立信任。

3）说明所完成的维修工作以及零件、工时和润滑剂的价格。

4）确认总账单金额没有超过先前授权的金额（电话授权除外）。

5）提出其他建议或未来保养建议。

3. 交车程序

（1）迎接顾客的光临　热情友好地问候顾客。称呼顾客的名字，引导顾客入座。

（2）说明所完成的工作　向顾客出示更换下来的零件。如果是重大、昂贵的或涉及安全性能的维修项目，服务人员需在要求顾客付款前，先将顾客带至车辆处，向顾客展示所完成维修的部位。对于定期保养，可不需要该步骤。

（3）向顾客出示更换下来的零件　为建立信任，服务人员需向顾客出示和提供更换下来的零件。由于顾客能看到从车辆上更换下来的零件，可帮助建立信任感。

（4）请求付款　服务人员说明所完成的工作、益处和费用后，将账单递交给顾客。服务人员确定和记录顾客偏好的维修后跟踪服务方式。如：电话、电子信箱、短信或问卷。

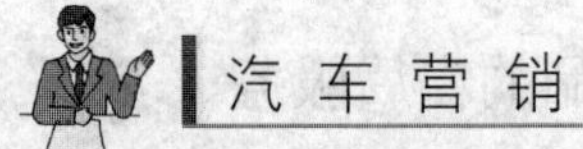

(5) 恭送顾客　接受付款后，服务人员将收据、保修/服务手册和钥匙交给顾客，还应向顾客建议下次保养时间，并陪同顾客到车辆旁(如果可能)。服务人员要避免顾客在停车场漫无目地寻找自己的车辆。向顾客表示感谢，欢迎他再次光顾。

交车程序到此结束。

10.3.7　维修后跟踪服务

1. 维修后跟踪服务的作用

维修后跟踪服务由专职员工或服务人员负责，可以通过电话、电子邮件或书面问卷的方式来确定顾客对最近的维修服务是否完全满意，并在 24 小时内解决维修后跟踪服务过程中顾客提出的问题甚至投诉。通过维修后跟踪服务，服务经理可以根据其反馈结果来分析总结，从顾客的感受来发现经营管理等方面的薄弱环节，从而不断改进各环节工作。

2. 维修后跟踪服务流程

(1) 准备　在用电话或电子邮件进行维修后跟踪服务前，服务人员需仔细回顾已完成的维修内容，需记录下顾客资料、维修工单上维修主管或技师填写的额外建议。

(2) 电话维修后跟踪服务程序

1) 报出经销商和自己的名字，确认对方是否为自己需要找的顾客并询问目前是否方便谈话。

2) 解释打电话的目的。目的是为了确认满意度而非推销。若提问，问题需以 5～6 个为限。

3) 仔细倾听顾客建议，并记录。如果有投诉，要仔细记录并确认将很快给予答复。

4) 感谢顾客的意见和占用的时间。

5) 将记录结果向服务经理报告。不要试图通过电话解决顾客的投诉。

(3) 通过电子邮件进行维修后跟踪服务　如果用电子邮件进行维修后跟踪服务，要表明主题，否则顾客会误认为是销售广告，可能会将其删除。然后将结果向服务经理报告。

如果负责维修后跟踪服务的人员接到顾客投诉，应对投诉进行详细登记并向服务经理报告。因作业有误，发生投诉时必须优先处理。

(4) 顾客投诉登记　可在顾客投诉登记表中列出全年(月或季度)接到的顾客投诉。服务经理用该表识别和总结顾客投诉类型和频率。

(5) 收集维修后跟踪服务信息反馈　服务经理、维修主管及其员工每月总结、讨论维修后跟踪服务结果，不但可以识别经销商的优点和弱点，还可以总结出顾客关注问题变化的趋势，从而可以改进服务工作计划和各环节的工作。

维修后跟踪服务是有效地保持客源和沟通的工具，必须以专业的方式完成此项工作，以取得效果并建立信任。

案例

丰田维修后跟踪服务系统

丰田维修后跟踪服务存档柜有 31 栏，代表每个月的 31 天。交车后，服务人员将被挑选出来作为维修后跟踪服务的顾客放到相应的两个工作日后的看板栏里。到那天时，将通过电话或电子邮件对栏中的顾客进行维修后跟踪服务。

10.3.8　处理顾客投诉或抱怨

在汽车服务业，无论工作多么努力，顾客投诉总是不可避免，如何面对服务过程中的顾客异议，顾客在抱怨什么？作为一位汽车服务人员，要认真分析原因，迅速而正确地处理顾客异议，才能避免产生负面影响。

1. 顾客期望和汽车经销企业提供的实际服务

顾客有期望才会产生抱怨。顾客期望和汽车经销企业提供的实际服务可分别用以下公式来表示：

顾客期望 = 朋友的口碑 + 服务承诺 + 顾客需求

汽车经销企业提供的实际服务 = 高品质的商品 + 服务承诺 + 规范化作业

当汽车经销企业提供的实际服务大于顾客的希望，顾客很满意；当汽车经销企业提供的实际服务 = 顾客的期望，顾客基本满意；当汽车经销企业提供的实际服务小于顾客的期望，顾客就会不满意。

2. 正确认识顾客投诉和顾客抱怨对汽车经销企业的影响

顾客在抱怨时想得到的是汽车经销企业的认真对待，有反应，有行动，或希望得到补偿，或希望被认同、被尊重。当抱怨未得到正确的处理时，顾客心中产生不满情绪，不再购买商品，也不再向人推荐，甚至进行非常负面的宣传，使汽车销售企业的信誉下降。

顾客的抱怨是珍贵的情报。有许多公司花大量的人力物力想了解顾客有什么不满，还会定期委托调查公司做顾客满意度调查，目的就是想了解顾客的想法；另外并不是每个顾客都会把不满表现出来，很多人还是选择不再光顾，连企业补救的机会都没有。这些顾客会将他的不满意告诉12个甚至更多的人，这样，一个不满意的顾客给汽车经销企业造成的损失可能就会需要12个以上的满意顾客带来的利润来弥补，企业利益才能平衡。因此，任何一个经销商或服务人员都应正确对待顾客投诉和顾客抱怨，不回避，不拖沓，积极主动应对和预防顾客投诉和顾客抱怨。

3. 七类一般抱怨产生的原因

1）顾客受到员工不礼貌的对待。

2）顾客不满意维修作业的结果。

3）实际维修价格超出报价或顾客对价值的怀疑。

4）不能按时交车。

5）交付的车辆清洁状态不好。

6）顾客不满意对交车时维修作业情况的说明。

7）顾客对专用设施、休息室、代用车等不满意。

4. 正确处理顾客投诉和抱怨

（1）处理原则

1）处理顾客抱怨不是由某个部门或某个人来完成的，需要企业员工的共同努力。

2）顾客在商品使用中出现问题，可能不会想到服务部门或负责人，而是先想到服务人员。

3）顾客投诉服务人员，目的并不是找麻烦，而是遇到了解决不了的、需要帮助的问题。这恰恰是服务人员展示自己，展示企业的绝好机会。

4）服务人员在处理问题上，首先要想到自己是为顾客带来满意的人，而不能推卸说：“这不是我的责任”、“这不关我的事”等。正确的做法是和顾客一起，及时、妥善地解决问题。

（2）投诉或抱怨发生后怎么办

1）耐心聆听，分析原因。聆听的目的是不和顾客理论，避免争辩；顾客产生抱怨，说明在心理和物质上已经受到某种程度的伤害，要真切、诚恳地接受抱怨，要从顾客角度设想，正确地分析出抱怨的原因。要牢记自己代表的是公司的形象。

2）诚意地向顾客道歉。使用“非常抱歉”这句话，来平息顾客的情绪，然后按照正确的方法沟通，解决问题。

3）处理要迅速，要耐心地向顾客说明原由。

4）如实在难以处理，可及时向服务经理汇报，或改变场所和时间暂缓紧张气氛后在寻找解决办法。

这部分内容与第9章9.3.3内容类似，在此就不再赘述了。

本章小结

1. 服务已成为现代企业竞争的核心，谁能够为广大汽车用户提供优质服务，谁就可能会在市场竞争中立于不败之地。目前，不仅是汽车厂商重视服务，汽车经销企业以及汽车物流企业的更是视服务为重中之重。

2. 服务的特征是：无形性、同一性、异质性和即时性。服务的有形展示可以帮助顾客感受到服务所能带来的利益，引导顾客对服务产生合理的期望，影响顾客对服务产品的第一印象，促使顾客对优质服务做出客观评价，引导顾客识别与改变服务形象，协助服务企业培训服务员工。

3. 在传统市场营销理论4Ps的基础上增加三个服务性的“P”，即：人(People)、过程(Process)、物质环境(Physical Evidence)，其核心在于：揭示了员工的参与对整个营销活动的重要意义，企业应关注在为用户提供服务时的全过程，通过互动沟通了解顾客在此过程中的感受，使顾客成为服务营销过程的参与者，从而及时改进自己的服务来满足顾客的期望。这正是服务营销观念的体现，对任何一个以赢利为目标的企业都适合。

4. 汽车厂商和经销商要对服务质量进行正确的管理。顾客期望与顾客感受服务的体验是否一致已成为服务质量评估的决定性因素。因此，服务质量管理首要的就是能够对顾客期望进行正确的管理，并在实际服务过程中做到超出顾客期望，而不是低于顾客期望。

5. 现代营销理论认为，汽车生产和销售企业，当顾客购买了企业的汽车时，才可看作是营销工作的开始，车辆只是厂商和经销商向用户提供服务的媒介。

6. 汽车销售服务非常重要的一个环节是顾客购车后的售后服务，汽车售后服务也是产生利润的工作，它将使企业与顾客建立长久的、良好的客户关系，为企业积累宝贵的用户资源，并可以使生产和销售环节的利润最大化。

7. 汽车售后服务包括汽车厂商的售后服务和汽车经销商(或特约服务站)的售后服务两个层次。它们二者的工作内容是不一样的。

8. 汽车厂商的售后服务内容主要是进行质量保修费用结算、售后服务纠纷的裁定、配件供应、售后服务宣传策划以及服务网点管理等。

9. 目前很多汽车经销商在丰田成功的“七步法服务流程”基础上改进本企业的售后服务，提高了生产效率，而且维修与零件部门的协同工作能力、维修工作进程控制也得到加强，使服务标准化，从而提高了顾客满意度，减少了运营成本，获得了更高的利润。

10. 丰田的“七步法服务流程”是：预约、接待、填写维修工单、维修进度管理、质量控制、交车和维修后跟踪服务。

11. 顾客的投诉和抱怨是珍贵的情报。遇到顾客的投诉和抱怨，服务人员一定要耐心聆听，分析原因，要避免争辩，牢记自己代表的是公司的形象，并诚意地向顾客道歉，处理要迅速而及时。

复习思考题

1. 服务有何含义？
2. 现代服务营销观念的核心是什么？
3. 汽车厂商的售后服务内容主要有哪些？
4. 汽车厂商的质量保修费用如何结算？
5. 丰田的“七步法服务流程”的内容是什么？实施“七步法服务流程”有何好处？
6. 为什么在服务过程中要宣传“预约”这一环节？
7. 高效、优质的接待有何特点？
8. 维修工单应提供哪些重要信息？如何填写维修工单？
9. 为什么要进行维修进度管理？
10. 对维修质量进行控制的好处有哪些？
11. 简述维修质量控制流程。
12. 如何有效地进行交车？
13. 维修后进行跟踪服务的作用是什么？
14. 处理顾客投诉和抱怨的原则是什么？
15. 如何处理顾客投诉和抱怨？

第 11 章 汽车促销方法

学习目标：

- 掌握汽车产品常用促销方法。
- 了解整合营销的概念。
- 掌握人员促销的基本形式和策略。
- 掌握公共关系的含义、原则和营销手段。

促销是促进产品销售的简称。从市场营销的角度看，促销是企业通过人员和非人员的方式，沟通企业与消费者之间的信息，引发、刺激消费者的消费欲望和兴趣，使其产生购买行为的活动。下面先介绍一下促销的核心、目的和方式。

（1）促销工作的核心：沟通信息　没有信息的沟通，企业不把汽车产品和购买途径等信息传递给目标客户，也就谈不上购买行为的发生。因此促销的一切活动都以信息传递为起点，完成销售，最后又以信息反馈为终点。

（2）促销的目的：引发、刺激消费者产生购买行为　在消费者可支配收入的既定条件下，消费者是否产生购买行为主要取决于消费者的购买欲望，而消费者购买欲望又与外界的刺激、诱导密不可分。促销就是利用这一特点，激发用户的购买兴趣，强化购买欲望，甚至创造需求来实现最终目的。

（3）促销的方式：人员促销和非人员促销两类　人员促销，亦称直接促销或人员推销，是企业运用推销人员向消费者推销商品或劳务的一种促销活动，主要适用于消费者数量少、比较集中的情况下进行。非人员促销，又称间接促销或非人员推销，是企业通过一定的媒体传递产品或劳务等有关信息，以促使消费者产生购买欲望、发生购买行为的一系列促销活动，包括广告、公关和营业推广等。它适合于消费者数量多、比较分散的情况下进行。通常，企业在促销活动中将人员促销和非人员促销结合运用。

下面再讲一下促销的作用及特点。

1. 促销的作用

（1）提供汽车信息　通过促销宣传，可以使用户知道企业生产经营什么样的汽车产品，有什么特点，到什么地方购买，购买的条件是什么等，从而引起顾客的注意，激发并强化购买欲望，为实现和扩大销售作好舆论准备。

（2）突出汽车产品特点，提高竞争能力　在同类汽车产品中，有些商品差别细微，而通过促销活动能够宣传突出企业产品的特点，从而激发了潜在的需求，提高了汽车企业和汽车产品的竞争力。

(3) 强化汽车企业的形象，巩固市场地位　恰当的促销活动可以树立良好的汽车企业形象和商品形象，能使顾客对汽车企业及其产品产生好感，从而培养和提高用户的忠诚度，形成稳定的用户群，不断巩固和扩大市场占有率。

(4) 刺激需求，影响用户的购买倾向，开拓市场　这种作用尤其对企业新汽车产品推向市场，效果更为明显。汽车企业通过促销活动诱导需求，有利于新产品打入市场和建立声誉。促销也有利于培育潜在需要，为汽车企业挖掘潜在市场提供了可能性。

2. 各种促销方式的特点

促销方式有直接促销和间接促销两种，又可分为人员推销、广告、营业推广和公共关系四种。不同的促销方式各有不同的效果，概括地说，各种促销方式的主要特点如下：

(1) 人员推销　即汽车企业利用推销人员推销汽车产品，也称为直接推销。对汽车企业而言，主要是派出推销人员与客户直接面谈沟通信息。人员推销方式具有直接、准确、推销过程灵活、易于与客户建立长期的友好合作关系以及双向沟通的特点，但这种方式成本较高，对促销人员的素质要求也较高。

(2) 广告　广告是通过报纸、杂志、广播、电视和广告牌等广告传播媒体向目标用户传递信息。采用广告宣传可以使广大用户对企业的产品、商标和服务等加强认识，并产生好感。据统计表明，在各主要的汽车生产国，汽车业是做广告最多、费用最高的行业之一。如德国，1995 年，全国销售汽车 331 万辆，宣传广告费达 29 亿马克，平均每辆车广告费 875 马克。

广告的特点是可以更为广泛地宣传企业及其商品，传递信息面广，不受客户分散的约束，同时广告还能起到倡导消费，引导潮流的作用。

(3) 营业推广　又称销售促进，是指汽车企业运用各种短期诱因鼓励消费者和中间商购买、经销或代理汽车产品或服务的促销活动。其特点是可有效地吸引客户，刺激购买欲望，较好地促进销售。但它有贬低产品之意，因此只能是一种辅助性促销方式。

(4) 公共关系　这一词来自英文 Public Relations，简称“公关”或“PR”，也称公众关系。它是指汽车企业在从事市场营销活动中正确建立企业与社会公众的关系，以便树立良好的形象，从而促进产品销售的一种活动。公共关系是一种创造“人和”的艺术，它不以短期促销效果为目标，通过公共关系使公众对汽车企业及其产品产生好感，并树立良好的企业形象，并以此来激发消费者的需求。它是一种长期的活动，它着眼于未来。

11.1　整合营销

各种营销方式都有优点和缺点，在促销过程中，汽车企业常常将多种营销方式同时并用。所谓整合营销，就是企业根据汽车产品的特点和营销目标，综合各种影响因素，选择、编配和运用各种促销方式。整合营销是促销策略的前提，在整合营销的基础上，才能制订相应的整合营销策略。

11.1.1　影响整合营销策略制订的因素

1. 产品种类和市场类型

例如：重型汽车因使用上的相对集中，市场也比较集中，因而人员推销对促进重型汽车的销售效果较好；而轻型汽车、微型汽车由于市场分散，所以广告对促进这类汽车销售的效果就更好。

2. 整合营销目标

在汽车企业营销的不同阶段以及适应市场活动的不断变化，要求有不同的促销目标。因此，促销组合和促销策略的制订，要符合汽车企业的促销目标，根据不同的促销目标，采用不同的促销组合和促销策略。

3. 产品生命周期的阶段

当产品处于导入期时，需要进行广泛的宣传，以提高知名度，因而广告的效果最佳，营业推广也有相当作用。当产品处于成长期时，广告和公共关系仍需加强，营业推广则可相对地减少。产品进入成熟期时，应增加营业推广，削弱广告，因为此时大多数用户已经了解这一产品，在此阶段应大力进行人员推销，以便与竞争对手争夺客户。产品进入衰退期时，某些营业推广措施仍可适当保持，广告则可以停止。

4. 整合营销预算

任何汽车企业用于促销的费用总是有限的，这有限的费用自然会影响营销组合的选择。因此，汽车企业在选择促销组合时，首先要根据本企业的财力及其他情况进行促销预算；其次要对各种促销方式进行比较，以尽可能低的费用取得尽可能好的促销效果；最后还要考虑整合营销费用的分摊。

11.1.2 整合营销案例

案例1：

著名的汽车品牌——宝马，公司总部设在慕尼黑，以生产高级轿车为主，并生产飞机发动机、越野车、摩托车和汽车发动机。通过分布全球的120个国家的行销公司，宝马公司所建立的顾客群达千万人之众，奠定了宝马名列全球12大生产交通运输工具集团之一的地位。宝马成功的第一步，是认真研究自己的消费者，找准自己的目标市场，锁定高端市场。在传播中，宝马用核心价值统帅一切营销传播，成功地把“最完美的驾驶工具”的品牌精髓刻在了消费者的大脑深处，当和顾客接触时，他们无时无刻不忘传达宝马与生俱来的实力——创新、动力和美感。宝马总是不遗余力地提升汽车的操控性能，使驾驶汽车成为一种乐趣、一种享受。

案例2：

2001年8月24日，上海通用汽车宣布其全新升级的别克GL28和别克G在全国上市。此前别克家族的第一款升级轿车别克GL已于6月18日上市，销售持续火爆，在2个月内，别克轿车的两款主打车型全面升级。面对某些产品的降价，上海通用却采取了增加配置、提高价格的策略，他们认为，消极降价并不能最终保持产品的竞争力和良好的口碑。在产品层面上，上海通用确信通过两种方式可以保持自己的竞争优势：一是不断提高产品的性能价格比，二是给予消费者更高的价值而非更低的价格。

通用还很善于利用公共关系活动塑造企业形象。2001年2月，全国人民都在关注的国际奥委会考察团来北京，别克被选用为考察团的专用车。那个时候在北京，只要看到

一队别克车开过来，就知道国际奥委会的考察团来了。通用希望在情感诉求的层面上，让别克更多地和人们关注的一些事件能更紧密地结合在一起。此后通用再接再厉组织了一系列公共活动，如：800辆别克车服务APEC会议；以“演绎动感梦想，体验先锋艺术”为主题的“别克2001艺术车绘”等。上海通用成为国内汽车行业的“优秀企业公民”，不仅赞助了中国奥委会、北京奥申委、第九届全运会等，还为西部捐资兴建了12所希望小学。

热心支持社会福利事业的上海通用精益生产体系的五大原则之一，叫作“质量是制造出来的”。在这里，通用强调的是对过程的重视，通过保证每个环节的质量，来保证最终的质量，而不是最后通过检验找出缺陷。在上海通用，人人都会背诵质量“三不主义”，即“不接受、不制造、不传递”缺陷。工人有权力拒收有问题的零部件，而没权把工作中的缺陷传递到下道工序。另一条更为紧密的小“客户链”在内部流动：各个工位之间互为客户和供应商的关系，作为客户，可以不接受自己供应商即上一道工序的缺陷产品；同时，作为下一道工序的供应商，必须提供质量合格的产品。

通用认为，售后服务是品牌形象的重要组成部分，也是产品性价比的有机组成部分。在越来越成熟的汽车市场，消费者意识到售后服务所代表的使用成本、使用便利成本等指标将会成为性价比中的重要参数。通用的售后服务体系中有一点引人注目：每季度都委托第三方咨询公司对全国的售后服务中心进行用户满意度调查，每季公开，同时派专人团队分析用户服务中心的差距，并根据调查报告制订反应计划，然后辅导售后服务中心，以用户满意为标准进行整改。

11.2　人员促销

人员推销具有尽可能有效地发现并接近顾客、推销宣传针对性强、推销策略灵活机动、信息交流双向性，以及便于密切汽车企业与用户的关系等优点，但它也具有推销成本高、对推销人员的素质要求高和管理难度大等缺陷。

11.2.1　人员促销的应用条件

人员推销并非适用于一切产品，它受到行业和市场环境的限制。对汽车产品来说，也有一个根据产品种类选择人员推销对象的问题。如对于农用车、摩托车、一般的汽车配件销售等品种，人员推销仅适用于对中间商的促销，而不适用于对消费者的推销；而对于专用车辆、大型车辆、产业用户、集团消费等，人员推销却可能是最好的促销方式。汽车企业在决定使用人员推销时，必须考虑以下因素。

1. 市场的集中程度

人员推销对产品市场的消费群体相对集中的地区是很有效的，而对于消费群体相对分散的市场，它的作用就很有限。如在东部沿海经济发达地区推销家庭用车，采用人员推销的效果就比较好；在经济比较富裕的平原农村，采用人员推销农用车就可能取得良好的效益。

2. 市场用户类型

汽车产品、配件、销售供应商，一般购买量大，并具有行为的连续性，因而适于人员推销；而对于普通汽车用户，虽然整个市场对配件的需求量很大，但单位数量用户的购买量却很少，宜采用广告向普通用户宣传介绍汽车产品。

3. 产品的技术含量

产品技术含量高，顾客很难全面了解产品的性能及特点，接受到广告信息后就不易产生购买欲望，在这种情况下，应用人员推销就非常必要。

4. 产品的价格

高价格的产品销售对顾客的购买行为来说，本身就会使顾客感到一种风险，利用人员推销可以及时解除顾客的心理压力，坚定顾客的购买信心，促进产品销售。

11.2.2 人员促销的基本形式

人员促销主要有以下三种形式：

1. 上门促销

上门促销是指由汽车推销人员携带汽车产品的说明书、广告传单和订单等走访顾客，推销产品。这种形式是一种积极主动的推销形式。

2. 柜台促销

柜台促销又称门市推销，是指汽车企业在适当地点设置固定的门市、专卖店等，由营业员接待进入门市的顾客，推销产品。门市的营业员是广义的推销员。柜台推销与上门推销正好相反，它是等客上门式的推销方式。因为汽车商品是贵重、大件商品，故采用这种方式是比较合适的。

3. 会议促销

会议促销指的是利用各种会议向与会人员宣传和介绍产品，开展推销活动。比如，在订货会、交易会和展览会上推销产品。这种推销形式接触面广，推销集中，可以同时向多个推销对象推销产品，成交额较大，推销效果较好。近年来国内各大城市先后推出的汽车博览会就属这种推销方式。汽车博览会现在已不仅是推销汽车的极好形式，而且已成为各大城市提高城市知名度、带动消费和吸引商机的极好形式。比如杭州从2000年开始的每年一度的“西博会”期间，汽车展是重头戏之一。

11.2.3 人员促销的基本策略

1. 寻找新客户策略

从营销的角度看，新客户是指那些具有购买能力、能决策的潜在需求者。要想获得推销的成功，寻找新客户是第一步。

寻找新客户时可以采用如下策略：

(1)“守株待兔”策略　这是一种坐等客户上门的策略。这种策略适用于处于成熟期的知名品牌的产品。

(2)“主动出击”策略　这是一种以攻为守的策略。它要求推销人员采用各种方法，如通过查阅资料、进行市场调研、到销售现场观察、通过他人介绍等方式寻找潜在的汽车用户。这种策略要求推销人员关键要掌握“主动”一词，尽一切努力，科学地使用各种方法和手段去寻找目标客户。

2. 接近客户策略

寻找到新客户以后，接下来的任务就是要接近客户，获得客户的好感，以便进一步实施产品推销。要想接近客户，首先必须做好接近客户的准备工作，这些准备工作主要包括：调查客户情况(这是最主要的)、了解汽车企业及其产品的最新情况等，做到知己知彼。

"销售从不被拒绝开始"，丰田汽车公司销售人员手册中雷塔曼的这句名言告诉我们，让客户接受推销人员是最终能够达成交易的开始，所以销售员给客户留下良好印象是格外重要的。为了给客户留下良好印象，销售人员必须通过自己良好的衣着、言谈和举止，让客户感到诚实可信、礼貌大方，并愿意继续交谈和交往。在这一过程中，销售人员一定要注意交往技巧。

3. 说服客户的策略

在买方市场下，要想说服客户，达成交易的确不是一件易事。因此，说服客户就成了推销的关键环节之一。常用的说服方法有提示说服法和演示说服法两种。

(1) 提示说服法　即通过直接或间接、积极或消极的提示，激发起客户购车的欲望，由此促使客户做出购买选择，如进行获益分析等。

(2) 演示说服法　即通过产品的文字、图片、影视、音响和证明等资料去引导客户做出购买决策，如丰田汽车公司为推销人员特制的样品目录、彩色样本以及各种文字资料等。

在说服过程中应注意认真听取并分析客户的意见，找出问题的关键点和客户的真实目的，作出针对性的反应。要做到事实充分、证据有力、态度诚恳、不卑不亢，切忌同客户发生冲突。

11.3　广告

汽车工业的崛起，让汽车广告来到了这个世界上。1895 年，美国杜里埃兄弟在汽车杂志《无马时代》的创刊号上发布了第一篇汽车广告，距今已 110 多年，但那时的汽车广告与现代广告相比简直大相径庭，显得原始而简单。虽然汽车广告史上美好的东西得到了必要的沿袭与传承，如雪铁龙汽车的创始人，策划了很多大手笔的广告，其思想至今还在影响着这家公司。但我们看到的更多的是汽车广告的变迁与创新，即使在近年内就频繁变脸的广告亦不少见，诸如作为"老三样"之一的捷达轿车，先前是把"安全"作为主打卖点，最近又开始变换角度宣传强调"理性"、"体验"，并致力于改变其在很多消费者那里"出租车"的心理形象定位，以拓宽目标消费人群。当我们全面、客观、深刻地审视中国这个以超过 30% 的速度快速成长的汽车市场时，就会发现汽车广告越来越紧扣中国的市场脉搏，本土化程度越来越高。无论是本土品牌，还是合资品牌、外资品牌都在努力做到应"市"而动，并把握好广告运动节奏，这是做实效汽车广告的前提。

案例

广告的重要性

波士顿著名的市场调研公司 Compete 公布的一项调研结果，给汽车经销商扔了一颗重磅炸弹：如果汽车经销商能够改变目前的投放格局，将更多预算投向广告，汽车产业将呈现另一番天地。

Compete 公司的执行总经理表示，对于拉动汽车销售而言，广告远远比促销更有效。Compete 公司的这项调研结果来自一项商战实践。Compete 公司针对日产奥帝玛车型采取了两种完全不同的推广方式：一种以广告为龙头，提升购买欲望；另一种则以促销为主，给消费者实实在在的优惠。两种推广方式的目标，都是一个月以后能带来10% 的销售增长率。在第一种推广方式中，投入 2010 万美元广告费用、4860 万美元促销费用，为日产带来 116160 名购买者。在第二种推广方式中，投入 5350 万美元促销费用、1830 万美元广告费用，为日产带来 105600 名购买者。以广告为主的推广方式，在为尼桑节约了 310 万元总预算的前提下，效果更显著。以年为单位，前者能为日产节省 3.96 亿美元的开支。

11.4 营业推广

近 10 年来，营业推广在市场营销组合中越来越显示其重要地位。在汽车市场中，营业推广也是一种行之有效的促销手段。针对不同的销售对象，营业推广的策略也有所不同。

11.4.1 针对消费者的营业推广策略

1. 有奖销售

所谓有奖销售，是指通过抽奖、赠送奖品的形式销售产品。企业希望利用这种形式有效地刺激购买欲望，提高产品的销量。如某汽车店，推出了“购车送 VCD + 口袋行动”的促销方案，即每购一辆车送一台 VCD，还有机会摸到彩电、手机、电烤箱等奖品，使售车数量激增。

2. 赠送消费卡、代价券

比如神龙汽车公司 1997 年下半年推出购一辆神龙汽车，可获得一年免费保养、10 万公里内保修，并赠送 8000 元消费卡等一系列措施。

3. 提供优质服务

这是国内外汽车公司都普遍推行的作法。尤其是汽车产品，因其产品的特殊性，客户对优质服务的要求也就更高。在产品同质的情况下，客户往往选择能提供优质服务的商家。

4. 分期付款和以租代销

由于汽车价格一般比较高，普通消费用户一次性付款较难承受，因此，世界各汽车公司都有分期付款和以租代销等业务。

统计表明，目前美国以分期付款方式出售的汽车约占总销售量的 70%，日本也有 50% 左右。我国汽车市场从 1997 年开始，这种促销方式也得到了应用。比如一汽、神农等汽车公司都先后推出了各具特色的分期付款购车方式。

5. 价格折扣和价格保证策略

价格折扣是指在一些特殊的时间（如淡季、重大节假日等）给购车者以一定的价格优惠，或给一些特殊的顾客以一定的价格优惠。比如给一次付清车款的客户 2% 或更多的优惠等。价格折扣易给人以低调处理的味道，尤其是在当前我国正在打价格战的时候，一定要慎用价格折扣。

所谓价格保证是指企业保证用户现在购车的价格在一定时期内是最低的，如果降价，企业应保证退还差额。价格保证在我汽车市场中目前还未得到有效的应用。

6. 以旧换新

“以旧换新”的销售方式在西方发达国家的汽车销售中是非常流行的。据资料显示，目前我国个别汽车公司也采用了这种方法。

7. 使用奖励

这是指企业为了促进销售，对使用企业产品的优秀用户予以精神和物质上的奖励。比如，20 世纪 80 年代，东风汽车公司就曾在全国范围内，对驾驶东风牌载货汽车、行驶里程达到数万公里、且从未出过事故的驾驶员给予奖励。

当然，在汽车促销活动中，营业推广的形式是非常多的，以上只是介绍其中的一些。各企业可以根据不同的情况，择其良者而用之。

11.4.2　针对中间商的营业推广策略

汽车中间商在汽车企业的产品销售中占有重要地位，而中间商往往是独立的法人，有着独立的经营权，因此，汽车企业提高他们的积极性是很重要的。汽车企业通常可以采用以下几种形式促进销售：

1. 交易折扣

汽车企业通过价格折扣或赠品方式，对中间商在产品的价格和支付的条件等方面给予优惠，以促进双方的合作。比如，一汽大众对其产品的专营公司(店)，免费提供广告宣传资料，以成本价提供捷达工作用车，优先满足紧俏产品的供应，优先培训等。

2. 销售竞赛

制造商为了刺激中间商推销企业产品的积极性而规定一个具体的销售目标，对完成销售目标的中间商给予一定的奖励。但这个目标应该是中间商有可能达到，又必须是经过努力达到的，否则对中间商的刺激作用不大。

3. 产品展销，定货会议

制造商通过展销、定货会议向中间商展示其生产的汽车产品的优点和特征，以引起中间商的经销兴趣，从而扩大产品的销售。

以上两大类都是针对企业外部的促销，而在企业的实际工作中还有一类，那就是对企业内部的促销，其目的是发挥员工的销售积极性和提高员工的销售技能，企业在这一方面也要引起足够的重视。

汽车营销市场策略有着非常丰富的内容，因篇幅所限，在此就不一一赘述。但要特别强调一点的是，市场策略不是一成不变，更不是万能的，它要求营销人员在使用过程中灵活运用，切忌盲目照搬，以免贻误营销战机。从这个角度来讲，汽车市场营销是一门艺术。

11.5　公共关系

营销中的公共关系营销策略与传统市场营销中的促销有所不同。传统的促销，按照菲利浦科特勒的解释，是指销售促进 SP(Sales Promotion)，即去除广告活动、人员销售、公共关系与宣传、直销等活动以外的所有营销活动，包括各种短期性质的刺激工具，用以刺激消费者和贸易商较迅速或较多地购买某一特定产品或服务。因此，传统的促销是通过各种手段，在已经存在的市场中推销企业的产品，促使消费者选择购买自己的产品而不是其他品牌或供应商提供的相同或类似的产品。因此，企业必须运用好公共关系营销这个武器，突出以人为本，以顾客为本，树立起企业的良好形象。产品进入市场之后，公司需要通过各种途径，如为公共事业捐款、赞助城市建设和文化事业，并且利用有效的宣传媒介等，通过公共关系营销建立起的植根于公众心目中的观念舆论，以帮助企业在市场竞争中更科学地利用“天时”、“地利”、“人和”等因素，一旦舆论的力量加强了，它就对公司打开市场并迅速占领市场大有好处。

11.5.1 公共关系的含义及特点

公共关系是企业促销的又一重要策略，是企业利用各种传播手段使自己与社会公众之间建立相互了解和信赖关系的渠道，并在社会公众中树立起良好的形象和声誉，以取得理解、支持和合作，从而有利于促进企业目标的实现。

公共关系与其他方式相比，具有以下特点：

1. 注重塑造企业长期整体形象

公共关系不是追求企业产品一时一地的销售业绩，而是谋求汽车企业长期发展的良好的社会形象。

2. 注重处理全方位的社会关系

公共关系要注意处理好与政府、下级、内部员工以及外部公众的横向关系。在这些关系中，主要内容是处理好企业同客户、政府、各类团体、社区居民和单位、同行企业以及大众媒介的关系。

3. 注重企业与公众的双向沟通

处于社会环境中的汽车企业，需要与社会关系进行双向的信息、能量和物质的交流。汽车企业公共关系的使命就是要担负起这方面的职责。在公共关系活动中，既要使汽车企业了解公众，又要让公众认识汽车企业。

4. 注重与公众的真诚合作，互利互惠

一个汽车企业的公众，都是对企业的目标和发展具有一定利益关系或具有影响、制约力的个人或组织。这种以一定的利益关系为纽带的双方关系，特别强调平等相待、互利互惠。只顾着本单位的利益而不择手段，不顾后果，这不符合公共关系的基本原则。

11.5.2 公共关系的原则

关系营销，即是企业公共关系的特殊形式，也是企业关系管理的基本内容。因此，关系营销也必须遵循公共关系和关系管理的共同原则。

1. 真实性原则

真实是关系营销的生命。所谓真实性原则，是指在关系营销活动中，应当坚持实事求是的科学态度，以真实可靠的信息与消费者进行沟通，准确反映事物的本来面目。

2. 互惠性原则

互惠是关系营销的基础。所谓互惠性原则是指在关系营销活动中，必须以满足双方的需要为前提，坚持共存共荣、互惠互利的“双赢”战略。不以牺牲用户和社会利益来谋取自

己的生存和发展。任何一方的需要都得不到满足，特别是买方的需要得不到满足，所谓的关系营销也就失去了存在的基础。

3. 远景性原则

远景性原则，是指在关系促销活动中，必须从长远和发展的角度去考虑问题，注意克服急功近利的营销行为，使企业的关系营销建立在科学决策的基础之上。

4. 信誉性原则

重视商业信誉可以使关系营销一路顺风。所谓信誉性原则，是指在关系营销活动中，要讲究商业信誉，恪守职业道德，自觉维护并不断完善企业形象。在与公众和用户进行交往时，决不因局部的、暂时的利益使企业整体的、长远的利益蒙受损失。

11.5.3 确定公共关系营销的手段

1. 充分利用媒体

例如：美国的葡萄酒协会在《60 分钟》(《Sixty Minutes》)电视节目的协助下，宣传“喝 2 盅红葡萄酒可以减少 50% 的心脏病发病率 ”，使红葡萄酒在几天之内销量增长 44% 。

2. 了解客户的需求

例如：一个油漆推销员为了发展新用户，第一次来到一家油漆大户，想找采购部经理谈谈，劝说他购买自己的产品。可是一连几天登门求见，均被秘书挡驾。推销员实在忍不住就问其原因，原来这个星期六是经理儿子的生日，这两天他正忙着为儿子收集他喜欢的邮票。第二天推销员匆匆来求见经理，秘书照样不让时，推销员说“我这次并不是推销油漆，而是来送邮票的”。于是，秘书放行了。推销员进办公室后，把他收集到的许多珍贵的邮票放在采购部经理面前，使经理欣喜不已，顾不到问明来人身份，便开始与推销员大谈邮票经。两个小时很快过去了，当推销员告辞时，那个经理才如梦初醒，问到“对不起，你贵姓?为何事而来?”等他听完推销员简短的介绍后说：“好，谢谢你的来访，明天请带上你的合同来见我。”由此可见，人际传播中的个性化设计来源于公关人员对传播对象的了解，所以企业公关人员要建立公共关系档案，要不断更新。一旦需要时，就可检索个人档案，对其进行针对性设计，会收到非常好的效果。

3. 制作信息

根据调查研究中所了解的对象公众的文化、社会、心理等方面的特点，在组织设计制作信息时，就应该参照这些特点，使组织的新闻稿件、广告稿、演讲词、展览说明和宣传册等能适合对象公众的特点，有可能激发他们的兴趣。

4. 控制进度

在公关工作开展过程中，往往会出现多方面不同步的现象，应该经常检查各方面的实施进度，及时发现超前或滞后的情况，注意在人力、物力和财力等方面予以协调，以求在总目标的引导下，使各方面的工作达到同步和平衡发展。

5. 调整计划

对公关活动的调整，也是公关工作展开过程中十分重要的内容，由于客观环境都是在不断地发展和变化之中，情况的变化势必会与计划之间出现不一致的问题，加上计划制订过程中免不了与实际有一定的出入，为了排除实施计划过程中的各种障碍，就必须经常对工作进行监督和检查。

本章小结

1. 介绍了促销的核心、目的和方式。
2. 人员促销主要有以下三种形式：上门促销、柜台促销和会议促销。
3. 汽车企业通常可以采用以下几种形式促进销售：交易折扣、销售竞赛和产品展销。
4. 介绍了公共关系的含义、特点和原则。

复习思考题

1. 什么是汽车产品的促销？掌握促销的目的、方式、核心、作用和特点。
2. 影响整合营销策略制订的因素。
3. 公共关系的原则是什么？
4. 试分析如何才能有效地对中间商实施激励？
5. 人员推销适合在什么条件下适用？

第 12 章 汽车营销实训

12.1 汽车营销礼仪实训

1. 实训目标

通过此训练让学员具备汽车销售人员的应有的标准接待礼仪。

2. 基本知识

(1) 迎送礼仪　迎来送往是常见的商务活动，重要或初次来访的顾客，需要安排人员迎送；一般或多次来访的顾客，不安排迎送也不至失礼。

迎接时，应在顾客抵达前到达迎接地点，待其下车时应迎上前表示欢迎。

顾客进来时，销售人员应该起立。为了节省时间，同事进来时，不论他是男的还是女的，年纪大的还是小的，你不必起立，除非是第一次需要介绍。

送客时，应在顾客登车前到达送别地点。告别时，可致简单欢送词，待其走后才可离开。

(2) 握手礼仪　握手是人与人的身体接触，能够给人留下深刻的印象。强有力的握手将会在顾客与销售人员间搭起积极交流的平台。

握手的次序遵循“先尊后卑、先长后幼、先女后男”的原则，避免很多人互相地交叉握手，与异性握手时用力轻、时间短，不可长时间握手和紧握手。女士们应注意，在工作场所男女是平等的，为避免在介绍时发生误会，在与人打招呼时应先伸出手。同时，坐着与人握手是极不礼貌的。

(3) 称谓的选择和使用　在商务活动中，有两套称谓方法可供选择：

与不熟悉的顾客交往时，可以称呼对方为某某先生、某某女士，这是最为稳妥和普遍的方式。

与熟悉的顾客交往时，可以称呼对方为某某经理、某某总监，即以他的职务为称谓。

(4) 递名片的礼仪　首先，销售人员需要把名片准备好，并放在易于掏出的口袋或皮包里。不要将其与他人的名片或其他杂物混在一起，以免用时手忙脚乱或掏错名片。

销售人员应用双手或右手递交名片，名片的正面要向着接受者。此时，目光应注视对方，微笑致意，顺带一句“请多多关照”。

销售人员应用双手接过对方名片，浏览名片内容后将其放在名片夹。尽量避免直接把名片放在口袋中，也不要长时间地拿在手里摆弄。

(5) 交谈礼仪　顾客来的目的是交流，你一定要让他主动谈话，体现出你很愿意倾听他的谈话。如果与顾客的观点一致，要克制自己的激动；如果不同意对方的观点，也要克制自己的反对意见。

（6）自我介绍　销售人员应在不妨碍他人工作和交际的情况下进行。介绍的内容包括公司名称、职位、姓名等。例：“您好！我是长江汽车销售有限公司的业务代表，我叫陈明。”

同时，销售人员应给对方一个自我介绍的机会，例：“请问，我应该怎样称呼您呢？”

（7）电话礼仪　销售人员应尽快接电话，不让铃声响得太久。若周围吵嚷，应待安静后再接电话。接电话时，应与话筒保持适当距离，声音大小适度。如因急事或在接另一个电话而耽搁时，应及时表示歉意。

电话接通后，销售人员应热情问候并报出公司或部门名称，并确认对方单位与姓名，询问来电事项并记录。例：“您好！长江汽车销售有限公司！”

如果对方打错电话，不要责备对方，知情时还应告诉对方正确的号码。

3. 操作步骤

［第一步］　与购车顾客打招呼训练

目光：正视对方，通过目光体现出自信。忌左顾右盼。

微笑：笑容自然、真诚、不露牙、不出声。忌做作和皮笑肉不笑。

指引：需要用手指引某样物品或接引顾客和顾客时，食指以下靠拢，拇指向内侧轻轻弯曲，指示方向。

招手：向远距离的人打招呼时，伸出右手，右胳膊伸直高举，掌心朝着对方，轻轻摆动。不可向上级和长辈招手。

［第二步］　与购车顾客握手训练

练习握手时，手要洁净、干燥和温暖。伸出右手，掌心向上，以示谦虚和尊重，切忌掌心向下。手掌呈垂直状态，五指并用，轻轻用力，时间在 3 秒左右。用力要适度，切忌手脏、湿、凉和用力过大，忌戴着手套握手或用左手握手。

［第三步］　向购车顾客递交名片训练

先介绍自己的职位、姓名，然后双手拿出自己的名片，这时候应有一个停顿，将名片的方向调整到最适合对方观看的位置后再双手递过去。

以恰当的方式询问对方的姓名，并巧妙地索取对方名片。例：“请问应该怎么称呼您？”

对方递给名片时，双手接过并浏览名片内容后将其放在名片夹。

［第四步］　接电话礼仪训练

电话铃声响起，拿起听筒，报出名字及问候。

确认对方名字，询问来电事项，再汇总确认来电事项。

礼貌地结束电话，轻挂电话。

4. 实训练习

模拟与顾客接触，进行问候、行礼、握手、介绍和交换名片练习。

模拟接打电话场景，进行电话礼仪训练。

12.2　汽车市场调研实训

1. 实训目标

掌握汽车市场调查的写作方法。

2. 基本知识

（1）调查报告的内容格式　一份完整的汽车市场调查报告应包括以下几方面的内容：

1）标题：包括的内容有报告的题目，报告的提供对象，报告的撰写者和发布(提供)的日期。

2）目录：包含报告所分章节及其相应的起始页码。通常只编写两个层次的目录。较短的报告也可以只编写第一层次的目录。需要注意的是，报告中的表格和统计图都要在目录中列明。

3）概述：主要阐述课题的基本情况，一般包括以下三方面内容：

第一，简要地说明调查的由来和委托调查的原因。

第二，简要介绍调查对象和调查内容，包括调查时间、地点、对象、范围、调查要点及所要解答的问题。

第三，简要介绍调查研究的方法。介绍调查研究的方法，有助于使人确信调查结果的可靠性，因此，对所用方法要进行简短叙述，并说明选用方法的原因。

4）正文：这是报告的主体部分。这部分必须准确阐明全部有关论据，包括问题的提出到引出的结论，论证的全部过程，分析研究问题的方法，全部调查结果和必要的市场信息，以及对这些情况和内容的分析评论。正文包括引言、研究目的、调查方法、结果、局限性、结论和建议。

5）附件：正文包含不了或没有提及，但与正文有关，必须附加说明的部分；它是对正文报告的补充或更详细的说明。通常包括的内容有：图表目录、调查提纲、调查问卷和观察记录表，被访问人(单位)名单，较为复杂的抽样调查技术的说明，一些次关键数据的计算，较为复杂的统计表和参考文献等。

（2）调查报告的撰写技巧

1）突出重点。撰写汽车市场调查报告时必须做到目的明确、有的放矢，围绕主题开展论述。有条理、有系统地集中阐明有关论据和见解，注意有所侧重，突出重点，切忌面面俱到、事无巨细地进行分析。

2）新颖性。调查报告应紧紧抓住汽车市场活动的新动向、新问题，引用一些人们未知的通过调查研究得到的新发现，提出新观点，形成新结论。只有这样的调查报告，才有使用价值，达到指导汽车营销企业营销活动的目的。

3）多使用图表。一般说来，与使用任何文字去说明某种变化趋势及各个因素的相互关系比较，使用图表通常可以收到更为明显的效果。

4）要有结论和建议。切忌将分析工作简单化即资料数据罗列堆砌，不可只停留在表面文章上或根据资料就事论事。

3. 操作步骤

[第一步]　确定主题

主题是调查报告的灵魂，决定了调查报告写作的成败。

[第二步]　分析调研材料和数据

在组织调查报告时，需筛选资料，不必都写在报告上。

[第三步]　布局和拟定提纲

布局就是指调查报告的表现形式，它反映在提纲上就是文章的“骨架”。拟定提纲就是把调查材料进一步分类、构架。构架的原则是：围绕主题，层层进逼，环环相扣，特点是它的内在的逻辑性，必须纲目分明，层次分明。

［第四步］ 起草报告

这是调查报告的行文阶段。要根据已经确定的主题、材料和提纲，有条不紊地行文。

［第五步］ 修改报告

报告起草好以后，要认真修改。主要是对报告的主题、材料、结构、语言文字和标点符号进行检查，加以增、删、改、调。在完成这些工作之后，才能定稿向上报送或发表。

4. 注意事项

选择材料时，应该比较鉴别，选取能够鲜明突出主题的材料来支持作者的意见；注意材料点与面的结合，不仅要支持报告中某个观点，还要相互支持，形成面上的“大气”。

调查报告的提纲有两种：一种是观点式提纲，即将调查者在调查研究中形成的观点按逻辑关系列写出来；另一种是条目式提纲，即按层次意义表达上的章、节、目，逐一逐条地写成提纲。也可以结合起来制作提纲。

5. 案例

报告名称：家庭轿车市场研究

调查地点：北京、上海、广州、重庆、天津、武汉

调查方法：入户调查

调查时间：2000 年 1 ~4 月

样本量：1925 名被访者、城市居民

调查机构：中国社会调查事务所

报告来源：中国社会调查事务所

一、样本情况

随着生活水平的迅速提高，拥有家庭轿车的居民变得越来越多。国家也在积极酝酿新的汽车消费政策，以鼓励个人购车，特别是鼓励个人购买轻便、节能的经济型用车。即将出台的汽车消费政策主要包括税费管理、城建协调、信贷政策和鼓励消费等四方面的内容。为了解百姓对家庭轿车的需求、对国家有关旨在发展汽车工业、鼓励私人购车措施的看法及轿车进入家庭面临的主要障碍等问题，中国社会调查事务所于 2000 年 1 ~4 月在北京、上海、广州、重庆、天津、武汉等城市开展了专项调查研究，收集有效样本 1925 个。

二、基本结果

近来，国产轿车厂商相继推出各种促销方式，以调动广大消费者的购车热情。调查显示，91% 的人认为国产轿车降价势在必行；79% 的人认为轿车价格会在近期继续下降；17% 的人表示之所以还没有下决心买车主要是因为目前国产小轿车价格偏高。

调查还显示，32% 的人认为现在购买家庭轿车不合算，在国际市场上汽车的销售价格要比中国低一半甚至更多。以普通桑塔纳为例，在国外市场只能卖 9000 美元左右，而国内市场的售价却超过了 10 万元人民币；86% 的人认为只有降价才能与国际市场接轨。

三、主要问题

（1）经济型轿车最扣人心弦　对家庭轿车销售价格承受能力的调查表明，人们可承受不同价格的比例分别为：36% 在 5 万元以下，41% 在 5 万至 10 万元之间，15% 在 10 万至 15

万元之间，5% 在 15 万至 20 万元之间，能承受 20 万元以上者只有 3%。因而，价格相对便宜的经济型轿车将受欢迎。

（2）消费者期盼更优惠的政策

1）盼望税费下调：消费者在购车时要承担增值税和消费税，还要承担诸如购置附加费、验车费、车辆牌照费等许多价外收费。在一些地方，消费者还要缴纳入户费、城市增容费等。此外，消费者还要承担车船使用税、汽油消费税、车辆管理费、年检费等一系列税费。就目前普通百姓的收入水平和消费水平来说，这些费用是较难承受的。调查表明，84% 的人认为应尽快取消一些不合理的政策；41% 的人认为应制定小排量汽车的税收优惠政策；52% 的人认为应把按年限报废改为综合车况报废；47% 的人认为应减少税费项目，简化征收手续。

2）期待更好的消费贷款政策：汽车消费贷款虽然存在许多优点，如能有效缓解汽车消费者的资金压力，能转移经销商的拖欠款风险，还可减少厂家的资金占用，使厂家把有限的资金用于扩大再生产上。不仅如此，对银行来说可使资金找到新的投向。然而，自 1998 年国家推出汽车消费贷款业务以来，并未在国内掀起消费者的购车热潮。调查表明，83% 的人对国家开展汽车消费贷款持欢迎和支持的态度；但实际购车过程中，目前愿意采用贷款方式购车的人所占比例却只占打算购车的人的 9%。56% 的人认为首付款金额太高，贷款人支付现金的压力较大。64% 的人认为目前贷款期限短，每月需偿还本息金额太高。22% 的人认为银行利息较高，不如一次付清划算。27% 的人认为贷款购车手续比较繁琐，办起来麻烦。37% 的人希望国家尽快制定有关抵押登记的实施办法。16% 的人认为贷款买车心里不踏实，生活压力太大，难以承受；另外 7% 的人因为能够拿出足够的钱，愿意一次付清，觉得省事。在有意贷款买车的消费者中，82% 的人月收入在 3000 元到 6000 元间。

由此可见，降低首付款、延长贷款期限、降低贷款利率、简化手续是刺激汽车消费贷款业务增加的关键因素。

调查显示，调查者中，93% 的消费者认为在购车过程中应对汽车的质量性能，特别是安全性加以考虑；91% 的消费者很在意汽车的舒适程度；90% 的消费者把价格作为决策的基础；87% 的消费者认为油耗不可忽视，因为这直接影响着日后的使用费用；64% 的消费者将外观样式作为体现自己个性的方式；89% 的消费者认为购置手续齐全简便的车具有一定吸引力。另外，品牌知名度、厂商信誉、售后服务、维修便利性等都影响着消费者的购买选择。消费者中，愿意通过厂家直接购车的人占 31%；愿意通过汽车市场购车的人占 19%；愿意通过经销商购车的人占 27%；5% 的人愿意通过展销会购车；愿意通过亲戚朋友关系购车的人占 10%；愿意通过其他途径购车的人占 8%。

3）国产车比进口车更具吸引力：在打算购车的消费者中，82% 的人愿意购买国产轿车，消费者普遍认为国产车价格低，维修方便，而且国产汽车的质量性能也在不断提高。58% 的人认为目前国产经济型轿车的车型品种较为单一，69% 的人认为国产汽车的技术水平较为落后。从目前国内汽车企业的动向来看，轿车企业、非轿车定点企业都相继推出了各自的经济型轿车，将使经济型轿车市场的竞争加剧，也促使生产厂家改进技术、改善经营。

虽然调查显示只有 8% 的人愿意购买进口轿车，但随着进口关税的下降和进口数量限制的逐步取消，进口汽车的价格会有不同程度的下降，进口小轿车的数量、品种会逐步增加。

4）厂商的出路：技术及管理创新：通过调查可以预计，2005 年后，随着国产车关税和非关税壁垒保护程度的大大降低，进口轿车在价格、质量和服务上将对消费者具有较大的吸引力。因而，国产汽车技术创新和管理革新的成果大小，将决定企业在市场竞争中的地位。在发展过程中，厂家还需注意家庭轿车消费与交通、能源、环保相协调的问题。交通堵塞、停车难是当前大城市的通病，虽然国家一直很重视交通问题，每年都在进行大规模的铺路架桥、道路改造工程，然而汽车数量庞大、停车泊位少的状况仍难在短时间内解决，因而发展家庭轿车一定要考虑道路的承受能力。同时，世界范围性的能源危机和环境危机已经向人类敲响了警钟，汽车的环保性越来越受到重视。同时，市场上如今出现了液化汽汽车、太阳能汽车、充电汽车等新型"绿色汽车"，拥有一辆环保型家庭汽车必将成为二十一世纪的时尚。这对汽车厂商来说，将意味新的商机。

6. 实训练习

案例中的报告主题是什么？

撰写汽车品牌认知度调查报告。

12.3 顾客接待与咨询实训

1. 实训目标

了解接待顾客的方法、步骤和技巧，学会正确接答电话、接待来访和提供咨询。

2. 基本知识

询问：围绕顾客提问，理解顾客的需求，从顾客方面收集有益的信息。

倾听：关注顾客的话语，尽量理解顾客的需求。

观察：注意观察，尽可能多了解顾客。

调整：根据对顾客的了解，改进工作和行为方式。

建议：根据了解到的情况，分析顾客的真正需求，以顾问的身份提供建议。

3. 训练步骤

[第一步] 接答电话

这往往是经销人员第一次和顾客的联系方式，应注意以下方面：

电话铃响两声后，接听电话，第一句话应说："喂，您好，×××公司。"

若电话铃响三声以上时，接听时可以加一句："很抱歉，让您久等了。"

若被指名接电话的人正在打电话或不在，应说："实在抱歉，×××现在正在打电话(不在)，要是可以的话，请对我说好吗？"若对方不肯说时，应说："请问您贵姓？您是否愿意留下联系方法，我负责给您转达。"

当对方声音较小时，应说："对不起，我的电话有点故障，请您声音稍微大一点好吗？"

在询问顾客时，不要问："我能帮助您吗？"而应说："您需要什么帮助？""我能帮你做些什么？"之类的话，这样有利于顾客说出自己的需求。

打电话时注意的原则：礼貌又很友好、不要打断对方、简要有效地了解到问题。

做好电话记录很重要，应准备简单电话记录登记表，登记每一个电话的日期、销售顾问的姓名、顾客姓名、性别、电话号码、双方谈到的细节问题，如车型、价格、是否有货、是否有意来访、自己是否有跟进访问的意图等。尤其是要记清第一次报价。

[第二步] 接待来访顾客

礼貌的欢迎会减少顾客的紧张感，使顾客意识到你是有准备的，可以帮助他。

顾客进店后，要为顾客留有充分的时间和空间自由参观。在恰当的时机，销售顾问应及时地和顾客建立起交流咨询关系。在顾客观看的一辆车附近及时介绍车名、型号并将主要特点说一下。如果顾客回应积极，要主动交流，互递名片，建立咨询关系。

[第三步]　咨询服务

咨询服务的主要内容是回答顾客的提问，主动介绍和问询，目的就是了解顾客的真正需求，引导、激发顾客的购买欲望，促成交易。

在咨询服务的过程中，应该从顾客的角度出发，倾听他们的谈话，关注他们的需求。一定要友好、尊敬地进行交流，诚实地提供信息，让顾客在销售中占主导地位，打消顾客的各种担忧：如担心受到虚假不平等的待遇，销售的产品和维修不能满足他们的要求，价格比他们预计的高等。

倾听时一定要全神贯注，及时给出反馈信息，让顾客知道你在聆听，对重要信息应加以强调，及时检查你对主要问题理解的准确性，重复你不理解的问题。

在咨询服务的过程中收集顾客的主要信息包括：

个人情况：购车目的、生活方式、职业、职务、预算、经济状况，决策者等。

用车经验：驾照、驾龄、用过何种车、偏好等。

对新车的要求：配置、颜色、款式、选装项等。

4. 注意事项

在与顾客交谈的时候，为了获悉顾客真正的需求是什么，要以端正的态度倾听对方，给予确切的回答，就顾客关注的问题提供信息，进行充分的沟通。

如果顾客需要详细了解商品信息，应将顾客引导到洽谈区。此时应说："先休息一下，喝杯水吧！如果您需要了解更多，我们有资料可以提供给您，请稍坐，我可以详尽给您解释。"

如果顾客没有回应销售人员的问题或不需要销售人员进行介绍时，可以在与顾客保持一定距离的情况下倾听并注意观察顾客的动作，发现潜在的线索，及时进入角色。

如果需要顾客等候，应说："对不起，请您稍等片刻。"回来后，应说："实在抱歉，让您久等了。"

销售人员需要与顾客说话或要求顾客做事时，应说："谢谢，打扰您了。"

销售人员索取顾客名片时，应说："您方便留名片给我吗？这样，我会及时为您提供服务。"

当顾客离店时，销售人员应送至停车场，并说："您走好，欢迎再次惠顾。"

5. 综合练习题

三人一组，其中一人扮演销售员的角色，另外两人扮演一道而来的顾客(如夫妻)。要求销售人员要调查清楚顾客的相关信息，并能保持良好的沟通，得到顾客的认可。

12.4　坐店式销售实训

1. 实训目标

掌握展厅布置、展示车辆、推销车辆的相关技巧。

2. 基本知识

中国汽车销售目前主要依靠各类综合性汽车交易市场和一部分品牌专营店，少量品牌混营店。无论采用哪种类型，都还属于传统的坐店式销售。坐店式销售，不可克服的一个缺陷在于被动式的坐商，缺乏对顾客群的主动研究和细分、定位。

在竞争日益激烈的汽车销售市场中，坐店式销售要想创造更好的销售业绩，得到更大的发展，就必须在各个环节加强管理，充分利用自身的优势，形成自己的竞争优势。

3. 训练步骤

［第一步］ 吸引顾客

经销商通过与众不同并且富有品味的店面设计布置展厅，有针对性地展示车辆，吸引顾客的前往。同时，为了加强自身的知名度，可以考虑通过广告和参加公益行动，使消费者对所设的店面有所了解。定期或不定期的促销活动也有利于招徕消费者。

［第二步］ 优化店面环境与气氛

1）展厅布置：展车数量应根据展厅的空间大小合理确定，以3~5辆为宜，展厅绝不能变成仓库。面积大的展厅可以考虑各种颜色的展车共同摆放。面积较小的则以深色展车为主，配合展厅内较浅的色调，并且用灯光打出丰富多彩的色彩。展车的摆放要充分展示该车的优势，尽量掩饰弥补其不足之处。

对重点车型可以根据情况设计独立的展台，以起到突出的作用。每台车都应配备精致的展示牌，样式尺寸要统一，上面写明车型款式、主要技术参数、售价等关键信息。

展厅除了摆放新车之外还可以根据特定的意图摆放特殊的东西。如通过摆放解剖后的发动机，达到展示介绍和突出高科技的目的。通过摆放了一台碰撞事故后的汽车，可以充分表明该车的安全性。

展厅内设置的洽谈桌一般是一桌四椅，桌面、资料架应保持干净、整洁。展厅内空气要保持清新，经常通风，要有足够的绿色植物，桌面茶几应用小的植物点缀；同时要注意灭蚊灭虫；卫生间必须保持干净，无异味。

展厅内设置的顾客休息区一般设沙发、茶几、电视等物品。整体感觉应温馨、随意，区别于展厅内其他的区域。如：地面可铺木质地板，沙发尽量舒服，色调尽量柔和等。

2）展示车辆：展示和介绍车辆时，应该有的放矢，针对顾客真正的需求，针对销售卖点，使用有效的介绍方法和试车以满足顾客的需要。

介绍车辆的方法有：①六方位介绍法。从车辆前部、发动机室、乘客一侧、后[部、司机一侧、内部六个方位依序介绍，突出各角度的卖点，在介绍时细心观察和回应顾客，以适合并突出顾客的兴趣点。②目录介绍法。按照宣传说明书的介绍文章，口语化、按部就班地介绍汽车。这种方法更适用于拜访顾客时使用。③问题对应法。顾客提出问题，销售顾问有针对性地回答问题。

试驾是很好的展示车辆方式，可以让汽车自己推销自己，如果条件允许应该尽量提供试驾服务。在试驾前，向顾客介绍所有装备和使用方法，试驾顾客必须有驾驶证，并签试驾协议以确保安全。应提供足够的试驾时间，一般以20~30分钟为宜。试车道路应避开有危险的路段，在途中有一地点可安全地变换驾驶员，尽可能选择有变化的道路以展示车辆的动力性、制动性、操纵稳定性、舒适性、内部的安静程度等性能。试驾中，应先由销售顾问进行试驾，介绍车辆，指出汽车的各种特性并解答问题。顾客驾驶时销售顾问指出试车的道路并说明道路情况，顾客驾驶汽车时销售顾问相对保持安静，根据顾客驾驶技术和提问等简要予以介绍。

[第三步]　促进成交

顾客到了展厅之后，要想提高展厅销售的成功率，必须熟练掌握展厅接待销售方法，如图 12-1 所示。

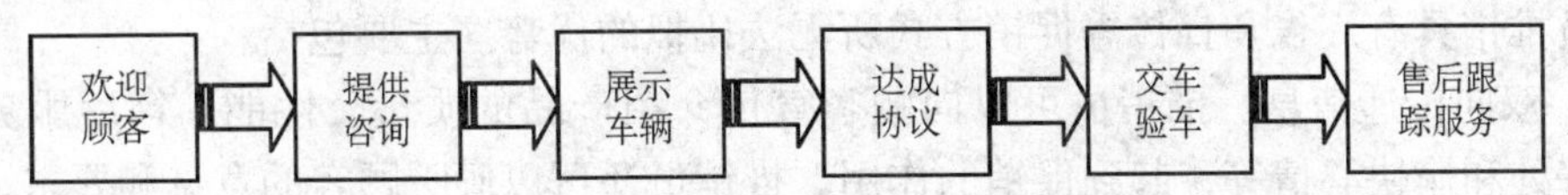

图 12-1　座店式销售六步销售法

4. 注意事项

展厅是顾客参观挑选车辆的地方，布置应该做到：

1）充分整理，合理分类。区分工作环境中的物品，将有用的物品进行科学整齐的布置和摆放，将无用的物品和明显的垃圾及时清除掉。

2）保持环境清洁。在整理的基础上，根据工作环境、物品的作用和重要性等，进一步清除细微垃圾、灰尘等污染源的活动。

5. 案例

运用情感接待顾客——乔·吉拉德的故事

乔·吉拉德是美国汽车推销大王，他认为在推销中重要的是“要给顾客放一点感情债”。他的办公室通常放着各种牌子的烟。当顾客来到他的办公室忘记带烟又想抽一支时，他不会让顾客跑到车上去拿，而是问：“你抽什么牌子的香烟?”听到答案后，就拿出来递给他。这就是主动放债，一笔感情债。一般顾客会感谢他，从而建立友好的洽谈气氛。

有时，顾客会带来孩子。这时，推销大王就拿出专门为孩子们准备的漂亮的气球和味道不错的棒棒糖。他还为顾客的家里人每人准备好了一个精致的胸章，上面写着：“我爱你”。他知道，顾客会喜欢这些精心准备的小礼物，也会记住他的这一片心意。

他说，我交到他手里的任何一样小东西，我交到他家人手里的任何一样小玩意儿，都会使他觉得对我有所亏欠，他欠下了我的一份情。这就是我给他的感情债，不太多，可是有这么一点点就足够了。

乔·吉拉德的经验证明了这样一个道理：顾客不仅来买车辆，而且还买态度，买感情。只要你给顾客放出一笔感情债，他就欠你一份情，以后有机会他可能会来还这笔债，而最好的还债方法就是购买你推销的产品。

6. 实训练习

带领学生去 4S 店实地参观学习，要求独立完成学习报告。

12.5　访问式销售实训

1. 实训目标

熟悉访问式销售的相关技巧。

2. 基本知识

访问式销售实质就是直销中的推销，其体现形式是逐一拜访。这种方式是最原始、最古老，也是最有效、最能抓住市场、最直接的销售方式，尤其是在中小企业应用非常多。同时直销的方式也是各大公司热衷的选择。作为直销的执行者，不要认为直销中的推销有多么简单，越是简单的事情越难做，那是因为看似简单实则不简单。

人员推销具有广告和宣传等促销方式所无法比拟的优势。主要包括：

(1) 双向传递信息　推销员可以向顾客宣传介绍产品的质量、性能、售后服务以及拥有后的好处和愉快心情等，起到促销的作用。推销员还可以倾听顾客的意见和要求，了解顾客的态度和疑虑，收集和反馈企业在营销工作中存在的问题，为企业改进营销管理提供决策依据。

(2) 具有较大的灵活性　销售人员在访问的过程中可亲眼观察到顾客的反应，揣摩顾客心理变化的过程，因而能酌情改变推销陈述和销售方法，以适应各个顾客的需要，促进最终交易的达成。

(3) 针对性强　与广告相比，广告所面对的受众十分广泛，其中有些根本不可能成为企业的顾客。而销售人员总是带有一定的倾向性，目标明确，可直达顾客。

(4) 人员推销在大多数情况下能实现潜在交换，达成实际交易　人员推销经常用于竞争激烈的情况，也适用于推销价格昂贵和性能复杂的商品。对专业性很强的复杂商品，仅仅靠一般的广告宣传是无法促使潜在顾客购买的，而训练有素的销售员为顾客展示产品，并解答其难题，往往能成交。

当然，人员推销也有一些缺点，主要是成本费用较高。企业决定使用人员推销时必须权衡利弊，综合决策。

3. 操作步骤

[第一步]　寻找顾客

推销人员要本着 MAN 原则——拥有购买力(Money)的人、购买决定权(Authority)的人、购买需求(Need)的人——来寻找顾客。

[第二步]　事前准备

推销人员必须掌握三方面的知识：

1) 产品知识，即关于本企业、本企业汽车的特点、用途和功能等方面的信息和知识。

2) 顾客知识，即包括潜在顾客的个人情况、具体顾客的生产、技术、资金情况、用户的需要、购买者的性格特点等。

3) 竞争者的知识，即竞争者的能力、地位和他们的产品特点。同时还要准备好图片、说明材料、选定接近顾客的方式、访问时间、应变语言等。

同时，要选择最佳接近方式和访问时间。

[第三步]　接近

即开始登门访问，与潜在顾客开始面对面的交谈。

[第四步]　介绍

在介绍汽车时，要注意说明该款汽车可能给顾客带来的好处，要注意倾听对方发言，判断顾客的真实意图。

[第五步]　克服障碍

推销人员应随时准备应付不同的意见。

[第六步]　达成交易

接近和成交是推销过程中两个最困难的阶段。

[第七步]　售后追踪

跟踪服务是人员推销的最后环节，也是推销工作的始点。

跟踪服务加深顾客对企业和商品的信赖，促使顾客重复购买或为其宣传。同时，通过跟踪服务可获得反馈信息，为企业决策提供依据，也为推销员积累经验，从而为开展新的推销提供广泛而有效的途径。

如果销售人员希望顾客满意并重复购买，则必须坚持售后追踪。

4. 注意事项

你推销的不是你的产品，而是自我，只有顾客接受了你，才会接受你的产品，这点至关重要。

业务的达成是双方互惠互利的过程。你一定要站在顾客的角度：他用了你的产品有什么好处，他的成本有无增加，你在不损害公司利益的情况下，能为顾客着想多少等。

你对产品必须完全了解，要形成专家的形象，以便自己成为顾客的义务顾问。

你既代表公司又代表个人，必须遵守承诺和履行诺言。

你的售后服务是否系统，在顾客需要时能否及时使他得到满足。

5. 案例

带着创意拜访顾客

张涛在上海、香港推销界已干了10多年。在这段时间里，他推销过多种车辆，从一个门外汉变成一位推销高手。在别人请教他成功的经验时，张涛说："汽车销售员一定要带着一个有益于顾客的构想去拜访顾客。这样，你所遭遇异议的机会就会少，你就会受到顾客的欢迎。汽车销售员要做建设性地拜访。"

张涛认为，汽车销售员应多多地拜访顾客，但是，只有做建设性的访问，访问才会有效果。张涛的一位顾客——一家零售店老板曾这样说："今天早晨在张涛来访问我之前，已经有15个汽车销售员来过了。这15个汽车销售员都只是一味地为他们的产品做广告，或谈价钱，或让我看看样本。然而，当张涛把高明的陈列方法告诉我时，我宛如呼吸到新鲜空气一样，真让人高兴。"

张涛把如何才能对顾客有新帮助的想法铭刻在心，这样，他从不放过任何一个能对顾客有所帮助的机会，即使是一个偶然的机会。

为了提出一个有益于顾客的构想，汽车销售员就必须事先搜集有关信息。张涛说："在拜访顾客之前，如果没有搜集到有关信息，那就无法取得成功。大多数推销人员忙着宴请顾客单位的有关负责人，我则邀请顾客单位的员工们吃顿便饭，以便从他们那里得到有利的信息。"

张涛稍做一点准备，搜集到一些信息，便采取针对性的措施，打动了顾客的心弦。张涛正因为认真地寻求可以助顾客一臂之力的方法，带着一个有益于顾客的构想去拜访顾客，所以才争取到不计其数的顾客。

6. 实训练习

乔·吉拉德："推销产品其实是推销自己。"谈谈你对这句话的认识。

联系相关的汽车销售公司，成为他们的临时直销人员或协助直销人员，去拜访3～5个顾客，看能否成功推销一辆汽车，写出工作体会。

12.6 达成协议的技巧训练

1. 实训目标

熟悉对成交机会的把握。

掌握达成协议的相关技巧。

2. 基本知识

当顾客对车辆和销售员产生信任后，就会决定促成购买行为。但有的顾客还是有一些顾虑，又不好向销售员说明，这就需要销售员作进一步的说明和服务工作。

当出现下列情况时，成交的时机就出现了，如图 12-2 所示。

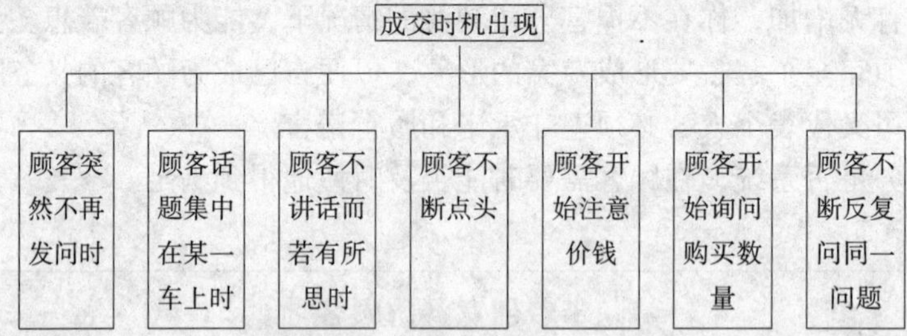

图 12-2　成交时机

时机出现，促单的三点技巧如图 12-3 所示。

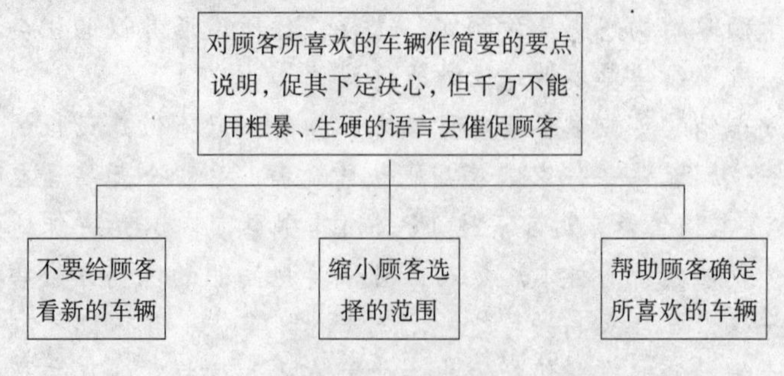

图 12-3　促单技巧

3. 操作步骤

总的操作步骤如图 12-4 所示。

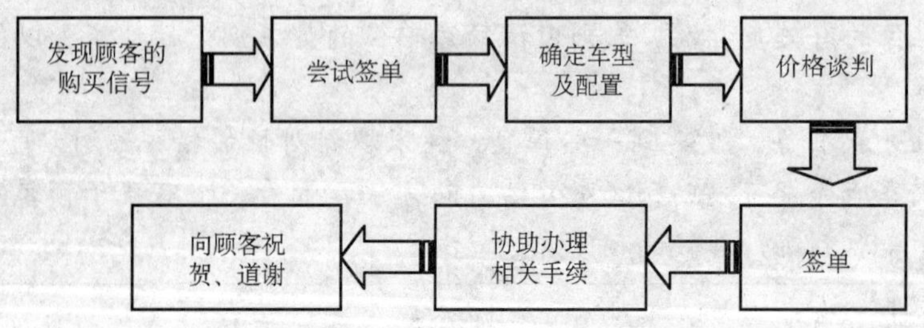

图 12-4　操作步骤

[第一步]　发现顾客的购买信号

通过顾客的一些表现，要适时把握时机，准备引导顾客，进行尝试签单。

［第二步］　尝试签单

不要因为害怕遭到拒绝，而执著地等待顾客主动提出成交要求，一般情况下，很少有顾客会主动提出成交要求的。

不要把顾客的一次拒绝视为整个销售过程的失败，而不继续努力。销售人员可以通过反复的成交努力来促成最后的交易。

在详细介绍了车款以后，要尽快获得顾客的认同和某种形式的承诺，这里要求的承诺不是对买车的承诺，而是对销售人员介绍的承诺。

［第三步］　确定车型及配置

帮助顾客确定购买意向的车型及颜色，以及顾客要求增加的相关配置。

［第四步］　价格谈判

充分利用自己掌握的价格余地，同时在选配件的确定上给出顾客不同的价格弹性。

充分利用一些优惠措施来促使价格协商的完成。

［第五步］　签单

如果顾客准备签单，应该为顾客作出了准确的选择而替他高兴。顾客签单后最担心的就是作了错误的决策，此时，你的自我得意会导致功亏一篑。

［第六步］　协助办理相关手续

签完了单，要及时协助顾客办理相关提车手续等，让顾客感受到你是在为他服务。

［第七步］　向顾客祝贺、道谢

真诚地向你的顾客祝贺、道谢，会进一步加深你和顾客之间的感情，可能会在以后为你带来更大的成功。

4. 注意事项

必要的话，要给顾客作出一定的让步。

不要让顾客感觉出他和你签了约，你会有很大的收入回报？

达成协议的过程中，要尽量站在顾客的角度去为他考虑一些相关的事情，比如，购买你所推荐的车型，顾客一年的养车费用大致是多少。

即使达不成一致，一定要让顾客保持自尊，可能你的顾客下次来时就是来找你签约的。

避免框定让顾客作出决定的时间。不要问：“一天之内答复好不好？”而要说：“您看我哪天给您打电话比较合适？”

5. 案例

对成交的控制与把握

有很多销售人员非常耐心地接待顾客，也获得了许多顾客的良好评价，但是，与顾客友好相处是一回事，要求顾客作最后的采购决策并且交订金是另外一回事。在给联合品牌全国经销商培训时，有一个加入经销商3个月的销售人员问过培训讲师这样一个问题：

学员：老师，我有一个顾客，他已经来我们展厅两次了，但还是没有买车，也没有下订金。您帮我分析一下他什么时候会买车吗？

讲师：他第一次来展厅，你们谈了多久？

学员：我们谈了大约快1小时了。

讲师：你们都谈了些什么，是他提问多还是你提问多？

学员：都有。

讲师：你了解他为什么需要越野车吗？

学员：他说了，他用车主要是为了到亲戚朋友家，而周围的路况不是很好，所以想要一辆越野车。

讲师：那么，他以前开过越野车吗？

学员：我问了，他开过，而且在谈话的时候，他也在样车上试乘了，里里外外都看得特别仔细，而且好像也挺懂车，发动机也看了，问的一些详细的技术问题，我基本上都回答了。

讲师：那么，他第二次来展厅是怎么来的？

学员：他说回去找朋友商量商量。一个星期以后我给他打电话，问他朋友的意见怎么样，他说过两天来展厅再说。后来就来了。

讲师：来了以后你们谈什么了？

学员：这次来了两个人，有一个是他的朋友，又看了一遍样车，而且，还听了听发动机启动的声音，反正看得特别仔细。

讲师：然后呢？

学员：大概不到半个小时，他们接了一个电话，然后就匆匆地走了，说再与我联系。现在已经过了两个星期，我也不知道是不是应该给他电话。

分析：

这个学员遇到的问题非常典型，就是缺乏对成交的把握，不好意思要顾客下订金，完全将顾客是否购买的决定权交给顾客，没有使顾客感受到任何压力。反过来这个销售人员还自豪地说，顾客还是挺愿意与他交朋友的，可是，卖出去的车却不多。

在培训以后，该学员有意识地强化他对成交分寸的把握，强化要求顾客承诺的技巧。两个月以后，在回访这个经销商的时候，欣喜地听到他这样说："现在顾客还是很喜欢我，签约的顾客也多了起来。我以前总想不通，认为顾客自己想好了就会来下单的。培训以后才知道，销售人员是必须运用技巧要求顾客下单的，不主动要求，顾客就会拖着。"

通过这个学员的成长，可以体会到目前许多汽车销售人员没有掌握成交技巧。销售人员应有意识地在这个方面提高自己的实战能力。.

6. 实训练习

引导大家对上面案例进行分析讨论。

12.7 验车与交车实训

1. 实训目标

熟练掌握验车和交车的程序。

2. 基本知识

交车过程中顾客会产生的希望和担心。

(1) 顾客在交车过程中的希望

1) 在得到承诺之后汽车将会准备好，油箱中装满燃料。

2) 汽车内外一尘不染，好像顾客是第一个坐到汽车里的人。

3) 销售商对汽车的特征——仪表和操纵设备作完整的介绍。

4) 销售商对汽车的保修和保养计划作完整的介绍。

5) 与负责维修服务的经理见面并介绍维修服务程序。

6) 销售人员对汽车非常了解，能够解答顾客的大部分问题，并愿为顾客查找不知道的答案。

7) 汽车已经经过检查和注册，随时可以开走。

8) 可以得到所有应提供的材料，包括保修单、用户手册和钥匙。

9) 购车完毕后，如果遇到任何问题，销售顾问可以解答疑问或提供帮助。

(2) 顾客在交车过程中的担心

1) 交货的汽车不是处于完好状态。

2) 销售完成以后，顾客的满意程度将不再是卖方主要考虑的问题。

3) 文件或汽车没有准备好，交货期比顾客预计的要长。

4) 销售顾问在交货过程中催促顾客，不给顾客足够的时间熟悉汽车。

5) 销售顾问不能恪守在销售中作出的承诺，如优惠、服务、技术支持以及提供帮助等。

3. 操作步骤

[第一步]　准备

在进车前对汽车进行检查，亲自对汽车进行检查和驾驶；确保所需文件齐备。

[第二步]　顾客提车

向顾客解释提车手续及其重要性；在所需的财务凭证和文件上都签好字；向顾客全面解释关于汽车的所有文件。

[第三步]　参观维修部门

带顾客参观维修部门；向顾客介绍维修人员和维修程序。

[第四步]　介绍汽车

向顾客介绍他们需要了解的和想要了解的汽车特征；当发现汽车出现问题时，能够判断问题所在，并尽快修好或约定一次维修服务。

[第五步]　试验驾驶

只要可能，让顾客进行一次试验驾驶；指出有关驾驶舒适性和操纵性的特征。

[第六步]　核查清单，送走顾客

查看车辆检测报告、交车清单和相关签名；向顾客表示感谢并将继续提供服务。

4. 注意事项

(1) 在售前检查中，对车辆进行如下检查及测试

1) 操作检查

① 蓄电池、安全气囊、速度控制、音响系统、车锁密码系统和起动系统。

② 车门、车锁、发动机盖、行李箱盖和尾门和车轮定位。

③ 风窗玻璃、刮水片、喷水嘴、电动反光镜、电动天窗、电动车窗、座椅和座椅安

全带。

④ 热风、空调、除霜和通风系统、车灯、自动前照灯和防盗系统。

2）油液液面检查：机油、防冻液和喷水罐液面高度。

(2) 通过路测检验车辆的如下性能

1）发动机检测：怠速、加速性能、异响和振动。

2）变速器检测：档位接合平稳(自动变速器)、换挡平顺。

3）转向机构检测：偏离度和自由驾驶、对车轮精确控制。

4）制动系统检测：踏板高度、制动力的大小、驻车制动的拉紧及放松。

5）噪声检测：粗糙路面上检测机械噪声和异响、公路上检测噪声和振动。

6）仪表板：测试所有仪表的功能。

5. 实训练习

学生分组讨论验车和交车的相关流程和注意事项，从而加深印象，提高实战能力。

12.8 售后跟踪服务实训

1. 实训目标

认识到售后服务的重要性。

掌握一些守候跟踪服务的技巧及方法。

掌握对顾客投诉或抱怨的解决原则和方法。

2. 基本知识

(1) 汽车售后服务　汽车售后服务是一个很大的市场，被人们称为一座即将“苏醒”的金矿。做好售后服务工作不仅是树立企业自身形象的需要，更是汽车企业自身生存的方向之一。

“为用户解除后顾之忧，让用户满意”，已普遍成为售后服务工作的宗旨。

成交后的跟踪服务内容如图 12-5 所示。

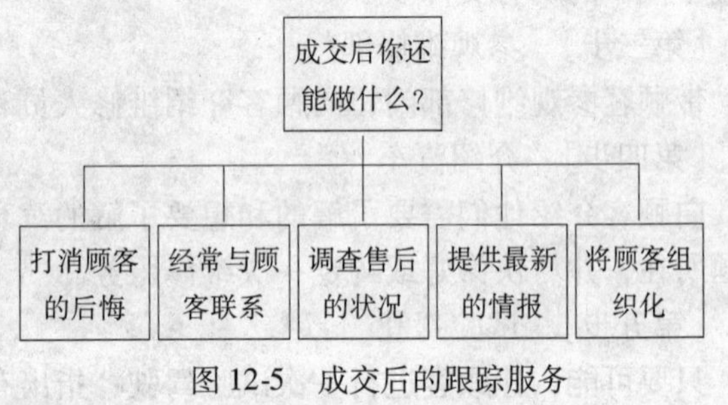

图 12-5　成交后的跟踪服务

每次顾客购买完成后，他们的满意程度和不满意程度会各不相同。如果他们满意，那么在有新的需求的时候，会回来找你；有时他们还会把你介绍给亲友。但如果他们不满意，那么将另找他人购买。

在交易完成之后，顾客仍可能会考虑自己的决策是否正确，此时应立即提供给顾客相应的售后服务。

① 打消顾客的后悔。通过成交后的跟踪服务，可以减少或打消顾客的后悔，维护品牌和销售人员的信誉，为扩大顾客群打好基础。

② 经常与顾客联系。很多商家会抓住顾客的特殊日子与顾客联系，如生日或结婚周年纪念日等。

③ 给顾客寄去贺卡。给老顾客寄推销信函、贺卡、调查表和小礼品等，是保持联系的

好方式。

④ 登门拜访老顾客。电话问候老顾客，发电子邮件和手机短信也是加深感情的好形式。关键是要经常提醒顾客，你不只是他的朋友，更是他们的知心朋友。此外，“保养提醒”、“车辆托管服务”和“违章曝光提醒服务”等，也是保持经常与顾客联系的方法。

经验法则：使顾客感觉到成为你的老顾客对他们是有利的。

（2）调查走访销售后的状况　销售人员应及时收集购买过某车的顾客的反馈信息。如果销售人员能和顾客保持持续的联系，最终一定会建立一种相互受益的伙伴关系。伙伴关系是基于相互信赖和相互满意的基础上的，双方都可从中受益，一方得到了满意的服务，另一方得到了利润。顾客因为能得到高水平的服务而从中受益，缩短了决策时间，减少了冲突，节省了费用；通过顾客之间口碑相传，销售人员的服务会有广告效应，从而吸引更多的顾客找上门来，进而销售额增加，费用降低，业绩加大。

（3）提供最新的情报　维系顾客的方法还包括销售人员向顾客提供最新的资料，这也是一项有力的售后服务。产品的资料一般包括以下两种：

1）商情报道资料。如销售人员每月给顾客寄一份汽车杂志，这样做，一方面可以给顾客提供参考资料，同时也可以借此报道商情，这样做可以使顾客对商品有持续的好感，起到间接的宣传效果，引发出更多的顾客。

2）商品本身的资料。商品售出后，顾客基于某些理由，常常希望了解商品本身的动态。此时，销售人员应尽快将车辆在升级、维修、驾驶等方面的变动资料提供给顾客。

顾客收到你提供的信息以后，会感到你在真正地关心他们。由于你是专业的销售人员，可以利用你的专业技能为顾客提供新的思路。使顾客了解商品的最新情况，是销售人员的一项重要工作。

（4）将顾客组织化　把现有顾客组织起来，并不断地把该顾客组织扩大，这是一种行之有效的方法。许多大公司都会组织“汽车俱乐部”或“车迷会”。这种顾客组织化的方式，常常使消费者产生对该企业或品牌认同。顾客会在有意无意之间帮助企业宣传产品，充当“义务推销员”的角色。

举行用户洽谈会也是一种好办法，既可以加深主顾感情，又可以及时发现问题，处理顾客异议。推销人员还可以主动邀请顾客参观生产现场，定期发布企业经营公告，举行记者招待会、信息发布会和展览会，举办顾客经验交流会、顾客酒会、舞会、电影晚会和招待会，组织顾客观光旅游，发布企业形象广告，以及寄送企业公共关系资料等。

总之，销售人员不仅要善于推销产品本身的物质使用价值，而且应该学会推销产品本身所附加的精神使用价值。创造科学美好的消费文化，培养良好的顾客精神，就能够使顾客产生认同感，长久地吸引顾客。

（5）未成交顾客的跟踪服务　与顾客建立长期关系的关键取决于销售人员售后服务的态度。美国汽车销售员乔·吉拉德号称“世界最伟大的汽车销售人员”，年均销售汽车达1000 辆之多。他坚持的目标就是“卖给顾客一辆能用一生的汽车”，他就是用这种随叫随到、保证满意的销售方式使顾客每当想起买新车时总想到他。这就是他的诀窍。在他写的一本畅销书《如何向任何人销售任何东西》中，他讲到有些顾客宁可等一两个小时也要与他接触咨询买车的事项，而不愿意和其他销售人员接触。看完这些，你计划如何让顾客一次次想到你呢？

失去一位顾客，错误究竟在哪里呢？

一位顾客没有成交，如果是因为你的服务态度不好和知识欠缺，那么可能产生以下结果：

91% 的顾客从现在起永远不会再与你接触。

96% 的顾客不会告诉你从此不再与你做生意的真正原因。

如果实施跟踪服务，顾客提出的问题可以获得迅速地解决，并完全符合他们的期望。80% 的顾客会再度和你联系。

如果你引起了顾客的不愉快，而且情况颇为严重，那么，100% 的顾客不再与你联系，而且该事件将被流传数年之久。

与顾客未能成交，销售人员要做好以下跟踪服务：

1）了解顾客背景。不管是打电话、在办公室或在其他场所，销售人员都应该有意识地、巧妙地询问或测知未能成交顾客的背景，包括其家庭背景、职业背景及社会背景。对于顾客背景资料，销售人员应及时地加以记录、整理。通过接触了解没有购买的原因，终会找到有益于销售的线索。对顾客的背景了解得越多，就越能把握顾客，增加销售机会和成功的概率。

2）检讨自己的过失。在没有成交的情况下，一定要反问自己：在忠诚度的建立与确保后续生意的往来上，做了多少努力？你的顾客会再来，还是再也不来了？对于顾客的需求了解不足，服务不周到，未能符合顾客的要求，正是顾客投入竞争对手怀抱的最大原因。

3）保持联络。对于未成交的顾客要保持书信与电话联络。当有些新资料需要送给顾客时，可以附上便笺用邮寄的方式寄给顾客；当顾客个人、家庭或工作上有喜忧等事件时，可以打电话或致函示意。通常，顾客对收到的问候会感到意外或喜悦。

3. 操作步骤

［第一步］ 提供技术服务资料

向购车者出具发票，提供产品合格证（进口车应有海关证明资料）及相关的技术服务资料。代理上牌照时，应提供行驶证、附加税证、养路费凭证、车船使用税凭证和保险单等。

［第二步］ 提供咨询和现场服务

包括技术性能、使用、保养、维护等常用知识及与汽车有关的一切内容的咨询，还要向用户承诺现场故障排除和紧急救援的内容。国际上的大汽车公司目前都有承诺保证 24 小时之内，把质量保修零件送到用户手中，并及时排除故障。

我国大多数汽车公司的售后服务部门也都向用户提供 24 小时服务电话，并承诺无论车在何处，都能在第一时间内赶赴现场。当然，这类企业首先要有一个庞大的、合理分布于各地的服务站点的支持。

［第三步］ 提供技术培训

由于汽车产品的高度技术密集、高度知识密集，汽车产品的售后服务工作必然包含着对用户的技术指导、咨询及示范，确定新车以最佳状态交付。同时，根据顾客需要对顾客进行技术培训，使顾客了解产品性能和结构特点，并能正常使用、操作。

［第四步］ 提供保养、维修服务

向顾客提供的保养包括首次保养和定期保养。

首次保养是为了保证车辆质量而实行的一种强制性保养，也是用户以后进行质量保修的必要条件。同时，首次保养证明是建立用户档案最主要的依据，它是售后服务部门向用户提

供的一种免费服务。

定期保养是根据汽车的行驶里程或行驶年限提供不同级别的养护。另外，根据季节的不同，向顾客提供季节性的检查保养。比如冬季到来之前，为用户的车辆检查节温器是否安装、防冻液是否有效、暖风系统工作是否正常；夏季到来之前，检查空调系统工作是否正常、有无缺氟漏氟现象；雨季及时为用户检查刮水器是否有效等。发现故障应及时予以维修。

[第五步]　提供质量担保

质量保证期往往是生产企业吸引用户购买产品的最具吸引力的条件。在质量保证期内（一般轿车为四五万公里或一两年），车主有权享受规定的免费保养。这期间凡因产品的设计、制造、装配及原材料缺陷等因素引起的质量问题，售后服务部门有义务立即提供免费修理。不能达到技术要求的，车主有权向售后服务部门提出索赔。

“质量保证”工作的重点在于“准确”。对用户反映的情况，必须核实，唯有“准确”才能正确地提供修理，同时要保证“快速”。“快速”是缓和用户抱怨最有效的行动，各大汽车厂几乎都在“快速”上做文章。这既可达到宣传效果，又是实实在在安定人心的措施。

[第六步]　向顾客及时提供零配件供应和安装服务

零配件供应是售后服务工作的有力保障，同时也是部门重要的盈利项目，一般零配件销售利润都在 20% 以上。货源充足的零配件供应，既能及时满足用户的需求，减少维修等候时间，为企业赢得信誉；又能获得零配件销售和安装服务的利润，达到双赢的效果。

[第七步]　建立产品信息反馈系统

对产品在使用中的质量问题及时处理并通知顾客。售后服务部门应对售出产品的质量、性能进行追踪或通过信息反馈系统了解。对于发现的产品在设计、制造等方面的缺陷，售后服务部门应及时通知全体用户，以消除事故隐患，必要时要采取车辆“召回”措施。

[第八步]　建立顾客汽车服务档案、提供终身服务

将售出的汽车建立服务档案，一方面便于售后服务工作的开展，比如提醒用户接受定期保养、电话回访服务满意程度等；另一方面详细的服务档案，也是处理售后服务质量的依据。售后服务人员要树立“一次购车，终身服务”的观念，这既是顾客的需要，也是企业发展的需要。

[第九步]　负责质量事故鉴定

汽车在使用过程中，因车辆质量原因造成事故的，售后服务部门有责任组织分析和鉴定，并进行调解。所发生的检查、试验、鉴定等费用原则上由责任者承担。

[第十步]　受理售后服务质量投诉、纠纷处理归属于售后服务过程中，零配件质量或维修、安装质量往往是顾客关注的焦点，也最容易引起纠纷。售后服务部门要对这类纠纷进行鉴定、调解和处理。

4. 注意事项

正确及时对待顾客的投诉和抱怨，消除顾客的不满。及时做好顾客的回访工作，让顾客体验到超值的感受。

拜访顾客不要流于形式，不要给顾客造成不便。

销售人员要尽力满足顾客的合理要求，对于不合理要求要有原则地回答。

要求更高一级的主管介入顾客满意度的过程是对顾客负责的一种处理方法。

不要过度宣传服务，车行的优质服务应该让顾客去传播。

5. 实训练习

收集、比较几个知名汽车公司的售后服务流程和售后服务标准。

12.9 汽车营销策划实训

1. 实训目标

掌握汽车广告策划的基本原则和方法。

培养对各种汽车广告的鉴赏能力。

2. 基本知识

广告策划是靠广告创意来具体实现的一个过程。广告创意的成果需既合情合理又出人意料之外。广告策划和创意都离不开广告语的支持。广告语言既要精彩，又要与诉求的内容相吻合，要力求多一些文化内涵，多一些人文特色。忌辞不达意，忌含糊不清，忌牵强附会。

3. 操作步骤

[第一步] 汽车广告调查和市场分析

分析环境。应掌握系统的汽车销售企业内、外部资料，并明确汽车销售企业整体营销对汽车广告提出的要求，以摆正其在市场上的位置。

分析广告的车型和服务。对广告的车型和服务进行深入了解和研究，目的在于掌握其个性。

[第二步] 确定汽车广告目标

根据以上分析提出汽车广告应在本计划期内达到什么目标。

在汇总汽车广告环境、广告车型和服务的有关情况的基础上，由汽车销售企业的最高决策层会同营销部门负责人一起确立汽车广告目标。

确定在汽车广告目标中最重要的是哪些内容。

[第三步] 制订汽车广告策略

汽车广告策略是汽车销售企业为实现汽车广告战略目标而采取的对策与方法，是保证实现汽车广告目标的一种谋略思想。汽车广告策略包括：汽车广告定位；汽车广告创意；汽车广告文案。

[第四步] 选择汽车广告媒体

根据不同媒体的特点，选择适当的媒体或媒体组合，有效地传播特定的汽车广告内容。

[第五步] 确定汽车广告预算

汽车广告预算的确定是汽车广告目标确定之后更为重要的实际工作。它要求汽车销售企业营销部门、财务部门一起确定汽车广告预算总投资，进而对汽车广告费进行具体的预算分配。

[第六步] 汽车广告实施计划

为了将汽车广告主题和汽车广告创意付诸实施，并取得理想的汽车广告效果，必须对各种媒体、表现方式、地区、时机等进行多方面的研究，从而选择最合适的汽车广告媒体、汽车广告方式、汽车广告的范围及合适的汽车广告时机，从而更好地实现汽车广告目标。

[第七步] 汽车广告的效果预测和监控

在汽车广告策划以及实施的过程中，要及时地进行信息反馈，经常对汽车广告效果进行科学准确的分析，以调整汽车广告整体策划。

4. 注意事项

选择汽车广告媒体应考虑的因素。

目标消费者的媒体习惯。

汽车产品。电视和印刷精美的杂志由于在示范表演、形象化和色彩方面十分有效，因而是有效的媒体。有的汽车杂志广告主要是为了充分体现汽车设计的外观美，利用杂志印刷精美的特点，给观众以视觉上的冲击。而有的汽车广告就未必适合用在杂志和报纸这一类平面媒体上。

广告信息。包含大量技术资料的汽车广告一般要求专业性杂志作媒介。

费用。各种不同的媒体费用的高低必须认真考虑。

5. 案例

（1）汽车经典广告设计　广告已经成为现代人们生活的一部分，在铺天盖地的各类广告中，如何才能让自己的广告脱颖而出，是所有广告设计者关注的焦点。创意无限的广告总能吸引人们最多的眼球，直至成为人们记忆中的一部分。

世界上最早的汽车广告出现在 1900 年，当时美国的第一家汽车厂——奥兹莫尔比汽车厂竣工，奥兹父子在工厂门口树立了一块醒目的标志牌，上书“世界最大的汽车工厂”，来往行人无不驻足观看，从此广告与汽车联系在了一起，成为工业时代的象征。

在汽车 100 多年的发展历史里，产生了像劳斯莱斯、奔驰、宝马、奥迪这些经典的汽车品牌，而它们的广告设计也像它们的品牌一样让人难以忘怀。如一则劳斯莱斯的广告：“在时速 60 英里时，这辆劳斯莱斯车内最大的噪声，来自它的电子钟。”整个广告简洁有力，劳斯莱斯优良的品质表现得自然而然。

改革开放以后，丰田汽车重新大规模地进入中国市场。在广告策划上，他们借用了中国的一句俗语“车到山前必有路”，形成了自己独特的广告用语“车到山前必有路，有路必有丰田车”，在中国人的心目中牢固地树立起了丰田汽车的品牌。

在 2002 年的韩日世界杯上，韩国现代汽车的广告创意也值得我们学习：激情澎湃的世界杯赛场上，看台上掀起的人浪慢慢演变成现代汽车的身影，足球的激情与汽车的高贵典雅完美地结合在一起，现代汽车的形象也随之深入人心。

其实在国产车众多的广告中，也不乏创意突出的佼佼者。如上海大众的帕萨特汽车的广告：“人生是一段段的旅程，有时要加速，有时要避让，有时要纵情驰骋”将人世浮沉的感慨蕴含在一组黑白素雅的电视画面中，很轻易地就引起了人们的共鸣。

宝马汽车(企鹅篇)

“坐奔驰，开宝马”，宝马轿车操控自如的驾驭性能，是人们津津乐道的经典，即使在冰天雪地的南极，宝马也拥有让企鹅神往的驾驭性能。这个广告设计巧妙地借用了南极、企鹅这些人们熟悉的道具，传递给我们关于宝马轿车的与众不同。

奔驰汽车(梦露篇)

毫无疑问，美国艳星梦露曾经是全世界男人心目中的性感女神，即使在现在，梦露的女神地位也没有人能够真正替代，而女神脸上的奔驰标志，则是美人脸上最耀眼的部分。

（2）汽车广告语集锦

世界标准。(凯迪拉克)

请空出车库等新车，1983年型福特全垒打即将和你见面，买车请稍待。(福特)

没有用，麦克，它是福特V8。(福特)

一部足以改变您汽车价值观的新车。(福特)

生命中，有许多美好的事情值得追忆——福特天王星愿与您共同前进。(福特)

道奇，一场革命。(克莱斯勒道奇汽车)

如有能耐，与之较量。(克莱斯勒普利茅斯汽车)

1976年型Volam牌汽车没有倒车装置，你可毫无顾忌地往前开。(美国汤克姆)

路遥知马力，日久见丰田。(丰田)

驾车固然要小心，买车更要留神。(丰田)

宽敞、宁静、舒适……不但是完美的房车，更是理想的跑车。(丰田皇冠)

客从远方来，喜乘三菱牌。(三菱)

司机驾三菱，保证受欢迎；车主买三菱，赚到笑盈盈。(三菱)

万事得626，终于令东西方汽车专家意见一致。(马自达)

突破标准，新颖出众。(本田雅阁)

没看见日产车，千万别买车呀。(日产)

除了方向盘的左右不同，全世界的雅阁车品质都相同。(雅阁)

经过数年发展，形成了这种自然的形式美。(贾克瓦尔)

开创菲亚特新纪元，脱胎换骨，来势汹汹超级雷马1000。(菲亚特)

1970年以前的甲虫车一直是丑陋的。(大众甲壳虫)

甲壳虫汽车每加仑汽油只能跑20公里，真不好意思，我们正在努力使其达到40公里。(大众甲壳虫)

你是否正在市场上寻找硬顶吉普？(富豪)

如果有人发现奔驰牌汽车因发生故障而被修理车拖走的话，本公司将奉送一万美元。(奔驰)

在时速60英里时，这辆劳斯莱斯车内最大的噪声，来自它的电子钟。(劳斯莱斯)

一路上遥遥领先的风采。(意大利蓝旗)

身在雷诺，日行千里，仍不失法国人独有的浪漫胸怀。(雷诺)

每秒钟吞食50公里道路的威猛劲道。(雷诺)

不会使车主失去个性的私家车。(宝马)

表里如一，真实体现。(宝马)

菲亚特，革新驾驶之道。(菲亚特)

拥有法拉利车，圆企业家之梦。(法拉利)

中国道路，红岩车。(中国红岩)

无限动力，飞越纪元。(三星)

乘金杯客车，行金色旅程。(金杯)

开上小解放，潇洒走四方。(一汽)

扑向大地的自然之子。(奥迪)

优秀的车配优秀的你。(广州标致)

与您同途，为您效劳。(雪铁龙)

江铃江铃，车中精灵。(江铃)

跃进 131，走遍天涯与海角。(跃进)

城乡路万千，路路有航天。(航天)

拥有桑塔纳，走遍天下都不怕。(上海桑塔纳)

上海桑塔纳——五千万个成功例子之一。(上海桑塔纳)

卓然出众，彰显尊荣，上海桑塔纳 2000。(上海桑塔纳 2000 型轿车)

奥拓，百姓车。(奥拓)

万事皆具备，成功靠东风。(中国东风)

走富康路，坐富康车。(富康)

走中国道路，坐奥迪汽车。(奥迪)

抱歉，就这两块汽车标牌不是进 9 的。(台湾联晟)

任它岁月悠悠，好车永远风流！(劳斯莱斯)

只有福特汽车才能适应芝加哥日新月异的变化！(福特汽车芝加哥销售广告)

它会像你看到的旋风一样强劲有力、快捷无比！(桑塔纳在美国的销售广告)

车到山前必有路，有路必有丰田车。(丰田汽车在中国的销售广告)

古有千里马，今有日产车。(日产)

Set You Free！(让你自由！)(美国吉普在美国的销售广告)

假如您能找到一辆更好的汽车，那就把它买下吧！(克莱斯勒)

6. 实训练习

让学生欣赏 1 个小时左右的不同汽车电视广告，教师引导学生进行讨论，比如讨论各个广告的创意、目标受众人群等。

针对某款汽车，开展广告词编写比赛。

参考文献

[1] 科特勒，凯勒．营销管理[M]．12版．王虹，应斌，译．上海：上海人民出版社，2006.

[2] 张伯顺．我国汽车销售流通体制的演变和发展[J]．汽车情报，2003(11).

[3] 刘茂福，戴克商．网络营销理论与实务[M]．北京：清华大学出版社，北京交通大学出版社，2007.

[4] 王怡民．汽车营销技术[M]．北京：人民交通出版社，2003.

[5] 孔伟成．网络营销学[M]．杭州：浙江大学出版社，2002.

[6] 赵林度．电子商务理论与实务[M]．北京：人民邮电出版社，2001.

[7] 吴文彩．汽车营销[M]．北京：北京邮电大学出版社，2006.

[8] 高玉民．汽车特约销售服务站营销策略[M]．北京：机械工业出版社，2005.

[9] 刘同福，陈东升．汽车推销高手全攻略[M]．北京：机械工业出版社，2006.

[10] 陈祝平．服务营销管理[M]．上海：立信会计出版社，2007.

[11] 张国方．现代汽车营销[M]．北京：电子工业出版社，2005.

[12] 裘瑜，吴霖生．汽车营销实务[M]．上海：上海交通大学出版社，2002.

[13] 栾志强，张红．汽车营销管理[M]．北京：清华大学出版社，2005.

[14] 刘同福，陈东升．汽车展示厅销售全攻略[M]．北京：机械工业出版社，2007.

[15] 栾琪文．现代汽车维修企业管理实务[M]．北京：机械工业出版社，2005.

[16] 栾志强，陈红华．汽车营销师[M]．北京：北京理工大学，2007.

[17] 霍亚楼．汽车营销实训[M]．北京：中国劳动社会保障出版社，2006.

[18] 赵伟．一汽丰田汽车销售有限公司创新汽车售后服务纪实．http://www.cqn.com.cn/news/20071225/6-42-30-185915.shtml.

[19] 我国后轿车时代行业发展分析．http://art9527.blog.163.com/blog/static/3270016420077239214990/.

[20] 转怒为喜——顾客抱怨投诉处理技巧．http://www.21emr.com/Article/HTML/80427.html.

[21] 中国汽车营销五大反思．http://www.wenkoo.cn/wendang/zhongguo-qiche-6970.

[22] 中国汽车产业销售市场与营销模式．http://www.wenkoo.cn/wendang/zhongguo-qiche-743.

[23] 中高级车营销步入后竞争时代．http://blog.sina.com.cn/s/blog_4df9e0c501007w7s.html.

[24] 岁末大战，车市三大促销盘点．http://blog.sina.com.cn/s/blog_4efe33f501008h3s.html.

[25] “非典型牛市”观察之07车市基本面．http://auto.sina.com.cn/news/2008-01-07/0955339573.shtml.

[26] “降”声四起车商上演年末最后疯狂．http://www.0769auto.com/daogou_view_839.html.

[27] 我国后轿车时代行业发展分析．http://manage.org.cn/Article/200708/49967.html.

[28] 上海车展经济型车．http://auto.sina.com.cn/2007/newcar/fenlei/index.html#3.

[29] 我国后轿车时代行业发展分析．http://www.a.com.cn/Forum/article.asp?b=33&TID=312825.